서양철학의
역설

서양철학의 역설

초판 1쇄 인쇄 | 2023년 1월 10일
초판 1쇄 발행 | 2023년 1월 18일

지은이 | 김성수
펴낸이 | 권영임
편 집 | 윤서주, 김형주
디자인 | 박민수

펴낸곳 | 도서출판 바람꽃
등 록 | 제25100-2017-000089
주 소 | (03387) 서울시 은평구 연서로22길 16-5, 501호(대조동, 명진하이빌)
전 화 | 02-386-6814
팩 스 | 070-7314-6814
이메일 | greendeer@hanmail.net / windflower_books@naver.com
홈페이지 | https://blog.naver.com/windflower_books

ISBN 979-11-90910-07-1 (93160)

값 25,000원

서양철학의 역설

김성수 지음

도서출판 바람꽃

서문

21세기에 들어선 오늘날 유럽과 미국에서 철학을 비롯하여 사회학, 자연과학 등 과학 전반에서 그 제한성이 현저해지자 학자들은 인류가 역설의 세계에 빠져 있다고 진단했다.

이미 카뮈(Camus)는 『시지푸스의 신화』에서 "세계는 역설에 지쳐 있다. 소설만이 자기의 논리를 가지고 있다"고 지적했으며, 21세기 초 독일 소통 이론가 기세케(Giesecke) 교수는 "우리는 역설과 불투명으로 특정된 세계에 살고 있다"[1]고 했다.

역설 현상은 유럽 학문의 원천이며 대표적 지위에 있던 고대 그리스 철학의 소피스트학파들이 수사학, 논리학 등에서 이미 문제를 제기했다. 하지만 근현대에서 승승장구한 산업화의 발전 가능성에 도취하는 바람에 역설 문제는 관심 밖으로 밀려났다. 그러나 20세기 후반부터 역설 현상이 전반적으로 심화되자 이에 대한 관심이 높아졌다.

밀레니엄 시대에 진입한 20세기 말, 여러 언론을 통해 그 심각성을 드러냈다.

- 현재 근대적인, 산업화된 사회는 모든 테제와 경향에 대해서 반테제와 반경향이 맞서 있는 시대에 살고 있다.[2]
- 종교, 이상 이론, 철학 등 전통적인 사상으로 방향이 잡힌 성과는 사

1) 기세케(Giesecke) 교수의 독일신문 〈프랑크푸르트 룬트샤우〉(FR) 인터뷰, 2000. 6. 17.
2) 베르너 바이덴펠드(Werner Weidenfeld) 교수의 독일신문 SZ 기고, 1999. 7. 31.

라져 버렸다. 우리는 더 이상 진리가 우리의 소유라는 주장을 할 수 없다. 어떠한 단단한 텃밭도, 어떤 예리한 분계도 없고 더욱더 다면적인 운동만의 포스트모던 사고만 있을 뿐이다. 발전, 해방적인 역사 진행에 대한 믿음은 깨졌다. 모든 개인은 이제 자기의 장래를 스스로 염려해야만 한다. 자기의 주관적인 의미의 선택 사안이 된 것이며 미래가 사유화된 것이다."[3]

이러한 상황인데도 유럽과 미국을 비롯한 서양 철학계에서는 아무런 출구를 찾지 못하고 있다. 그 근거는 역설 현상이 이미 고대 그리스철학에서 나타났는데도 2500여 년간 역설 현상을 수사학이나 논리학에서 일어나는 철학의 일부분 현상으로만 간주할 뿐 서양철학의 근본적인 특징과 한계와의 연관을 간과한 것이다. 서양철학에 기반한 사회과학과 자연과학도 역설 현상에서 자유롭지 못하게 된 것이다.

이 저작은 제1부, 제2부, 제3부, 제4부로 구성되었다.

제1부에서는 서양철학의 기본성격을 3장으로 나눠 고찰했다.

1장에서는 이분법적 사유를 기반으로 하는 고대 그리스철학이 서양철학의 뼈대로 정착되었으며, 이러한 이분법적 성격의 철학이 유럽뿐 아니라 전 세계적으로 군림하게 된 시대적, 종교적, 사회적 배경을 살펴봤다.

2장에서는 서양철학의 기본성격인 이분법성(Dichotomie)의 근원,

3) 가이슬러(K.A.Geißler) 교수의 〈프랑크푸르터 룬트샤우〉(FR) 기고, 1999. 12. 23.

이와 연관된 이원론적 테마 설정, 이에 기반한 이론 전개 방식을 세 가지 파라디그마(Paradigma)로 정립했다.

특히 철학의 성격 규정과 관련하여 모든 학문의 기초인 사유의 구성 문제를 새롭게 고찰했으며, 이를 통해 서양철학의 이분법성 근원 문제를 철학사상 처음으로 밝힐 수 있게 되었다고 본다.

3장에서는 서양철학의 이분법적 성격으로 역설은 불가피하다는 근거를 고찰했다. 이와 더불어 역설의 의미와 종류에 대한 새로운 정리를 시도해 봤다.

제2부에서는 서양철학에서 나타난 역설의 양상을 표본적으로 찾아 정리했다. 서양철학은 전통적으로 1장 존재론, 2장 인식론, 그리고 윤리학의 3대 부분으로 분류하고 있으나 여기에서는 3장 인간학에 윤리학을 포괄하면서 범위를 넓혔다.

인간학에는 윤리학, 심리학, 인간학적 사회론을 포함했다. 철학과 자연과학이 결합된 심리학, 철학과 사회학이 결합된 사회적 인간학에서 발생하는 역설을 고찰함으로써 이분법적 사유에 기반한 유럽의 자연과학과 사회과학에서도 필연적인 역설 현상을 주목해야 한다는 계기를 마련하고자 한 것이다.

제3부에서는 20세기에 유럽과 미국에서 전개된 중요한 철학 이론들을 고찰했다. 1장 사변론, 2장 학제 간 협동론, 3장 반이성주의로 구분했다.

새로운 이론들은 이전 이론들의 역설 현상을 극복해보려는 내용으로 구성하였다. 이 이론들 스스로 역설에 봉착하고 있다는 것을 밝히고자 했다. 이 고찰을 통해 서양철학은 전반적으로 자신이 직면한 역설의 한계 정도로 이해하고 있으며, 역설과 그 근원에 대해서는 아직도 몰지각의 상태에 있다는 상황이 폭로될 것이다.

제4부에서는 18세기 철학적 역설 현상을 가장 활발하게 문학적으로 형상화한 작품들을 다루었다.

대표적인 문학작품은 한국에서도 많이 회자된 괴테의 『파우스트』, 메리 셸리의 『프랑켄슈타인 또는 근대 프로메테우스』, 스티븐슨의 『지킬 박사와 하이드 씨』이다.

이 문학작품들은 감성적인 것과 이성적인 것과의 이분법적 대립관계에서 스토리를 전개한다. 내용적으로는 가장 전형적인 역설적 상황을 실감 있게 형상한 것으로 해석할 때 그 문학적 사상도 돋보이게 되는 것 같다.

그러나 이 작품들의 전개도 역설의 근원이나 출로에 대해서는 서양철학의 한계와 별다르지 않다는 것을 감안할 필요가 있다.

여담으로 『서양철학의 역설』은 1960년대 독일 유학의 목적이었던 동서양 비교철학 정립의 오랜 세월 끝에 이룬 결과물이라 할 수 있다. 1960년대 전후, 서울의 학부와 대학원 학창 시절 동양철학 특히 노장철학을 공부하면서 서양철학에 대한 막연한 비판의식이 있었다. 독일 학문의 연구 과정에서 점점 체계화된 것이다.

원래의 비교철학 의도를 넘어서려는 이 체계화에는 독일에서 50여 년간 사회정치 활동과 생활에서의 체험도 한몫했으리라 생각된다.

아직 미숙하지만 이 저작이 서양철학의 역설 내지 한계가 발생할 수 밖에 없는 근원과 그 양상에 대한 새로운 인식을 가능케하며, 나아가서 이를 극복할 방향 제시까지 된다면 철학계에 보람 있는 공헌이 되지 않을까 기대해 본다.

산고 끝에 이 저작을 세상에 내놓을 수 있도록 여러모로 도움을 주신 분들의 노고에 뜨겁게 감사드린다. 특히 제 원고를 정성 들여 다듬어준 《도서출판 바람꽃》 권영임 대표, 그리고 오랜 고난의 삶을 지탱해준 아내 정방지와 여동생들(김정순, 김인자, 김옥자)을 오래도록 기억할 것이다. 이 원고의 내용과 탈고 과정에서 좋은 의견을 주신 《사람일보》 박해전 회장님께도 특별히 감사드린다.

2023년 1월

김성수 (Dr. Kim, Sung-Soo)

| 목 차 |

제2부 서양철학의 역설 양상

제3부 역설의 극복 시도 이론들

제4부 **문학에서의 역설 형상**

제1부

서양철학의 기본성격

약 3000년 역사의 서양철학은 지중해의 한쪽 연안인 그리스에서 발생한 그리스철학을 기반으로 발전했으며, 세계의 철학과 학문의 근간이 되었다. 그러나 장구한 역사를 가진 서양철학은 자신의 기본 특징에 대한 고찰을 방기해왔다고 할 수 있다.
서양철학의 특징을 세 가지 면에서 고찰해 본다.

- 이분법적 철학의 일반화
- 이분법적 서양철학의 특징
- 역설에 대하여

1장

이분법적 철학의 일반화

1절 이분법적 철학의 정착

이분법적 철학은 고대 그리스철학의 전성기에 대두했다가 헬레니즘의 몰락과 더불어 자취가 사라졌다. 그러나 기원후 4세기경 기독교 신학의 활성과 이슬람 세력의 확장은 이분법적 그리스철학을 중동과 로마제국의 영역에 정착시켰다.

1. 이분법적 철학의 대두

그리스 문화권은 갠지스강 유역의 인도 문화권, 황하 유역의 중국 문화권, 나일강 유역의 애급 문화권과 더불어 기원전 세계 4대 문화 발생지의 하나였다.

그리스철학은 기원전 7세기 탈레스(기원전 약 624~548/544)를 효시로 발전하다가 소크라테스의 제자 플라톤(기원전 427~347)과 플라톤의 제자 아리스토텔레스(기원전 384~322) 시기에 전성기를 이뤘다.

전성기 그리스철학은 기원전 약 600년에서 기원후 550년까지 1150년간 원산지 그리스를 비롯해 중동 지역, 동서 로마제국에서 가장 영향력 있는 철학이었다. 이 기간 그리스 철학사는 5단계의 시대적 특징을 보인다.

첫째 단계는 '소크라테스 이전 시기'(기원전 600~~400)이다. 탈레스(625~547)를 효시로 소박한 존재론 또는 자연철학이 주류를 이뤘다. '모든 사물의 근원(Arche)'과 사물의 변화 발전의 근원이 탐구의 주 대상이었다. 예를 들면 사물의 근원을 탈레스는 물, 아낙시만드로스는 무한한 것(아페 이론), 아낙시메네스는 공기, 헤라크리트는 불, 피타고라스는 수, 데모크리트는 원자, 엠페도클레스는 불, 물, 공기, 흙 등 여러 물질을 상정했다.

둘째 단계는 그리스철학 전성기의 몸통으로 '그리스 고전 시기'(기원전 500~300)이다. 이 시기 소크라테스를 비롯해 그의 제자 플라톤, 플라톤의 제자 아리스토텔레스 등 대철학자들이 활동했다. 이들은 존재론, 인식론, 윤리학 등 철학의 전반적 문제를 체계화하였다. 이들 이외에도 소피스트, 퀴니커, 에피쿠레안, 스토이커학파 등은 대철학자의 이론에 반론을 제기하기도 하고 철학적 테마를 더 다양하게 하기도 했다.

셋째 단계는 헬레니즘 시기(기원전 약 300~기원후 약 150), 넷째 단계는 로마철학(0~기원후 250), 다섯째 단계는 후기 고대 시기(기원후 250~550)이며, 이 세 시기에는 새로운 철학 이론의 창출이 아니라 그리스 고전 시기의 대철학자들의 이론을 재해석하거나 번안(飜案)하는 것이 특징이었다.

서양철학 특징인 이분법적과 이원론적 철학은 그리스철학의 전성기를 만들어낸 플라톤과 아리스토텔레스에 의해 대두된 것이다. 이들의 이론 전개는 오늘날까지도 서양 철학사에서 가장 영향력 있는 두 개의 사상 조류가 되었다.

플라톤은 소크라테스 이전의 철학자들이 전개한 일원론적 이론들을 이원론적인 틀로 존재론을 체계화했으며, 이에 기초해서 인식론과 윤리론을 전개했다. 플라톤은 존재론의 비물질성을 이데아 세계로, 물질성을 현실 세계로 이원론화하여 이 양자 간 관계 정립을 체계화했다.

플라톤의 제자 아리스토텔레스는 플라톤의 이념 세계를 부정하는 대신 '실체'를 도입하여 '형식과 질료'의 이분법을 기반으로 존재론을 전개했다. 이와 더불어 인식론에서는 '정신과 육체', '귀납법과 연역법', '이성과 표상', 윤리론에서는 '이해 도덕과 성격 도덕' 등 철학적 기본문제를 이분법적으로 설정했다.

아리스토텔레스의 이러한 이분법적 문제 설정에 기반한 논리 전개는 12세기(중세기) 스콜라 신학 초 이슬람 철학자 아베로에스, 13세기 토마스 아퀴나스, 파리대학, 옥스퍼드대학의 철학 과목, 근대에는 갈릴레오, 뉴턴, 다윈 등의 자연과학자, 20세기에는 베르너 예거, 옥스퍼드의 위리엄 로스, 하이데거, 한스 가다머 등으로 연면히 흐르고 있다.

아리스토텔레스 이후 그리스철학의 전성기는 끝나고 쇠퇴기에 접어들었다. 쇠퇴기에 괄목할 만한 철학은 스토아학파와 에피쿠로스학파 정도였다. 이들은 존재론이나 인식론 등의 철학의 기본영역보다는 인간 개인의 영적 삶을 덕목의 주제로 삼았다.

스토아학파의 대표학자인 제논(기원전 340~260)은 자기 절재, 자기부정의 마음가짐, 용기, 흔들림 없는 의연함, 의무에 충실 등의 덕목을 강조했다. 또한 에피쿠로스(기원전 341~270)는 지식보다는 삶의 지혜를 중요시했으며, 은둔생활과 즐기는 생활을 우선시했다.

그 이후 수백 년간 그리스 문화가 꽃 피는 헬레니즘 시기가 도래했으나 그리스철학만은 무관심의 영역에 머물러 있었다.

2. 헬레니즘 이후의 신플라톤주의

헬레니즘 시기는 기원전 323년 알렉산드로스 대왕이 아케메네스 왕조를 정복한 때로부터 이집트의 프톨레마이오스 왕조를 로마가 병합한 후 안정기에 들어선 기원후 146년까지로 잡는다. 이 시기 그리스 문화 영향이 절정에 이르렀다고 평가된다.

헬레니즘이 석권했던 지역은 페르시아, 아시리아, 메소포타미아 등의 중동 지역과 이집트, 인도 북부 등이었다. 이 지역 지배층 사람들은 그리스어를 배우고, 학교에서는 그리스 문화 교육이 필수였다.

헬레니즘 시기에 영향을 준 그리스 문화는 건축과 조각, 회화 등이었으며, 각 지역의 새로운 문화와도 교류와 융합이 이루어졌다. 특히 이집트로부터 수학, 천문학, 해부학 등 자연과학 분야의 지식이 유입되었다. 그러나 철학 분야에서는 새로운 이론이나 걸출한 학자의 등장이 없었다. 그 당시 꼽을만한 학자로는 철학의 중심도시 아테네에서 수학한 마르쿠스 툴리우스 키케로와 정치외교학의 중심도시 로도스에서 공부한 마르쿠스 안토니우스 정도였다.

헬레니즘 시기 이후 수백 년간은 그리스철학의 망각시대였다. 그러다가 기원후 3세기경 신플라톤주의로 일부분 부활했다. 신플라톤주의는 새로운 이론은 아니었다. 플라톤철학을 기본으로 아리스토텔레스, 스토아학파, 신피타고라스, 신비주의적 사상 등을 배합한 이론이었다. 사상체계의 근간은 플라톤의 형이상학적 존재론이었다. 플라톤의 저서 『파르메니데스 대화』에서 기본사상을 찾았다. 가장 중요한 기본사상은 초월적인 '제일자'와 현실적인 누스(정신 또는 지능), '정신적인 세계와 지각 가능한 세계'라는 이분법이었다.

신플라톤주의는 플로티누스(Plotin, 기원후 205~270)가 알렉산드리아에서 학문을 수련한 뒤 기원후 244년 로마로 이전하여 창립했으며, 그의 제자 포르피리오스가 보급했다. 이 이론은 기원후 300년에서 600년 기간에 아테네, 시리아, 로마 등 광범위한 지역에 수용되었다.

그 당시 서로마의 동쪽 지역에서는 람브리코스(약 240~325), 프로크로스(412~485), 프루탁크, 쉬리안, 심프리키오스 등의 학자들, 그리고 로마를 중심으로는 플로티누스, 보에티우스(약 480~524), 찰시디우스, 마리우스 빅토리누스 등이 활동하였다.

이들 중 신플라톤주의의 대표적 학자는 플로티누스였다. 그는 후기 고대의 여러 사상 조류들, 예를 들면 스토아학파, 신비주의, 신피타고라스사상 등을 참조하여 플라톤의 형이상학을 재해석한 신플라톤주의의 창시자였다. 반기독교적인 일부 신플라톤주의자와 달리 친기독교적이였기 때문에 신학자들이 그의 철학을 수용했다. 플로티누스는 플라톤의 '파르메니데스 다이얼로그(Parmenides Dialog)'를 참조하여 플라톤의 존재론을 재해석했다.

그는 플라톤의 이상세계와 현상세계의 이분법을 '하나'(to hen)와 '다수'(polloi)의 이분법으로 재정립했다. '하나'는 서술할 수 없는 성격의 절대성, 최고위성이며, 자기보다 하위인 '초개별적인 정신'과 이보다 하위인 '세계정신'을 포괄한다. 이 하나는 다양한 존재자들(다수)의 근원이다. 여기서 신플라톤주의도 그리스철학의 특징인 이분법성을 기반으로 하고 있다는 것을 알 수 있다.

대체로 그리스 지역을 비롯한 로마 동쪽 지역에서 활동한 신플라톤주의 학자들은 기독교에 적극 반대했으며, 그와 달리 로마를 중심으로 활동한 신플라톤주의 학자들은 기독교와 좋은 관계에 있으면서 기독교 교부 신학의 형성에 기여했다.

교부 신학의 대표적 학자인 아우구스티누스(Augustinus von Hippo, 354~430)는 신플라톤주의의 원리로 가톨릭 신학을 체계화했다. 그러나 아우구스티누스의 사망 이후 로마제국은 외래 세력의 침략, 내부의 분열 등 혼란에 빠졌다. 이러한 상황에서 교부철학으로 겨우 명맥을 유지했던 그리스철학은 수 세기 동안 또다시 신플라톤주의 이전과 같은 침체기에 빠지게 되었다.

그리스철학의 새로운 활성화는 아이러니하게도 기독교 세력의 대결 세력인 이슬람의 등장이었다. 로마 지역에서의 강력한 영향력 확대로 그 계기가 부여되었다.

3. 그리스철학의 재활

교부 신학 대표적 학자인 아우구스티누스의 사후 수백 년간 신학과 철학의 침체기는 8세기에 대두한 이슬람 세력에 의해 그리스철학의 재활로 새로운 활기를 찾을 수 있게 되었다.

이슬람 세력의 학문적 역할에서 특별히 주목되는 점은 그리스철학 특히 아리스토텔레스의 철학을 재활시켰을 뿐 아니라, 여러 가지 비그리스적 철학과 사상이 이슬람 지배 지역과 유럽으로 유입되지 못하도록 차단한 것이었다.

이슬람교는 기원후 7세기 초 무하마드가 중동의 메카(Mecca)에서 창시한 이후 중동을 비롯해 유럽, 아프리카, 중앙아시아, 동남아시아 등 광범위하게 세력을 확장하였다.

21세기 초 이슬람 전체 신도 수는 18억을 헤아리고 있으며, 신도 수 22억인 기독교 다음의 세계 제2대 종교가 되었다.

이슬람 세력은 이슬람 신학과 문화의 기반을 그리스철학과 문화에서 찾았다. 이를 위한 연구거점으로 바그다드의 '지혜의 집'(825년 설립), 코르도바의 '아카데미'(970년 설립), 카이로의 '학문의 집'(1005년 설립)을 운영했다. 철학 이외에도 천문학, 수학(기하학), 의학 등 자연과학을 연구하였다.

아바시덴 회교국(Abbasiden Kalifat)의 제7대 카리프(813~833)였던 알 마문(Abdallha al-Ma´mun, 786~833)은 825년 바그다드에 '현자의 집'이라 불리는 문화연구소를 설립하여 그리스의 철학, 의학, 자연과학 문헌들을 아랍어로 번역하였다. 특히 그리스 철학자 플라톤과 아리스토텔레스 저작의 번역, 저작의 연구와 주석을 진행하였다.

이 연구소 출신의 학자는 알 킨디(al-Kindi, 약 800~873), 알 파라비(al-Farabi, 870~950), 아비센나(Avicenna, 980~1037)였다.

알 킨디는 철학자, 의사, 수학자, 물리학자, 천문학자, 지질학자였다. 철학자로서 알 킨디는 플라톤, 아리스토텔레스, 아프로이시아스의 아렉산더, 요하네스 필로폰너스 등을 연구 대상으로 삼았다. 그의 주 저서는 『제일 철학에 대하여』와 『지성에 대해서』이다.

알 파라비는 신플라톤주의뿐 아니라 아리스토텔레스의 논리학을 전공했다. 그의 주 저서로는 『학문의 안내를 위한 책』, 『시끄러운 형제들의 논문』(철학, 종교, 자연과학에 관한 50개의 논문) 등이 있다.

아비센나는 알 파라비의 이론뿐 아니라 아리스토텔레스의 형상학, 논리학, 윤리학에도 정통했다. 그는 이를 기반으로 이슬람교의 신앙을 학문적으로 정립하고자 했다. 그의 주된 관심사는 이성과 신앙과의 관계 문제였다. 그의 주 저서는 『프로소디스텐을 위한 철학』(Philosophie für den Prosodisten)이다. 그의 저서는 토마스 아퀴나스와 요하네스, 둔스 스코투스의 신학과 철학 확립에 지대한 영향을 끼쳤다.

또 다른 영향력 있는 학자 알 가자리(Al-Ghazali, 1028~1085)는 철학, 신학자로 바그다드의 대학(Nizamyya-Madrasa) 교수를 지내기도 했다. 그는 아리스토텔레스의 논리학과 삼단논법을 통해 이슬람 신학을 정립했다. 그 당시 알려진 그리스철학을 비롯해 이슬람 신학을 회의주의적 입장에서 비판하기도 했으며, 이 내용은 『철학의 비일관성』(1095)의 저서로 출판되었다.

이와 같은 철학, 신학자 들 외에 9세기에서 11세기에 영향력이 큰 '무타질라 학파'가 있었다. 이 학파는 아리스토텔레스 이성 이론의 영향을 받아 합리적 입증을 중요시했으며, 신앙과 자유의지와의 관계 문제를 정립하고자 했다

이처럼 동쪽의 그리스철학과 이슬람 신학연구소에 대비해서 1126년 서쪽에는 스페인의 코르도바에 그리스철학과 이슬람 신학연구소가 설립되었다. 이 연구소를 중심으로 활동한 대표적 철학자는 아베로에스(Averroes, 1126~1198)였다.

아베로에스는 아리스토텔레스 저작의 번역과 주석 등을 통해 12세기에서 16세기에 아리스토텔레스 철학을 유럽에 보급한 가장 영향력 있는 학자로 인정받고 있다. 그는 아리스토텔레스의 이성 이론과 논리학을 통해 코란을 해석했으며, 알 가자리의 이슬람식 회의주의를 비판했다. 그는 '초기 아랍계몽철학'의 대표자로 인정받았다. 그의 대표적 저서는 『1179년의 논문』(Fasl al-Maqal)이다.

서쪽의 이슬람 학문 중심지 톨레도에 '번역학교'가 설립되었다. 이 학교에서는 그리스의 철학, 아랍어로 된 신학, 의학, 천문학에 관한 서적들을 히브리어나 라틴어로 번역하기도 했다. 이 지역 안달루시아에서 태어나 학문적 기초를 닦은 학자로 알 아라비(Ibn al-Arabi, 1165~1240)가 있다. 유년기와 청년기는 서쪽의 이슬람철학 신학연구소의 영향을 받았으며, 그 이후는 동쪽의 이슬람철학 신학을 섭렵한 독특한 학자였다.

이처럼 이슬람은 그리스철학을 재활하는 한편, 비그리스적 철학이나 문화가 이슬람 영향권 지역에 유입되는 것을 완벽하게 차단한 것으

로 큰 관심을 받았다.

이슬람 교세가 동쪽으로 확대하면서 유럽으로 진출이 차단된 중요한 종교와 사상문화는 이분법적인 그리스철학과 이질적인 요인을 갖춘 조로아스터, 샤머니즘, 인도의 베다와 불교, 중국의 노장철학과 도교는 물론 공맹의 유교 등을 꼽을 수 있다.

조로아스터교는 기원전 7세기경 동이란에 소재한 박트리안 마을에서 자라투스트라가 창시했다는 견해가 일반적이다. 학자에 따라서는 기원전 1800년에서 640년 사이에 성립되었다는 견해도 있다.

조로아스터교의 성서 아베스타(부분적으로만 전해지고 있다)는 기독교 성서와 몇 가지 중요한 공통점이 있다. 창조주와 마귀(Ahura Mazda, Angra Mainnyu), 선과 악, 최후의 심판, 구원론과 영생론 등이다. 이러한 이분법적인 공통점 외에 조로아스터교에는 비이분법적인 요인도 있다. 신과 괴물 위에 '시간신'을 상정했으며, 인간과 관련해서는 "잘 생각하라", "잘 말하라", "잘 행동하라"는 세 가지를 요구했다.

조로아스터교는 기원후 5세기경에 신페르시아 사산제국의 지배적인 종교가 되었으며 중동, 인도 지역에도 전도되었다. 그러나 사산제국은 창시 후 급속도로 왕성해진 이슬람 세력에 의해 636년에 정복되고 말았다. 그를 지탱한 권력의 아성이 무너지자 쇠퇴의 길로 접어들었다.

이슬람 세력에 의해 유럽 지역으로 유입이 차단된 또 다른 종교는 샤머니즘이다. 샤머니즘은 기원전 6세기 동시베리아 알타이산맥 근방에 정착한 퉁구스족의 신앙에서 발원했다는 설이 일반적이다.

샤머니즘은 발원지에서 동남쪽으로는 몽골, 북부 중국, 동부중국(만주), 조선 지역으로, 서쪽으로는 '황금의 유목민'(Goldene Horde) 지역인 서부시베리아, 우크라이나, 카자흐스탄, 우즈베키스탄 등의 중앙아시아에 전파되었다. 그 외에도 아메리카 원주민과 아프리카 원주민의 신앙이 되었다.

샤머니즘은 신령이 들린 샤먼(무당)이 초자연적 존재인 신령과 상통하여 개별적 인간과 인간 집단의 액땜을 해주는 것이다. 액땜의 방법은 주술, 의식, 노래와 춤 등을 배합한다. 개인적인 액땜으로는 수렵 활동에서 입을 수 있는 피해, 병치레, 가족의 안전이며, 집단적인 액땜으로는 사회집단이나 국가 차원의 자연재해(기우제)를 막고 전쟁의 승리 등을 기원하는 것이다.

이러한 샤머니즘이 중앙아시아와 북부 인도까지 퍼져있었으나 이슬람 세력의 확장으로 중동과 유럽 지역 확장에는 제지당했다. 13세기 중엽에는 몽골의 징기즈칸 세력이 카스피해, 이란, 이라크, 터키 지역까지 정복했으나 오히려 이 지역에 자리 잡은 샤머니즘을 탄압해 버렸다. 그 대표적인 예가 징기즈칸 손자 휴레규(Hülegü)의 중앙아시아 정복(1251~1259)이다.

8세기 이후 이슬람 세력의 인도 지역 확장으로 베다 문화의 유럽 진출은 억제되었다. 베다 문화는 기원전 1500년부터 인도 북부 인더스강 주변에 자리 잡은 아리안족에 의해 형성되었다고 한다. 베다 문화는 삼히타, 브라마나, 아라니아카, 우파니샤드, 수트라 등의 문헌을 포괄하고 있다. 베다 문화의 독특한 사상은 브라만과 아트만, 카스트, 윤회설, 칼마(인과응보설), 다르마, 요가, 고행 등이다.

베다사상에 기반하여 힌두교, 브라만교, 불교, 자이나교 등 여러 종교가 기원전 800~600년에 창립되었으며, 2000년 이상 동남아 지역을 넘어 세계적인 판도에서 종교 철학에 영향을 주었다. 힌두교와 불교는 세계 대종교 중 기독교와 이슬람 다음으로 3대와 4대의 교세를 확보하고 있다.

베다 문화와 사상, 인도의 여러 종교는 중동과 중앙아시아는 물론 인도 북서지역을 장악했다. 이로 말미암아 서유럽으로 유입은 거의 1000년간 차단되었다. 인도보다 더 동쪽에 위치한 중국의 유가와 도가의 철학과 종교는 아예 미지의 세계로 남아있게 되었다. 비로소 13세기 이후 탐험가 마르코 폴로(Marco Polo, 1254~324)의 탐사보고서와 가톨릭 신부 마테오 리치(Matteo Ricci, 1552~1610)에 의해서 조금씩 알려지기 시작했다.

2절 이분법적 학문의 절대화

로마제국의 융성과 기독교의 군림은 밀접한 상호관계에 있다. 그리스 철학은 이슬람과 기독교의 신학적 토대라는 밀접한 연관 속에서 중세기 서양철학 학문의 근간이 되었다.

이 과정을 로마제국의 흥망과 기독교 신학의 발전관계, 이분법적 그리스철학을 토대로 한 기독교 신학의 체계화와 군림, 나아가서 유럽지역 전반에 그리스철학의 절대화 과정을 고찰해 본다.

1. 로마제국과 기독교

기원전 8세기경 시작한 로마제국은 기원전 3세기부터 이탈리아 영역을 넘어 세력을 확대하기 시작했다. 로마제국의 지배권은 황제 트라야누스 시기(기원후 117)에는 북아프리카를 포함한 지중해 연안지역, 흑해 연안으로, 유럽 대륙은 영국으로까지 확장되었다. '끝이 없는 제국'(Imperium sine fine)이라 부를 정도였다.

로마제국은 황제시기(기원전 27년에서 기원후 395년) 이후 제국의 안정적 통치를 강화하기 위해 통치이념이 필요했다. 이에 가장 부합한 대안이 광범위한 지역에 자리 잡은 기독교였다. 로마제국 황제 테오도시우스 1세(Theodosius I)는 칙령으로 기독교를 유일한 종교로 인정하고 그 외 모든 종교는 금지했다(380).

기독교로서도 로마제국에서 독점적 지위를 확보하기 위해서는 무엇보다 잡다한 종교 사상들을 제압할 수 있는 완벽한 체계의 신학이 필요했다. 이러한 시대적 요구에 부응한 신학자가 아우구스티누스였다. 그는 기독교 발생 이후 신학적 체계를 갖추기 위해 노력했던 가장 뛰어난 교부 신학자였다.

아우구스티누스는 플라톤의 이데아 세계를 신플라톤주의의 '하나'로 재해석하여 '신의 세계'(De civitate dei)로, 플라톤의 현상세계는 신플라톤주의의 '다수'로 재해석하여 변화하는 지상의 세계(civitas terrena)로 신학의 기본을 정립했다. 또 다른 기독교 신학의 기본원리인 삼위일체론을 신플라톤주의의 '하나'와 '초개별적인 정신'과 '정신세계'의 3원리로 체계화했다. 그 외 원죄와 은총, 선과 악, 인간의 정신과 육체 등의 관계도 신학 체계 구성의 중요 내용이 되었다.

아우구스티누스의 사후 서로마제국은 훈족의 침략과 민족이동(375~568), 게르만족(반달, 고텐, 프랑켄)의 로마 침습, 로마제국 내 내부 갈등의 내우외환으로 멸망했다. 서로마제국의 멸망 후 독일의 칼 대황제가 수립한 '신성로마제국'(800~1806)이 전 유럽을 석권했다.

신성로마제국이 융성하기 시작하면서 스콜라 시대가 도래할 때까지 수 세기 동안 로마제국 영토에서 신학과 철학은 침체기에 빠졌다.

2. 스콜라철학의 군림

서로마제국이 혼란 상태에 빠졌을 때 가장 위협적인 세력은 중동 지역에 등장한 이슬람 세력이었다. 8세기 이후 이슬람 세력의 강력한 확장은 중서부 유럽을 장악한 기독교 세력과의 충돌이 불가피했다.

서로마제국에 등장한 신성로마제국(기원후 800년~1809)의 운명은 기독교 세력과 이슬람 세력 간의 충돌로 빚어진 '십자군 전쟁'(11세기 말에서 13세기 말까지의 2세기에 걸친 장기간 전쟁)의 결과가 운명을 좌우할 판이었다. 신성로마제국은 십자군 전쟁에서 결정적 승리는 하지 못했지만 기독교 왕국의 재탈환 전쟁(die Reconquista der christlichen Könige)에서는 성공했다. 그 결과 이슬람 세력의 지배 지역이었던 지중해 동남지역, 이집트를 비롯한 북부 아프리카, 남부 스페인 등 일부 이베리아 지역을 재탈환했다.

예루살렘과 콘스탄틴 노블의 점령 세력이 자주 바뀌다가 15세기 중엽 신성로마제국으로 완전히 편입되었다.

그 당시 로마제국에서 분리되었던 동로마제국(일명 비잔틴제국)은 서로마제국에 위협적이기보다는 도움을 주는 존재였다. 동로마제국은 콘스탄틴 노블을 수도로 정하고 흑해 일부, 소아시아, 동남 지중해 지역을 관장하여 훈족, 페르시아 사산제국 세력의 서로마 진출을 차단해 주었다.

동로마제국은 오스만의 침략을 받아 약화된 뒤 1453년 서로마제국으로 병합되어 비잔티움제국(330~1453)은 멸망하고 말았다. 그 이후 동로마제국의 정치 문화적 유산은 제3의 로마로 계승되었다.

신성로마제국의 이슬람 세력 일부 지배 지역의 획득은 영토 확장 문제가 아니라 이 지역에 아랍 세력이 일군 학문적 성과였다. 학문적 성과는 그리스철학 특히 그 당시 미지의 영역이었던 아리스토텔레스 철학의 번역과 연구 업적이었다. 아리스토텔레스 철학은 신성로마제국과 같은 생각이었던 가톨릭 신학의 새로운 정립을 위한 둘도 없이 요긴한 학문적 자산이었다.

신성로마제국이 서유럽 전반으로 확장되자 철학, 정치사상, 자연과학, 기타 다양한 문화 들이 혼재하여 갈등하게 되었다. 신성로마제국은 안정적 통치를 위해 새로운 체계의 사상과 신학이 요구되었다. 이러한 상황에서 신플라톤주의와 이에 기반한 교부철학이나 신학으로는 역부족이었다. 이때 마침 아랍 지역과 동로마 지역에서 활발하게 번역되고 논의된 아리스토텔레스 철학의 유입은 더 없이 좋은 자산이 되었다.

그 당시 아리스토텔레스 철학과 관련하여 6세기 초 보에티우스(Boethius, 480/485~524/526)가 라틴어로 번역한 아리스토텔레스의 오르가논(Organon), 알 파라비(Al-Farabi, 870~950)의 여러 가지 그리스철학 서적의 번역, 아베로에스(Averroes, 1126~1198)의 그리스철학의 해석 등이 알려져 있다.

아리스토텔레스 철학은 신플라톤주의와 달리 신성로마제국에 유입된 비잔틴 문화와 이집트에서의 천문학과 수학 등의 자연과학, 이슬람 신학 등을 포괄할 수 있는 원리를 제공한 유일한 체계적 철학이었다.

아리스토텔레스 철학의 특징은 관념론적인 이데아 세계를 주축으로 하는 플라톤 철학과는 달리 관념 세계와 현실 경험 세계를 다 같이 해명할 수 있는 원리를 기반으로 한 것이다. 현실 세계의 변화 발전, 이에 상응한 논리학, 인식론과 윤리론 나아가서 자연과학의 영역도 이론화를 가능케 하는 원리들을 제공할 수 있었다.

새로 요구되는 신학의 성립을 위해서는 신플라톤주의 철학보다는 아리스토텔레스 철학이 훨씬 매력적일 수밖에 없었다. 이러한 시대적 조건에서 중세기의 가장 걸출한 신학자이면서 철학자인 토마스 아퀴나스는 스콜라 신학과 철학을 집대성했다.

토마스 아퀴나스는 아리스토텔레스 철학을 번역하고 탐구한 페르시아제국의 철학자 아비센나, 스페인 아랍계 철학자 아베로에스, 토마스의 스승인 마그누스의 저서 등을 통해 습득했다.

그가 습득한 아리스토텔레스의 중요한 기본원리는 '질료와 형상', '현재성과 잠재성', '실체성과 우연성', '본질과 현존', '운동과 정지', '귀납법과 연역법', '적극적 이해와 수용적 이해', '이론과 실천' 등의 이분법적 테마 설정이었다. 여기에 그의 스승 마그누스의 '신앙과 이성', 자기 자신이 구상한 '선과 악', '원죄와 구원'을 첨가하여 체계화한 대저작으로 1277년 출판된 『신학대전』(Summa theologica)이다.

신학대전의 성격은 여러 학문의 진수를 집약했을 뿐 아니라 체계화했으며, 교육의 목적성까지 포함했다.

신학대전의 제1부는 신, 제2부는 인간, 제3부는 그리스도로 구성되어 있다. 신학대전에서 아리스토텔레스의 이분법적 테마 설정을 어떻게 활용했는지 살펴보면 다음과 같다.

제1부 신관에서는 '질료와 형상', '현재성과 잠재성', '본질과 현존' 등의 이분법적 테마 설정을 기반으로 했다.

신은 '최고의 형식'이다. 개별적인 존재자는 질료의 내용에 형식이 없으면 불가능하기 때문에 신은 창시자(causa efficiens), 최후 목적(causa finalis)이며 따라서 신은 물질세계를 군림하는 절대자가 된다.

제2부 인간론에서는 '질료와 형상', '정신과 육체', '육체와 형상', '이성과 신앙', '은총과 자연' 등의 이분법적 테마 설정을 기반으로 했다.

신의 인식의 이성은 자연에서 가장 고상한 부분이며, 이성은 자연 전체의 이해를 통해 신의 존재를 추론할 수 있게 했다.

토마스 아퀴나스는 '영원히 타당한 철학'(Philosopia perennis)이라는 명예를 가진 스콜라철학의 대가로서 중세기 이후 철학계 권위는 절대적이었다. 그가 사망하자 파리대학과 옥스퍼드대학은 그의 시신을 모시고자 했다. 그의 사후 49년째 되는 1323년에 교황청은 가톨릭교회 성인으로 인정했으며, 1325년에는 그의 신학을 정통성 신학으로 확인했다. 1879년 교황 레오 13세(1878~1903)는 토마스 아퀴나스의 신학적 철학을 가톨릭교회의 기독교 철학으로 선언(Enzyklika Aeteri patris)할 정도로 그의 신학은 최고의 권위를 인정받았다.

토마스 아퀴나스의 학문적 권위와 더불어, 신성로마제국은 스콜라철학을 중세기 유럽 학문 전반의 기반이 되도록 제도화했다. 스콜라신학의 제도화는 아리스토텔레스 이분법적 철학을 유럽 학계 전반에 군림하는 강력한 수단이 되게 하였다.

3. 이분법적 학문의 제도화

중세기 교부 신학과 스콜라 신학의 집대성은 신학뿐만 아니라 철학을 비롯한 기타 학문을 기독교 신학의 시녀로 만드는 계기가 되었다. 로마가톨릭 세력에 의한 세속 국가권력의 장악이라는 학문 외적 조건은 스콜라 신학이 유럽 학계 전반에서 군림하는 제도화의 길을 가능케 했다.

스콜라철학의 언어인 라틴어가 유럽 지역 학문의 기본어가 된 것은 우연이 아니었다. 오늘날에도 라틴어는 의학과 생물학의 기본 표기어가 되었다.

스콜라 신학의 군림은 유럽 학문의 기반을 그리스철학 특히 플라톤과 아리스토텔레스의 '이분법성의 틀'로 일색화(一色化)한다는 의미였다. 이 의미를 아직도 유럽 학계는 깨우치지 못하는 '동굴의 현상'이기도 하지만 말이다.

신성로마제국의 권력과 로마가톨릭 제도화 추동의 기반은 신학과 학문의 요람 역할을 했던 수도원이었다.

수도원의 시작은 4세기 이집트의 콥트 교파가 운영한 안토니오 수도원(361~363)으로 알려져 있다. 그 뒤 팔레스티나 등지에서도 운영되었으나 주로 은둔승들이 수양하는 곳이었다. 그 이후 수도원이 신학과 학문의 요람으로 운영되기 시작한 전형은 529년 누르시아의 베네딕트가 설립한 몬테카시노 수도원이다.

이 수도원 외에 10~15세기 기간에 새로운 도시가 형성되면 도시와 더불어 적어도 하나의 수도원이 설립되었으며, 그 수는 급격하게 많아졌다. 수도원도 성격에 따라 분류되었다. 예를 들면 베네딕트 수도원을 효시로 1210년에는 아시시에 의해 프란체스카 수도원, 1216년에는 도미니쿠스에 의한 도미니카 수도원 등이 설립되었다.[1)]

수도원은 학문과 더불어 예술, 수공업 제품, 농업적 경제활동, 환자와 노인들을 돌보는 사회적 활동 등을 통해 중세기 사회 네트워크의 중심지가 되었다. 특히 학문적 업적으로는 신학, 철학, 자연과학 분야의 번역, 연구, 출판보급 활동을 꼽을 수 있으며, 도서관, 학교, 대학을 운영한 것이다.

이처럼 수도원은 서유럽에서 기독교 신학뿐 아니라 모든 지식의 생산, 교육, 보급의 근거지가 되었다. 이것이 실현 가능했던 것은 '교회국가'와 '신성로마제국'의 정치 권력 및 재정 지원 덕이었다.

'교회국가'는 756년 로마와 라티움을 중심으로 이탈리아 중부지역과 일부 남부지역(베네벤토와 폰테코르보), 프랑스의 일부 지역(아비뇽, 콩타브네생)을 교황이 직접 통치하는 국가였다. 1870년 국민 투표로 교회국가 대부분 영역을 이탈리아 왕국에 넘겨주고 현재의 교황청으로 변신하였다.

소규모 '교회국가'와 달리 '서로마제국'은 서유럽 대부분 중서부 지역을 망라한 다민족 영토복합체의 강력한 황제국가였다. 서로마제국이 멸망한 뒤 800년에 독일 프랑켄의 왕 칼을 교황 레오 3세가 서로마제국 황제로 옹립하면서 시작되었다. 그 후 962년 교황 요하네스 12세로부터 황제의 대관식을 받은 프랑켄 왕 오토 1세가 전성기를 이루었다. 로마제국은 1157년 프레데릭 1세 황제 때 '신성로마제국'으로

1) 16세기에는 유럽의 전 지역에 기존의 수도원과 성격을 달리 한 테아티네, 카푸치너, 예수이텐, 카밀리아너, 피아리스텐 수도원 등이 설립되었다.

개명되었다가 1512년에는 '독일국가의 신성로마제국'으로 재개명되었다.

신성로마제국은 가톨릭 교황이 황제의 대관식을 집전하는 제도였기 때문에 세속 권력과 가톨릭이 상호의존하는 정교의 혼합체제였다. 수백 개의 왕국, 공국, 후국, 백국, 가톨릭 군주 영지 및 자유시로 구성되었으며, 황제로부터 상대적 독립성을 인정받았다. 이 제국에서는 대주교, 주교, 수도원장 등 성직자들에게 군주와 같은 지위를 부여했으며, 주교들은 제국의 행정업무를 맡기도 했다.

신성로마제국은 제후들 간의 내부적 갈등, 종교개혁 이후는 신·구종교 간의 갈등, 신성로마제국에 귀속되지 않은 서유럽 나라들과 특히 프랑스와의 갈등, 이슬람 세력과의 전쟁, 봉건제도와 새로 등장하는 자본주의 체제와의 갈등 등으로 1806년에 해체되었다.

가톨릭 세력은 '교회국가'와 '신성로마제국'의 인텔리 계층을 장악하기 위해 수도원 이외에도 12세기부터 학문의 요람지로 서유럽 여러 곳에 종합대학교를 설립하여 운영하기 시작했다.

■ 종합대학교 설립의 예는 다음과 같다.

종합대학교는 12세기 이탈리아 볼로그나에 제일 먼저 설립되었다. 그 다음 13세기에 이탈리아 비센자(1204), 스페인 피렌치아(1208), 프랑스 파리, 영국의 옥스퍼드와 케임브리지, 14세기에는 주로 중부 유럽 플라크(1347), 크라카우(1364), 비엔나(1365), 펙스(1367, 지금의 헝가리 영역), 하이델베르크(1385), 쾰른(1388) 등에 설립되었다. 그 후 1500년까지 전 유럽의 대학교 수는 80개에 이르렀다.

유럽에서 대학 설립이 일정한 궤도에 오르자 대학 수업의 학과 분류는 파리대학을 모범으로 삼았다. 즉 문과 학부(철학 학부), 의학, 법학, 신학 학부를 포괄했으며, 철학을 모든 학부 학생의 필수 기초학문으로 의무화한 것이 특징이다.

가톨릭 세력과 국가권력은 이분법적 그리스철학에 기반한 스콜라 신학으로 통일했다. 스콜라철학에 어긋나는 학문이나 지식은 허락하지 않고 이를 실천, 유지하기 위한 강력한 대처로는 종교재판의 운영이었다.

교황 알렉산더 4세는 1260년 측령을 통해 기독교 이단자를 마녀로 취급해 무자비하게 탄압하는 정책을 공식화했다. 이를 집행하는 종교재판소를 교황 인노첸시오 3세부터 운영했다. 기독교의 종교재판 또는 '이단 심문소'는 중세기에 시작하여 르네상스 시기를 거쳐 근대까지 이어졌다.

중세기 종교재판과 '마녀사냥'은 출처와 성격이 달랐다. 종교재판은 이단자가 대상이었다. 마녀사냥은 고대 그리스에서 시작했으며 그 대상이 마법사나 불륜 여성이었다.

개신교가 세력 확장을 위해 가톨릭과 충돌하는 과정에서 이단자 추적과 마녀사냥은 수백 년간 격심하게 충돌했다. 독일에서만 종교재판으로 처형된 숫자가 2만 5000명으로 추정된다.

이단자는 사상적, 정치적, 분파적 또는 개혁적으로 분류되었다. 학자, 신자, 일반인을 막론하고 이단자로 낙인찍히면 고문, 화형, 추방 등으로 이들의 학문적, 사회적 영향이 철저하게 차단되었다.

윌리엄 오컴은 토마스 아퀴나스와 똑같이 그의 철학적 기반을 아리스토텔레스에게 두었는데도 그의 우연성 이론이 신의 절대성을 훼손한다는 점에서 이단으로 몰렸다. 교황 요하네스 12세와 영국의 에드워드 2세가 직접 가담하여 그를 파문했다. 근대에서는 천동설에 대립하는 지동설을 주장한 이탈리아 신부이자 철학자, 천문학자인 브르노(Giodarno Bruno, 1548~1600)가 화형을 당했다.

중세기에는 서양철학과 학문의 기간을 이분법성의 그리스철학, 특히 아리스토텔레스 철학으로 일색(一色化)하거나 절대화했다. 근대 이후 유럽의 이분법적 철학 또는 학문은 유럽의 영역을 넘어 세계적 학계의 전반을 석권하기에 이르렀다.

3절 이분법적 철학의 세계화

유럽 사회는 르네상스를 지나 근대에 들어서면서 자연과학과 기술 발전에 기반한 생산력의 강화로 중세기 농업 위주 사회에서 산업사회로 변모하기 시작했다.

사회적 관계의 변화는 학계와 기독교 교권 및 신학과의 관계도 획기적으로 변화시켰다. 서양철학과 학문의 기축이 신앙과 이성의 이분법이 아니라 사회 발전과 이성의 이분법으로 변동한 것이다.

학문 세계는 자본세력과 밀착해졌으며, 철학과 신학은 갈등 속에 상호보전적 관계가 되었다. 유럽 자본의 세력이 강화하고 세계적으로 확대해지자 유럽의 철학과 신학도 전 세계로 전파되어 갔다. 19세기 이후 유럽과 미국의 제국주의적 세계 지배에 동반해서 이분법적 유럽 학문도 세계 학계를 패권적으로 장악하게 된 것이다.

이 과정을 3단계로 나눠 고찰할 수 있다.

첫째 단계는 유럽 사회의 근대산업화, 둘째 단계는 세계 식민지화, 셋째 단계는 유럽 중심주의 확립이다.

1. 유럽 사회의 근대 산업화

유럽 사회는 근대에 이르러 사회와 학계가 코페르니쿠스적인 대전환을 성취했다. 중세기 말기 이탈리아는 자연과학의 발전으로 르네상스 시대를 열었으며, 근대 산업사회 건설의 발원지가 되었다.

이탈리아는 지중해 연안의 상업적 교역이 활발해 중세기 말부터 도시국가 형성이 유리했다. 도시국가는 상업적 교역과 더불어 유입된 카이로와 알렉산드리아의 북아프리카, 비잔틴과 아랍 문화권의 천문학, 수학, 의학 등의 학문적 성과를 발전시키는데 유리한 조건이 되었다. 이에 따라 이탈리아는 르네상스(14세기에서 16세기)의 산실이 되었다.

이탈리아에서 자연과학 발전의 획기적 성과는 재래의 천동설을 지동설로 전환한 것이었다. 코페르니스쿠(Niklaus Kopernikus, 1473~1543)는 그동안 이룩한 천문학과 수학의 성과를 토대로 그 당시 의심의 여지 없던 태양 중심의 회전이론을 지구 중심의 회전이론으로 정정했다.

이 이론은 케플러(Johannes Kepler, 1571~1630), 갈릴레이(Galileo Galilei, 1564~1641), 뉴턴(Isaac Newton, 1642~1726) 등에 의해 과학적으로 증명되었다. 케플러는 지구 공전의 궤도를 계산했으며, 갈릴레이는 실험을 통해 중력, 마찰, 관성 등을 밝혔고, 뉴턴은 만유인력과 고전 역학을 정립했다.

이러한 코페르니쿠스적 전환(De revolutionibus orbium coelestium, 1543)은 천문학에서만이 아니라 유럽 학문과 유럽 사회 전반에서 '혁명적 전환'을 일으키는 대명사가 되었다.

유럽 학계는 중세 스콜라 신학의 신 중심에서 인간 중심으로, 신앙보다는 이성으로, 교회 성역보다는 대중사회로, 정신보다는 물질을, 이론보다는 실험 또는 실천을 더 중요시하는 시대로 전환되었다.

학문 활동의 주된 관심사는 인간 중심의 가치와 가치의 효율적 증진 문제였다. 이성은 인간의 이익을 중심으로 한 가치설정의 주체이며, 합리성은 가치의 정당성과 효율적인 증진의 담보가 되었다.

사회적 전환은 이탈리아에서 시작한 자연과학적 이론의 성과가 영국으로 이전되어 18세기부터는 유례없는 산업화가 획기적으로 진척되었다.

18세기 영국은 합리적 효율성의 원리에 따라 석탄 에너지를 산출하여 철과 기계공업, 증기 동력을 효율적으로 전용한 기계류, 운반수단(제임스 와트에 의한 증기배, 증기기관차)을 개발하였다. 13세기 스웨덴에서 시작한 나무 숯을 연료로 한 주철로는 기계를 만들 수 없었다. 18세기 1500도 이상의 열을 낼 수 있는 석탄의 도입으로 기계류를 만들 수 있는 단철 생산이 가능해졌다.

산업화의 기본요인인 제철과 열에너지를 18세기부터는 나무나 목탄보다 석탄이나 콕스를 연료로 하여 보다 효율적으로 생산할 수 있게 되었다. 100도가 넘는 콕스의 열량은 효용성 있는 단철 생산을 가능케 하였으며, 석탄을 연료로 한 효율적인 증기 생산은 19세기 증기기관(증기방직기, 증기배, 증기기관차, 증기자동차)의 발전을 촉진시켰다

영국에서 산업화의 촉진은 프랑스와 독일 등 유럽 대륙으로 확산되었으며, 과학기술도 더욱 발전하면서 산업화는 고도화되었다. 산업화

의 고도화는 학계에 충격을 주었다. 다른 한편으로는 시장의 세계적 팽창으로 이어졌다.[2)]

산업화로 인한 자본주의적 사회관계는 중세기와는 다른 인문학적 과제의 설정과 해결을 요구했다. 이 요구의 대응으로 영국에서는 경험주의 이론, 프랑스와 독일에서는 합리주의 이론 그리고 가톨릭 스콜라신학에 대립되는 칼빈 신학과 루터 신학 등의 새로운 신학의 대두였다.

대표적 학자로는 영국의 오컴(William of Occam, 1288~1347), 베이컨(Francis Bacon, 1561~1626), 홉스(Thomas Hobbes, 1588~1679), 로크(John Locke, 1632~1704), 뉴턴(Isaac Newton, 1642~1726), 흄(David Hume, 1711~1776) 등이며, 프랑스의 데카르트(Rene Descartes, 1596~1650), 루소(Jean-Jacques Rousseau, 1712~1778) 등, 독일의 라이프니츠(Gottfried Wilhelm Leibniz, 1646~1716) 그리고 경험론과 합리론을 종합한 칸트(Immanuel Kant, 1724~1804), 헤겔(Georg W.F. Hegel, 1770~1831), 마르크스(Karl Marx, 1818~1883) 등이었다

신학계에서는 가톨릭 스콜라 신학에 대립되는 칼빈 신학과 루터 신학이 등장했다

르네상스 이후 철학을 비롯한 학문의 역할이 중세기 신학의 시녀에서 자본주의의 시녀로 전환되었다는 사실이 은폐되는 경우가 많았다. 중세

2) 그 당시 산업화에 기여한 대표적인 자연과학자는 유체정력학(Hydrostatik, 1653)의 파스칼(Blaise Pascal), 증기기관(1705)의 와트(James Watt), 증기기계의(1705)의 뉴커먼(Thomas Newcomen), 자연도태설의 다윈과 바이스만(Charles Darwin/August Weismann Selektionstheorie), 내적 발전능력의 라마르키스트와 멘델(Lamarckist/Gregor Mendel), 열과 기계적 에너지(1842)의 마이어(Julius Robert Mayer), 엔트로피(1865)의 클라우지우스(Rudolf Clausius), 석탄보다 효율성 높은 전기 에너지(1865)의 시멘스((Siemens-Martin) 등이다.

기 이후에도 철학과 기타 학문이 그리스철학의 이분법에 기반하고 있다는 전통은 변하지 않고 있다는 사실에 대해서는 별 관심을 두지 않았다. 파레토(Vilfredo Fredorico Pareto, 1848~1923) 같은 자연과학자도 이분법의 역설 현상을 지적했지만 철학자들은 대체로 철학 이론 전개에서 나타난 역설 현상에 대해서는 심각하게 고려하지 않았다.

파레토는 산업화 기반이 된 효율성과 관련하여 자기 자신의 '파레토의 효율성(Pareto-Optimum)이론'에서 이분법성의 역설을 지적했다. "하나의 성질을 좋게 하기 위해서는 동시에 다른 성질을 나쁘게 하지 않고는 불가능하다"는 견해를 피력한 것이다.

산업화를 선점한 유럽은 막강한 경제적, 군사적 세력을 바탕으로 19세기 이후 군사, 정치, 경제를 석권했다. 이를 동반한 이분법성의 서양철학과 기타 학문은 세계 학문 토대의 중심이 되었다.

2. 세계의 식민지화

유럽의 세계 식민지화는 15세기 말 포르투갈 바스쿠 다가마(Vasco da Gama, 1469~1524)와 스페인의 콜롬버스(Cristoforo Colombo, 1451~1506)의 아프리카 대륙 및 아메리카 대륙의 발견과 정복으로 막을 올렸다. 이들은 동남아시아를 비롯해 중국의 일부, 아시아의 대부분 지역을 식민지 영향권에 편입시켰다.

이들이 대양을 세계적 판도에서 식민지화할 수 있었던 가장 큰 조건은 천문학자들의 지구가 둥글다는 새로운 천문학적 지식과 대양을 넘나들 수 있는 증기기관과 증기배 건조와 무기의 발전이었다. 그 외 정치경제적 요구는 초기 자본주의 생산관계의 성장을 위한 상품제조의 원료, 상품판로, 노동력 등의 확보였다.

17세기부터는 세계 식민주의화의 주체가 영국과 프랑스로 바뀌었으며, 이들은 미국의 식민주의화에서 주도권을 잡았다. 이런 승기를 타고 포르투갈, 스페인, 네덜란드 등의 식민지 개척 국가들이 선점한 국가들을 재조정하거나, 유럽인의 미답 지역인 캐나다, 오스트레일리아, 뉴질랜드 등의 새 지역을 식민지화했다. 이로써 19세기 유럽의 세계 식민지화가 1차적으로 완료되었다. 2차적으로는 영국의 식민지였던 미합중국이 19세기 이후 세계 식민주의화의 종주국이 되면서 세계 식민주의화는 그 판도가 재편된다.

제1차 식민지화 단계에서는 시장경제의 확장을 위한 식민지 지역 확보와 무자비한 수탈 그리고 확보한 식민지 지역의 안정화였다. 안정화 정책은 식민지 국가의 시민을 피식민지 국가에 대량 이주시키는 것이며, 원주민의 대량 살상, 유럽 기독교와 기타 문화로 정신세계를 장악하는 것이었다.

이주민의 통계는 약 60%가 영국인, 북아일랜드 10.5%, 아일랜드 5.8%, 스코틀랜드 5.3%, 웨일스 4.3%, 독일 8.9%, 화란 3.1%, 프랑스가 2.1%를 차지했다(1790년 통계). 이 통계 년도 이후에도 20세기 초반까지 유럽인의 이주는 계속되었다. 1850~1930년 사이 독일인이 약 5백만, 1876~1910년 사이 오스트리아, 헝가리인 3백만이 이주했다.

유럽 백인의 이주 이외에도 1450년부터 시작한 아프리카 노예의 이주도 적은 숫자가 아니었다. 1450년에서 1870년 사이 거래된 아프리카 노예는 1천백만 5천 명으로 추산되며, 18세기에만 미국에 팔려간 노예는 600만 명에 이른다.

유럽 식민지 나라들이 북미주의 에스키모와 인디언, 중남미의 인디언과 원주민, 오스트레일리아의 원주민을 얼마큼 대량학살하고 추방했는지는 정확한 통계도 없다.

15세기에서 19세기까지 400여 년에 걸쳐 유럽은 미주 대륙, 오스트레일리아와 오세아니아, 중근동 지역과 동남아를 비롯한 아시아 지역까지 거의 전 세계의 식민지화를 이룩했다. 그 결과 전 세계는 정치, 경제뿐 아니라 종교와 학문 영역에서도 유럽화의 시대에 살게 된 것이다.

유럽화의 핵심 내용은 사회주의적 프롤레타리아 독재와 대립되는 자본주의적 민주주의 정치, 계획경제가 아닌 시장경제, 유럽식 대학제도와 이분법적 유럽 학문, 기독교 신학의 정통화 등이다. 이러한 제1차 유럽화는 20세기 초반 제국주의 종주국으로 부상한 미합중국에 의해 세계는 2차적으로 유럽적 미국화를 겪게 되었다.

미합중국은 남북전쟁을 마감하고 통일국가가 된 뒤 멕시코와의 전쟁(1848)에서 승리하여 영토를 확장한 다음, 1898년 스페인과의 전쟁에서 승리하여 제국주의 열강의 대열에 들어서게 되었다. 루스벨트 대통령(1901~1909)은 미 해군력을 세계 제2강군으로 만들었으며, 파나마운하 개발, '달러 외교', '문호개방정치'를 실천해 갔다.

미합중국은 중미 여러 나라들(푸에르토리코, 쿠바), 필리핀, 태평양의 나라들을 식민지화한 다음, 일본, 조선, 중국 등 동아시아 나라들을 공략하기 시작했다. 세계 1차 대전(1914~1918)은 1915년에 개입하여 승리했다. 제국주의 열강 중에서 영국을 대신할 새로운 최강자의 발판을 마련한 것이다. 세계 2차 대전에서 영국과 프랑스를 이끈 연합국이 독일, 이탈리아, 일본 등의 동맹국에 승리함으로써 미합중국은 경제, 군사 분야에서 세계의 최강국으로 발돋움했다.

세계 제2차 대전 이후 미합중국을 우두머리로 한 유럽의 제국주의 열강들은 1990년대 사회주의 진영을 몰락시켰으며, 중국, 북조선, 쿠바, 이란 등 수 개의 나라를 제외하고는 21세기에도 세계를 전반적으로 장악 통제하고 있다. 세계의 학계, 문화계뿐 아니라 사회정치, 경제 등에서 서구 중심주의가 고착화되었다.

3. 유럽 중심주의화

오늘날 '서구 중심주의' 또는 '유럽 중심주의'는 거의 동의어로 사용되고 있다. 그러나 역사적 사실에 근거해 구별한다면 '유럽 중심주의'는 미합중국이 세계 제국주의의 상전이 되기 전까지는 맞지만, 그 이후 20세기부터는 '구미 중심주의'가 역사적 사실에 합당한 개념이다. 그러나 두 개념의 기본내용은 동일하다고 볼 수 있다.

'구미 중심주의' 논의에 유럽 내외의 많은 학자가 관여하고 있으나 주로 역사, 개념 사용의 계기와 목적 등의 해명에 주력하고 있다. 개념에 대한 논의의 의의는 두 갈래로, 즉 하나는 역사적 사실의 정리, 다른 하나는 역사적 사실에 입각한 평가적인 작업에서 찾을 수 있을 것 같다.

'유럽 중심주의'와 관련해서는 18세기에는 요한 하인리히 제들러

(Johann Heinrich Zedler, 1706~1751)가, 19세기에는 게오르크 헤겔(Georg Wilhelm Hegel, 1770~1831)이, 20세기에는 막스 베버(Max Weber, 1824~1920)가 역사적 사실에 입각하여 그 의미와 내용을 언급했다. 그러나 이들도 다른 학자들과 마찬가지로 낮이 지나고 석양이 와서야 활동하는 '미네르바의 올빼미'처럼 지나간 역사적 사실의 부분만을 묘사하는데 그쳤다.

예를 들어 '유럽 중심주의'와 관련하여 세계가 인정하고 수용하는 내용은 다음과 같은 것들이다.

- 유럽이 지리적으로 세계의 중심이라는 것이다. 유럽을 중심으로 근동, 중동, 원동이라고 한다.
- 시간의 기준에 대해서는 영국 런던의 그리니치 천문대를 기준으로 삼고 있다.
- 학문적, 사회경제적, 문화적 발전을 최상의 기준으로 삼아 후진적 저발전 또는 발전도상으로 구별한다.
- 유럽 내외의 모든 행사에서 유럽식 ABC…… 알파벳으로 순서를 매긴다.
- 병명, 기술상의 표시, 학문적 전문 개념 또는 용어 등도 그리스어 또는 라틴어의 유럽식으로 표기한다.

이러한 현상적 내용만으로는 유럽 중심주의를 제대로 이해했다고 할 수 없다. 구미 중심주의가 성취될 수 있었던 근원인 유럽의 철학, 학문, 문화가 기반한 사유의 이분법성과 그 제한성에 대해서는 전혀 고려하지 않고 있기 때문이다. 이러한 제한성이 20세기 서구 중심주의 또는 서구 제국주의에 대한 반테제를 일부 진보적인 학자들이 시도했으나, 그 한계성을 벗어나지 못했다.

사회학자 사미르 아민(Samir Amin)은 '중심과 변두리'라는 이분법적 테마 설정에 기반하여 유럽 중심주의를 평가했다. 1990년대 이후 자크 데리다(Jaques Derridas)와 미셸 푸코(Michel Foucault) 등의 포스트 구조주의적 비판, 스튜어트 홀(Stuart Hall), 프란츠 파논(Frantz Fanon) 등의 포스트 식민주의적 비판, 에드워드 사이드(Edward Said)의 오리엔탈리즘 비판의 공통점은 '다수성과 다양성의 원리'라는 이분법에 기반하여 유럽 중심주의 1극성(최고로 발전한 제1세계)을 부정한 것이다.

이러한 평가와 비판은 서구 문화의 기반인 이분법성 원리의 제한성을 파악하지 못한 채 스스로 이분법성에 기반한 논리를 전개하고 있는 것이다. 서구 문화권의 학자들이나 비서구권 학자들도 이분법성 원리에 도취되어 있다는 표징이라 할 수 있다

21세기 '유럽 중심주의'는 다음과 같이 평가할 수 있다.

- 그리스철학과 문화에 배타적으로 기반한 유럽 중심주의가 여러 가지 역설 현상에 빠져 있음에도 자기 자신의 이분법성에 매몰되어 역설의 출구를 찾지 못하고 있다.
- 한국, 중국, 일본, 인도 등 비이분법성 사유의 전통을 가진 나라의 학자들도 유럽 중심주의에 빠져 전통을 발굴해 더 발전시키는 과제를 실현하지 못하는 무기력에 빠져 있다.

2장

이분법적 서양철학의 특징

전장에서 서양철학 내지 학문은 사유의 이분법성에 기반하고 있으며, 이러한 이분법성은 유럽을 넘어 세계적 판도에서도 지배적인 현상이 되었음을 고찰했다.

그렇다면 도대체 이분법적 서양철학의 특징은 무엇인가? 그 특징은 다음 세 가지를 종합적으로 고찰할 때 그 해명이 가능할 것이다.

- 서양철학의 기반인 사유 성격의 이분법성
- 사유의 이분법성에 기반한 이론 전개의 필연적인 이원론적 테마 설정의 양상
- 이원론적 테마 설정에 수반하는 이론 전개 방식

1절 사유 성격

서양철학은 이분법성에 대한 논의를 초창기부터 시작했다. 그러나 단순히 어원적 정의에 머물고 있을 뿐, 사유의 기본성격이라는 것을 파악하지 못했다. 그 근거는 사유의 3대 구성요인인 지각, 이성, 언어에 대해서 인지했으나 이 삼자 간의 입체적 구성론을 전개하지 못한 데 있다. 그로 인해 사유의 주체와 사유의 수단 문제도 바르게 정립할 수 없었던 것이다.

이 문제를 해결하기 위해서는 재래 서양철학의 평면적 사유론의 오류를 밝힌 다음에 입체적 사유론을 새롭게 정립하는 것이다. 그다음 사유의 근원적 성격으로서의 이분법성이 밝혀질 것이다. 유럽 사회는 르네상스를 지나 근대에 들어서면서 자연과학과 기술 발전에 기반한 생산력 강화로 중세기의 농업 위주 사회에서 산업사회로 변모하기 시작했다.

사회적 관계의 변화는 학계와 기독교 교권 및 신학과의 관계도 획기적으로 변화시켰다. 서양철학과 학문의 기축이 신앙과 이성의 이분법이 아니라 사회 발전과 이성의 이분법으로 변동한 것이다.

1. 재래 사유론의 오류

서양철학의 재래 사유론은 지각과 사유, 이성과 사유 및 언어와 사유의 관계 문제가 평면적 일치성이 주류가 되어, 사유론의 핵심이 되는 이성의 사유 주체 문제와 언어의 사유 도구성 문제를 해명하지 못하는 오류를 범하게 되었다.

가. 지각과 사유

지각과 사유와의 관계 문제는 지각에 대한 이해 부족으로 지각과 사유를 일치시키는 견해가 대세이다.

(1) 지각에 대하여

지각 개념은 고대 그리스 철학자 아이스테시스(Aisthesis)가 맨 처음 사용했다고 한다. 그는 지각 개념을 감각기관, 감성, 비감각적 정신적 작용으로도 혼용하였다. 그 후 라틴계 철학에서는 지각(Percipere, Perceptio)의 발생단계 앞을 감성(Sentire, Sensus)이라고 하여 지각과 감성을 구별하였으며, 이 견해는 서양철학의 전통이 되었다. 그러나 지각 개념에 감성을 포함하는 일부 학자가 예외적으로 있다.

근대철학 이후 프랑스를 비롯한 라틴어 계통과 영어권에서는 지각을 감성의 뜻을 가진 퍼셉션(Perception) 또는 센세이션(Sensation), 독일어권에서는 'Wahrnehmung'(지각)과 'Empfindung'(감각)으로 표현되고 있다.

서양철학에서 지각에 대한 논의는 지각의 형성, 지각의 성격, 지각의 기능 문제가 주축을 이룬다. 그 외 지각 형성 과정의 심리적, 생리적 조건을 해명하는 지각생리학 또는 지각심리학도 있다.

지각에 대해서는 대체로 인간이 자기 신체의 외부와 내부로부터의 자극을 감각기관(시, 청, 취, 미, 정) 등을 통해 받아들인 감성을 중추신경 체계에서 선별하고 가공하여 형성된 심상이라 정의한다. 지각의 대상은 인간 외적인 사물 그리고 인간 내적인 심리적인 또는 생리적인 현상이다.

지각 문제는 철학뿐 아니라 생물학, 신경생리학, 심리학 등의 연구 대상이다. 이들의 학문적 성과는 지각과 사유의 과정이 뇌신경 또는 심리에서 일어나는 반응 현상을 자연과학적으로 밝히는 것이다.

이와 달리 지각에 대한 철학적 논의의 핵심은 지각과 사유와의 관계 문제로 집약된다.

(2) 지각과 사유의 일치론

서양철학에서 지각과 사유와의 관계 이론에서 주류는 지각의 반영이 곧 사유이며, 이 사유는 곧 반영을 일으킨 객관적인 사물과 일치한다는 '지각과 사유의 일치론'이라 할 수 있다.

지각을 사유로 일치시키는 견해는 고대 그리스철학에서 시작하여 근대의 경험론에서 그 정점을 이뤘다.

데모크리토스(기원전 약 460~370)는 물질적 영상(eidola)들이 원자로 수성된 물질로부터 떨어져 나와 감각기관을 통해 정신 또는 의식에 반영된 것을 사물의 인식과 사유로 간주하였다. 그는 지각경험적 반영론의 태도를 취했다. 이러한 견해를 더 분명히 주장한 학자는 프로타고라스(기원전 490~411)였다.

"사물은 나에게는 나에게 현상된바 그대로이고, 당신에게는 당신에게 현상된바 그대로이다"(플라톤의 대화, 『테아이테토스』 "인식은 무엇인가에 대한 질문"에서 소크라테스가 프로타고라스의 의견을 언급한 것).

고대 그리스철학의 지각과 사유의 일치론은 근현대에 경험론의 일종으로 대두한 감각주의(Sensualismus)와 공감각주의(Common-Sensismus)의 핵심 논리로 재현되었다.

근대 영국의 대표적 감각주의자인 버클리(George Berkley, 1684~1753)는 "존재하는 것은 지각된 것이다"라고 하였다. 동일한 감각주의자인 흄(David Hume, 1711~1776)도 같은 견해였다.

프랑스의 감각주의자인 콘딜락(Etienne Bonnet de Condilac, 1715~780)은 의식의 모든 활동을 감각적인 지각으로 간주하고 있다.[3] 감각주의자 이외에도 공감각주의자들인 영국의 리드(Thomas Reid, 1710~1796), 해밀턴(William Hamilton, 1788~856), 미국의 퍼스(Charles Sanders Peirce, 1839~914), 듀이(John Dewey, 1859~952) 등도 지각과 사유의 일치론을 주장하였다. 그 대표적인 예를 공감각주의자인 퍼스에서 찾아볼 수 있다.

"나는 지각판단을 표현형식으로 주장하는 하나의 판단으로 간주한다. 이 표현형식은 감각의 조성이 정신에 직접적으로 현재하는 것이다."[4]

샌더스 퍼스에게 지각은 사유인식과 동격인 셈이다. 지각은 지각

3) 콘딜락, 조잡한 감각(Condilac, Traite des Sensations), 1754.
4) 퍼스, CP5, 54쪽.

된 신호와 외전이라는 판단까지를 포함하면서 대상이 이미 인식된 상태이다. 지각의 심리생리적 처리 과정을 통한 감성(Perception)의 신호로 표현되며 여기에 외전(Abduction)이 부과된 '지각판단'(Wahrnehmungsurteil)으로 간주하였다.

감각주의와 공감각주의의 지각과 사유의 일치론은 "인간의 지각 외에 증명이 가능한 어떤 외계는 없다"에서 압축적으로 표현했다.

이상과 같은 지각과 사유의 일치론은 사유 구성의 불가분의 요인인 이성과 언어는 전혀 문제 삼지 않은 잘못된 견해임을 알 수 있다. 이러한 견해에 대한 반발로 지각은 사유의 원천이라는 주장도 대두하였다. 이러한 주장은 사유 구성요인 간의 어떤 맥락에서 이뤄졌는지 다시 논의하게 될 것이다.

나. 이성과 사유

서양철학에서 이성에 대한 논의는 다양하고, 어떻게 이해하느냐에 따라 학파가 달라질 정도로 서양철학의 중심 개념이다. 이성 개념은 사유와 관련해서는 사유와 일치론 또는 인식과 일치론이 주류를 이루고 있다. 그로 인해 사유론에서 가장 중요한 이성의 사유 주체 문제가 적극적으로 착안되지 못한 것으로 생각된다.

(1) 이성에 대하여

이성 개념을 압축해서 이해하자면, 인식의 능력으로 파악하는 주관적 이성론과 세계의 법칙성으로 파악하는 객관적 이성론으로 구분할 수 있다.

이성을 인간의 인식 능력(Noein)으로 간주하는 주관적 이성론은 이성을 '인식의 최고 능력', '인식의 기반' 또는 '신의 사유'(독일 관념론)로 이해했다. 이성에 대한 명칭은 그리스 문화권에서는 누스(Nous), 라틴어 문화권에서는 라티오(Ratio), 영어 문화권에서는 리슨(Reason), 독일어권에서는 페어눈프트(Vernunft), 동아시아에서는 '이성'으로 표현된다.

이성을 세계 법칙성으로 간주하는 객관적 이성론은 "세계를 통제하고 질서를 주는 원리"라고 형이상학적이나 우주론적으로 이해했다. 이러한 객관적 이성론의 대표적 철학자는 고대에는 헤라클레이토스, 플라톤, 스토이커, 중세에는 스콜라 신학, 근대는 헤겔, 현대에는 루만 등이다.

이들 중 주관적 이성론자들만이 이성과 사유와의 관계 문제를 논의했다. 그러나 이들의 논의는 학파에 따라 '이성과 사유의 일치론' 또는 '이성과 인식의 일치론'으로 구분되었을 뿐 이성의 사유 주체 문제에 대해서는 생각이 미치지 못했다.

(2) 이성과 사유의 일치론

서양철학에서는 이성을 사유 구성의 한 요인으로 간주하지 않고 사유 행위와 동일시하는 경향이 강했다. 아리스토텔레스, 근대의 경험론, 칸트학파, 변증법적 유물론의 인식론, 현대의 논리적 경험주의의 루돌프 카르나, 쿠와인, 그 외 쇼펜하우어, 하이데거 등의 견해에서 나타나고 있다.

몇 가지 예를 들면 다음과 같다.

아리스토텔레스는 '인간은 이성 존재'이며, '사유하는 이성'이라는 견해를 폈다. 그의 이성과 사유의 일치론을 짐작할 수 있다.

쇼펜하우어는 "이성은 개념과 단어를 통한 사유이며, 지성의 개념을 통한 활동은 본래의 그리고 좁은 의미에서 사유라 칭하는 것이다."[5)]

하이데거는 "그러나 인간은 사유할 수 있는 바로 그런 존재다. 그리고 그것은 정당하다. 이성, 라치오(계산)는 사유(과정)에서 발전한다. 인간은 이성적인 생물로서 그가 다만 하고자 하면 사유할 수 있어야 한다."[6)]

변증법적 유물론은 의식의 개념 안에 이성과 사유를 포괄하고 있다. 이러한 주장은 의식과 사유 그리고 이성, 이 삼자를 일치시킨 것으로 간주할 수 있다.

"사유는 개념, 판단, 이론 등의 형식으로 합리적이며, 매개된 인식이다. 사유는 다만 감각 자료의 다양성에서 일반적인 것, 본질적인 것, 합법칙인 것을 끌어낼 수 있는 상태에 있기 때문에 결정적인 인식 도구인 것이다."[7)]

이들 이외도 이성과 사유의 일치론은 생의 철학, 실존주의, 실증주의 내지 신실증주의, 비판적 합리주의(칼 포퍼) 등에서도 기본적 개념이다

(3) 이성과 인식의 일치

이성을 사유 대신에 인식과 일치시키는 견해도 적지 않았다. 이성을

5) 쇼펜하우어, 전집 (1권과 2권 합본), 독일 문고본 출판사, 1998, 101쪽.
6) 하이데거, 사유는 무엇인가? 첫 부분, 튀빙겐대학교 강의, 1951/52.
7) 철학용어사전(Philosophisches Wörterbuch, 1권과 2권, VEB 출판사 Leipzig 1964) 1권, 227쪽.

신앙의 시녀로 전락시킨 중세기가 끝날 무렵 독일의 신플라톤주의 철학자, 신학자이며 수학자인 쿠에스(Nikolaus von Kues, 1401~1464)와 계몽기의 뛰어난 철학자 칸트를 꼽을 수 있다.

쿠에스는 그의 저작 『콤펜디움』에서 "인간은 이처럼 이성의 힘으로 자연적인 인식상을 조합하고 분리할 수 있으며, 이로부터 이성과 예술의 인식상과 인식표식을 만들어낼 수 있다"고 이성과 인식을 일치시키고 있다.

계몽 시기 이후 이성을 중심으로 한 철학은 합리론이었으며, 대표적인 철학자는 칸트였다. 그의 주저 『순수이성비판』에서 이성의 본질과 기능을 종합적으로 고찰하였다. 칸트는 분석과 종합기능으로 무조건성과 절대자를 인식할 수 있는 인식의 최고 기능을 이성에 부여함으로써, 이성과 인식을 일치시키는 견해를 피력했다.

"모든 우리의 인식은 감각에서 시작한다. 감각에서 출발하여 이해에 이르며 이성에서 끝난다. 우리 안에서는 이성 외에 관찰의 자료를 작업하고 사유의 최고 일치 아래 가져갈 더 높은 것(자질)을 만나지 못한다."[8]

칸트 이후 헤겔처럼 "이성적인 것은 현실적이며, 현실적인 것은 이성적이다"[9]라고 하거나 크라우제처럼 "전체 인식의 능력"[10]이라고 하는 등 이성의 절대적인 인식 능력에 대해서, 또는 프랑크푸르트학파의 '이성의 도구성', 포스트모던의 '이성의 균열성'처럼 이성 능력의 한계로 인해 관심에서 멀어지고 말았다.

8) 칸트, AAIII,『순수이성비판』, 26쪽, 칸트전집, Preusische Akademie der Wissenschften 출판, 베르린, 1900.
9) 헤겔, 『법철학개요』, 서문, Felix Meiner 출판사, 함부르크, 1962.
10) 크라우세, 철학 체계에 대한 강의, in Commission, 1828.

이처럼 서양철학에서 이성과 사유와의 관계 문제는 이성과 사유 일치론 또는 이성과 인식의 일치론 외에는 별다른 견해를 내놓지 못했다. 다시 말하면 사유론의 핵심이 될 '이성은 사유의 주체'라는 견해는 전혀 형성되지 못했다는 것을 보여준 것이다.

다. 언어와 사유

언어에 대한 논의는 서양철학의 초창기부터 철학의 일부로 시작되었으나, 20세기 초 '언어학적 전환'이 발생한 이후부터는 철학으로부터 독립된 독자적인 언어학의 몫이 되었다.

언어와 사유와의 관계는 철학적인 문제다. 서양철학에서는 '언어와 사유의 일치론'이 주류가 되었다. 부분적으로 언어의 도구성이 논의되고 있지만, 이 도구성은 사유의 도구성이 아니라 사유된 것을 확정하는 도구성에 제한된 것이다

(1) 언어에 대하여

전 세계 7000여 개의 언어가 존재한다는 것이 국제적 통계이다. 이 중 인구의 80%가 사용하는 언어의 수는 50개 정도라고 한다. 언어의 표상적 정의는 '진술적 기호체계'라는 것이 일반적이다.

언어의 기원과 기능에 대해서 마르크스와 엥겔스는 다음과 같이 정의하고 있다.

"언어는 의식만큼 오래되었다. 언어는 실재적이며, 또한 다른 사람을 위해 존재하는 사실적인 의식이다. 그리고 언어는 의식과 마찬가지로 다른 사람과의 소통의 욕구와 필요성에서 비로소 발생했다. ……생

각의 직접적인 현실성은 언어이다."[11)]

철학에서 언어의 연구는 주로 언어의 기원, 언어의 기능으로써 사유의 작성, 표현, 전달과 소통, 획득 지식의 고정화와 보존, 그 외 언어와 사유 관계, 언어와 세계관 등에 관한 것이다.

서양철학에서 많이 논의되는 언어의 기능이란, 지각을 알릴 수 있는 것, 사실관계를 표상할 수 있는 것, 주장을 증거할 수 있는 것, 사유한 것을 확정할 수 있는 것, 사실관계의 표상을 해석하고 형식화할 수 있는 것 등이다.

(2) 언어와 사유 일치론

서양 철학계와 언어 학계에서 일부 학자는 언어의 기능을 사유와의 관계 문제에 적용하여 언어와 사유의 일치론을 전개하기도 했다.

언어와 사유와의 일치론을 처음 주장한 대표적인 언어 철학자는 훔볼트(Wilhelm von Humboldt, 1767~1835)였으며, 현대에서는 마우트너(Fritz Mauthner, 1849~1923, 포도어(Jerry Alan Fodor, 1935~), 슈미트(Siegfried J. Schmidt, 1940~) 등이 뒤따르고 있다.

훔볼트는 언어는 생각을 구성하는 기관으로서 사유와 일치한다는 견해를 밝혔다.

"언어는 생각을 구성하는 기관이다. 지성적 행위는 철저하게 정신적이며, 내적이며, 일정하게 흔적 없이 과도적이며, 말할 때 음성을 통해 의미를 외적으로 표출하고 인지하게 된다. 그래서 지성적 행위와 언어는 하나이며 상호 분리할 수 없는 것이다."[12)]

---

11) 마르크스/엥겔스 전집 3권, 30, 432쪽.

12) 아카데미 데어 비센샤프텐(Die Königlich Preußischen Akademie der Wissenschaften, VII 53).

19세기 후반기에서 20세기 초반 언어 철학자 마우트너는 언어의 한계를 비판하면서 언어와 사유와의 일치론을 내비치고 있다.

"그러나 우리가 여러 종족의 마음속 깊이 처음 들어가 본다면, 어느 종족에게서나 언어와 사유는 일치한다는 것을 알게 될 것이다."[13)]

이와 비슷한 견해는 최근 미국의 저명한 언어학자인 포도어의 '사상의 언어', 또는 '정신의 대표성 이론' 또는 현재 세계적 언어학자로 알려진 미국의 촘스키의 '언어습득방책'에서도 찾아볼 수 있다.

언어와 사유의 일치론을 주장하는 최근의 대표적인 언어학자는 슈미트이다. 그는 헤르더와 훔볼트 등의 언어에 대한 견해를 수용하여 「훔볼트에 있어서 사유와 언어」라는 논문에서 "언어와 사유는 하나다. 언어는 사유의 기관이다. 아니 살아있는, 구성하는, 구별짓는 기관이다"라고 주장하고 있다.

이처럼 유럽이나 미국의 언어 학계나 철학계는 언어의 기능성에 치우쳐 언어와 사유의 일치성에 오도되고 말았다. 이에 대해 언어학자 마우트너는 일찍이 감을 잡았다.

"플라톤이 사유는 하나의 내적인 언행이며, 판단은 두 개의 정의된 개념을 내포한다고 언급했다면, 사유와 언어의 일치는 꽤 오래된 주장일 것이다. ……그러나 사유와 언어를 동일시하는 상념이, 이 책에서처럼 자주 감행되고 있는데 언어 지식은 이에 대해 경고하였다."[14)]

언어와 사유 일치론의 파국적 결함은 언어의 기능 이전에 무엇보다 언어의 태생적 성격에 대한 해명에 무관심하게 했으며, 또한 언어는 이성이 주체가 되는 사유의 수단이라는 견해를 갖지 못하게 한 것

13) 마우트너, 심리학에 대하여, X. 이해, 언어, 이성.
14) 마우터너, 언어 비판, 1901/02, 'X. 『생각하기와 말하기』, 177쪽.

이다.

이로 인해 재래 서양철학은 사유 구성요인 간 이차원적인 평면적 일치 관계만을 해명하는 사유 이론의 오류를 벗어날 수 없게 된다. 이제 이성의 사유 주체성 문제와 언어의 원초적 성격 문제 등을 바르게 해명하여 입체적 사유 구성론을 정립해야 할 때가 된 것이다.

2. 사유 구성의 입체성

서양철학에서 사유 구성론의 평면성 오류를 극복하기 위해서는 지각의 사유 원천론, 이성의 사유 주체론 그리고 사유 주체가 사유를 집행할 때 필요 불가결한 언의 도구성 문제가 과학적으로 해명될 때만 가능하다는 것이 명백하다.

이 문제와 관련해서 서양철학 지각의 사유 원천에 대해서는 여러 학자가 긍정적으로 논의한 바 있다. 그러나 이성의 사유 주체 문제와 언어의 사유 도구성 문제는 논의되지 않았거나 애매한 상태에 있다. 따라서 과학적인 입체적 사유 구성론을 성립시키기 위해서는 지각의 사유 원천론을 재점검하면서, 이성의 사유 주체론과 언어의 사유 도구론에 대한 새로운 정립이 필요하다.

가. 지각, 사유의 원천

서양철학의 지각과 사유와의 관계론에서 일치론과 더불어 지각의 사유 원천론도 고대 그리스철학에서 논의되었다. 그 이후 이 이론은 서양철학에 대체로 수용되었다. 그러나 입체적 사유 구성론이 확립되지 못한 조건에서 지배적인 이론으로 인정받지 못했다고 할 수 있다.

지각이 사유의 원천이라는 견해는 이미 아리스토텔레스와 제논에 의해서도 제기되었다.

"감각이 반영하는 대상은 의식 밖에 객관적으로 존재하는 물질세계에 있다. ……비록 감각이 사물 현상의 물질적 실체에 대한 지식은 주지 못하지만 이론적 사유 개념의 원천이 된다. 감각은 다만 개별적인 것에 대한 지식을 준다. 그러나 과학의 과업은 개별적인 사물에서 일반적인 것의 인식에 있다."[15)]

아리스토텔레스와 스토아학파의 견해는 중세기를 지나 근대에 이르러 영국의 경험주의, 프랑스의 물질론, 독일의 합리론과 유물론 등에서 재현되었다.

영국의 대표적 경험론자인 프랜시스 베이컨(Francis Bacon, 1561~1626)은 사유를 감각 인상(4개의 우상/이돌라를 타파하고)의 원천으로 삼아 이성의 귀납, 분석, 비교, 관찰, 실험 등 사유 활동을 통한 인과적 관계의 해명으로 파악했다.

같은 경험론자인 토머스 홉스(Thomas Hobbes, 1588~1679)도 인식의 출발점(인식의 원천)을 감성적 경험 즉 사유기능의 이상적인 방법은 합리적인 연역으로 고찰하였다.

또 다른 경험론자인 존 로크는 백지상태(Sheet of blank paper/waxed tablet)의 의식에 외부 사물이 일으킨 감각/단순관념(내적 경험)을 결합, 편성, 분해시킨 추상적인 관념/이념을 형성(외적 경험)한

---

15) 아리스토텔레스, 형이상학 1, 980a 이후, Kindle 2015.

다는 견해를 가졌다.

프랑스의 근대 유물론자인 피에르 가상디(Pierre Gassendi, 1592~1655), 그의 영향을 받은 볼테르(/Francois Marie Arouet de Voltaire, 1694~1778), 그 외 콘딜락(Etienne Bonnet de Condilac, 1715~1780)도 감각을 사유의 원천으로 간주하고 있다.

독일의 대표적 합리주의 철학자인 칸트는 영국의 경험론을 받아들여 감각을 사유(인식)의 원천으로 삼아 인식론을 정립했다. 칸트는 여기에 머무르지 않고 프랑스의 합리론 견해를 받아들여 사유의 주체 문제도 해결했다.

"지각 없이는 우리에게 어떤 대상도 주어지지 않는다. 그리고 이해 없이는 아무것도 사유되지 않는다. 생각은 내용 없이 공허하며, (지각에 의한) 표상은 개념 없이는 맹목적이다."[16)]

물질론자인 포이어바흐(Ludwig Andreas Feuerbach, 1804~1872)도 감각과 사유와의 관계 문제는 칸트의 견해와 대동소이했다.

"감각적인 것이 첫 번째 사실이며, 모든 사유는 이 사실에 입각하며 이 사실을 진지하게 받아들이는 것에서 시작해야 한다."[17)]

이들 외에도 마르크스주의, 경험비판주의(막하, 아베나리우스 등), 신실증주의(카르납, 슈릭) 등을 포함해서 서양철학은 감각 또는 지각을 사유의 원천으로 삼는 견해가 많은 공감을 일으켰다. 그러나 감각 또는 지각이 사유의 원천인지, 인식의 원천인지, 이성 활동의 재료인지가 체계적으로 정리되지 못했다. 그 근거는 사유와 사유 주체, 인식의 주체, 사유와 인식의 구별 등이 제대로 정립되지 못한 데서 찾을 수 있다.

---

16) 칸트, 『순수이성비판』, AA III, 75쪽.
17) 포이어바흐 전집 9, 203과 251쪽.

나. 이성, 사유의 주체

서양철학의 사유론에서 이성은 사유 또는 인식, 아니면 언어와 일치시키는 견해가 지배적이었을 뿐, 사유론의 핵심이 되는 사유의 주체 문제는 전혀 논의되지 않았다. 사유 활동과 관련하여 평면적으로 이성, 정신 또는 의식 개념 등을 특별한 근거 제시도 없이 혼동하여 구사했다. 또한 사유를 비롯하여 인간의 모든 활동은 이성이 관여하며 활동의 주체 없이는 이뤄질 수 없다는 사실에 대해서도 몰지각했다.

서양철학의 사유론이 사유의 주체론을 세우지 못한 첫째 근거는 인간의 활동 주체를 가장 포괄적이며 가장 상위의 개념들, 예를 들면 정신, 의식 또는 이성을 각자의 특성과 개념의 포괄성을 바르게 정립하지 못했기 때문이다.

정신 개념은 고대 그리스철학에서는 세계를 설명하는 원리로서 프네우마(Pneuma, 정신 또는 숨결), 티모스(Thymos, 생명력), 사유능력으로서 이성(Nous, Logos), 인간의 성격으로 심성(Psyche)이라는 의미로 사용되었다.[18]

정신은 고대철학에서부터 철학 이론 전개에 이르기까지 기본테제의 하나가 되었으며, 그 내용은 인간의 인지작용, 사유 활동 전반을 포괄하는 개념이 되었다. 정신 개념은 시대에 따라 변화해 왔기 때문에 '카멜레온적 성격'으로 평가되고 있지만, 그것은 구체적 내용의 차이를 의미할 뿐 정신의 근본적 성격에 관한 것은 아니다.

정신 개념을 철학의 중심에 두고 이론을 전개한 가장 대표적인 철학

18) 라틴어로는 Spiritus, mens, animus, esprit, 중세기 신학과 연관 속에서는 육체와 구별한 의미로 영혼(Spiritus/E'sprit), 초월적인 정신성, 마음 (Seele) 또는 마음의 눈 등을 의미했다. 현재 프랑스어로는 정신esprit), 영어권에서는 마음(mind), 독일어권에서는 정신(Geist) 또는 마음(Seele)으로 표현되고 있다.

자는 헤겔이었다. 그는 절대정신이라는 개념을 도입하고 여기에 의식, 자의식, 이성의 활동, 윤리도덕적, 종교적 가치의 생산 활동 전반을 포괄했다.

"철학의 첫째 학문은 자기 자신으로 가는 길의 정거장으로서 정신의 여러 상이한 모습을 파악하는 것이다. 이 길을 통해 정신은 순수지식과 절대정신을 만나게 된다. 정신은 학문의 주부분이며 다시 여러 부분으로 나눠진다. 여러 부분은 의식, 자의식, 관찰하는 이성과 행동하는 이성, 정신 자체다. 정신은 윤리적이며 교육받은 도덕적 정신이며, 마지막으로 이 정신은 끝없는 형식의 종교성으로 간주된다."[19)]

서양철학에서는 헤겔의 절대정신이 아니어도 정신 개념은 인간의 인지능력 일반(지각, 기억, 상상, 환상 등) 그리고 사유의 모든 형식(숙고, 선택, 결정, 계획 등)을 포괄하고 있다.

의식 개념도 사유와 일치하거나 혼동해서는 안 될 상위개념이다.

의식 개념의 어원은 그리스어의 "무엇을 안다"(syneidesis), "무엇을 지각한다"(synaisthesis)였다. 이와 동의어인 라틴어로는 "무엇에 대해 앎을 가졌다"(conscientia)이다. 프랑스어를 비롯해 라틴어권과 영어권에서는 라틴어 "더불어 안다"가 어원이다.

독일어권에서는 독일 철학자 크리스티안 울프(Christian Wolff, 1679~1754, Vorstellung)가 라틴어의 "더불어 안다"를 참작하여 독일어로 "알게 되었다"(Bewusstsein)로 번역했다.

원래 지식이라는 의미의 의식 개념은 정신 개념을 수용하면서도 인간 이외의 다른 생명체도 가졌다는 정령 또는 신을 인식할 수 있는 근

19) 정신현상학에 대한 헤겔 자신의 소개, 예나 일반문예신문 1807. 10. 28.

거가 된다는 '초월적인 능력' 등은 의식으로 인정하지 않았다.

의식을 논하는 대부분 학파들은 예를 들면 인간학, 변증법적 유물론, 현상학, 실존주의 등은 의식 개념에 인식작용으로서의 사유뿐 아니라 자기 학파의 성격에 따라 계획, 결정, 조절, 수행 등의 행동적 의식, 즐겁고 아프고, 피곤하고 등의 징후적 의식 등도 부분적으로 포괄하고 있다.

의식을 철학의 근본 문제라고 강조하는 변증법적 유물론은 의식 개념 속에 물질세계를 관념적으로 반영하는 인식 또는 사유뿐 아니라 실천적 행동을 계획하고 그 결과를 미리 예견하기도 하며, 자연과 사회 환경과의 교류를 조절하는 활동도 포괄하고 있다.

"인간의식은 주위 환경을 항시적, 정신적으로 습득하는 활동적인 과정이다. 의식은 상대적으로 독자성을 가지고 있으며, 이 독자성은 무엇보다 물질세계에 여러 가지 반작용과 자기의 상대적인 자체법칙성에서 표현된다."[20]

이처럼 다양한 내용의 의식 개념을 정신 개념과 마찬가지로 사유와 일치시키거나 혼동하는 것은 논리적일 수도 과학적일 수도 없는 명확한 과오이다. 이러한 과오를 토마스 메칭거는 다음과 같이 표현했다.

"의식의 문제는 오늘날 - 아마도 우리 우주의 발생 문제와 같이 - 인간의 인식 노력의 가장 큰 한계를 보이고 있다"(의식 문제에 관한 입문).

모든 인간의 행동에는 주체가 있는 것처럼 사유도 당연히 주체가 있기 마련이다. 20세기 후반 이후 오늘날에도 서양철학은 이성이 사유

---

20) 철학용어사전 1권, 198쪽.

의 주체라는 견해를 분명하게 정식화하지 못하고 있다. 20세기 후반에도 포스트모던의 리오타르는 "지식과 인식의 담당자로서의 인간 주체를 거부"(Das postmoderne Wissen, 1986, 7/14 Passagen-Verl., Wien, 2009)하면서 심지어 '이성의 수인'을 살해하는 것까지 암시하고 있다.

리오타르는 '이성의 수인'의 운명 개척을 '큰 성'(큰 이야기)에서 '작은 성'(작은 이야기)으로 자리바꿈을 통해 찾고자 한다. 큰 이야기(중심적인 원리에 의한 체계화, 일반화, 절대화, 합리화)를 이성과 동일시하면서 수인(이성)을 살해할 대상으로 삼는 자가당착에 빠지고 있다.

사유의 전 과정을 관장하고 주도하는 주체는 이성이다. 인간의 이성은 주체가 되어 단순하고 소박한 생활에서부터 말과 문자를 만들어냈다. 그리고 이성은 주체가 되어 이러한 말과 문자를 수단으로 사유와 인식, 모든 일상생활을 영위한다.

사유의 주체는 사유의 3대 구성요인 중 이성 외에 다른 요인을 생각할 수 없다. 왜냐하면 인간만이 사유할 수 있으며, 인간만이 이성을 가졌으며, 이성만이 주동성의 능력을 발휘할 수 있기 때문이다.

다. 언어, 이성의 사유 도구성

서양철학에서 언어의 도구성에 대해 여러 가지 논의가 있었다. 언어의 도구론이 고대 그리스철학에서는 통화의 수단으로 논의되었으며, 현대에 와서는 언어학자들에 의해 언어의 기능론으로 전환되었다. 다른 한편 언어의 도구성은 학문적 도구성으로 논의되기도 하였다. 그러나 정작 언어가 이성의 사유 도구라는 견해는 확립하지 못했다.

소크라테스와 그의 제자 플라톤은 언어를 사유의 수단이 아니라 이해시키는 수단, 즉 통화의 수단으로 간주하였다(Kratytos). 이 견해의 연장선에서 언어학자인 마우트너와 하이스(Robert Heiß, 1903~1974), 사피어(Edward Sapir, 1888~1939), 벤저민(Whorf Benjamin, 1897~1941), 바이스게르거(Leo Weisberger, 1899~1985) 등도 언어를 사유의 도구성이 아니라 하나의 외적 기능성으로만 이해하는 수준이라고 할 수 있다.

언어의 기능이란 지각을 알릴 수 있는 것, 사실관계를 표상할 수 있는 것, 주장을 증거할 수 있는 것, 사유한 것을 확정할 수 있는 것, 사실관계의 표상을 해석하고 형식화할 수 있는 것 등이다. 독일의 언어학자 카를 뷜러(Karl Bühler, 1879~1963)는 언어의 기능성으로 '표현기능', '호소기능', '묘사기능'을 언급했다.

언어의 학문적 도구성은 아리스토텔레스의 "학문의 도구로서 논리의 예술"(Organon)이라는 언어관을 이어받은 '에어랑겐학파'의 폴 로렌젠(Paul Lorenzen, 1915~1994)과 쿠노 로렌츠(Kuno Lorenz, 1932~)의 '대화적 논리', 만프레드 비어비슈(Manfred Bierwisch, 1930~)의 학문의 객관성을 보장하려는 '학문의 도구로서의 언어론'으로 나타나고 있다.

마르크스는 이런 도구성과는 달리 언어를 사유와 연결하여 사유 과정에서 중개 역할의 수단으로 간주하였다. 언어와 사유 관계를 "사유는 개념을 통한 작동이다. 그러나 그 개념은 단어를 통한 언어적 표현이 필요하다. 둘째, 신호체계는 다만 언어의 참여로만 기능할 수 있다.

왜냐하면 단어는 이 체계의 특별한 신호이기 때문이다"[21]라고 언급하고 있다.

이와 같은 서양철학의 언어관은 언어학자 하이스(Robert Heiss)의 다음과 같은 비판적인 진단이 적중했다.

"우리는 또한 오늘에도 아직 언어나 사유에 대한 분명한 정의를 가지고 있지 못하다."[22]

이러한 서양철학 언어관의 심각한 허점은 언어의 사유 도구성에 대한 이론 정립과 그 전제로 이성의 사유 주체 문제에 대한 이론이 정립될 때만이 그 해결이 가능할 것이다.

사유를 비롯해서 인간의 모든 활동에는 반드시 어떤 주체가 있기 마련이다. 그럼에도 서양철학은 주체 문제를 무시하고 있다. 심지어 20세기 후반에도 최근의 철학사조인 포스트모던의 대표적 학자인 리오타르는 "지식과 인식의 담당자로서의 인간 주체를 거부"[23] 하고 있다. 심지어 '이성의 수인'을 살해 해야 한다고까지 암시하고 있다.

그러나 사유 행위에도 주체가 있기 마련이며, 사유의 주체는 이성일 수밖에 없다. 이성은 정신과 의식 개념과 달리 그리스철학 초기부터 사유 또는 인식과 직결되어 논의된 개념이다. 정신과 의식은 사유뿐 아니라 인간의 상상, 기억, 심리적 현상 등 포괄 범위가 광범위하다.

가장 정확한 사유의 주체는 이성이다. 그 근거는 이성이 자기 자신의 필요에 따라 언어를 창출했으며, 이 언어를 수단으로 사유의 전 과정을 주도하고 관장하기 때문이다. 이성은 언어를 창출하는 주체이지,

---

21) 마르크스 엥겔스 전집 3권, 432쪽, Dietz 출판사, 베르린, 1969.
22) 하이스, 『말하기』 178쪽.
23) 리오타르, 『포스트 모더니즘 지식』, 1986, 7/14, Passagen 출판사, 비엔나, 2009.

주체인 이성과 주체의 피창출자인 언어를 동일시하는 것은 비논리적이며 비과학적이다. 피동적인 산물인 언어는 어느 경우에든 사유의 주체가 될 수 없다.

이성과 언어와의 관계를 닭과 달걀의 관계로 비유할 수 있겠지만, 이성이 주체이기 때문에 이성이 주체가 되어 수단인 언어를 창출했다는 것이 논리적이다. 인간의 이성은 단순하고 소박한 생활에서부터 말 또는 문자를 만들어냈다. 이성은 이러한 말과 문자의 수단 없이는 어떤 정상적인 사유도 진행할 수 없기 때문이다. 이성은 오직 언어를 수단으로 해서만 사유를 진행할 수 있으며, 사유의 내용을 표현, 고정화, 보존하고 인간 상호 간의 교환도 수행할 수 있게 된 것이다.

이처럼 이성의 사유 주체 문제와 언어의 사유 도구성 문제가 정립되면, 지각의 사유 원천 문제와 더불어 사유의 입체적 구조이론이 확립된다. 그렇게 되면 사유 성격 결정의 근원과 사유 성격의 이분법성도 과학적으로 밝혀지게 될 것이다.

3. 사유 성격의 이분법성

사유 성격의 해명은 입체적 유기적인 사유론이 정립된 조건만으로는 불가능하다. 나아가 사유의 성격을 규정하는 결정적 요인인 언어의 근원적 성격 및 이성과 언어의 특수관계가 해명되어야 한다. 이때 사유 성격의 이분법성이 명백해질 것이며, 이론 전개의 이원론성도 이해하게 될 것이다.

가. 언어의 근원적 성격

재래 서양철학은 언어 성격의 해명보다는 언어의 발생과 성립 등의 해명을 중요시하였다. 그 해명은 자연적, 인간적, 사회적 조건 등의 언어 발생 외적 조건의 해명에 중점을 두었을 뿐 언어의 태생적 성격에 대해서는 관심을 기울이지 못했다.

언어는 신에 의해 주어졌다는 '초자연적 테제'(Süßmilch, Hamann), 언어는 사회계약의 이론처럼 사회 성원들 간에 계약적으로 이뤄졌다는 '계약 테제'(de Maupertius, Locke), 인간의 동물적인 성대의 발전 과정에서 발생되었다는 '자연사적인 테제'(Condillac, Rousseau, Vico, A.W. Schlegel), 인간의 동물과 다른 지능발전에서 찾는 '인간학적인 테제'(Herder, Ursprung der Sprache, 1772)가 있다.

또한 '동물의 소리를 모방했다는 이론'(Onomatopie의 Wau wau이론 또는 Pah pah이론), 노동의 산물이라는 '사회학적 이론', 자연의 소리와 감정 이입이라는 '아우아 이론', '공동행동 조정의 필요성 이론', '모자 관계 이론' 등 다양하다.

이처럼 언어의 발생에 대해 18세기 이후 거의 한 세기에 걸쳐 활발하게 논의되었으나, 언어 발생과 연관된 언어의 태생적 성격에 대해서는 묵과했다. 20세기 초반 '언어학적 전환' 이후는 언어학이 인문사회과학 전반에서 풍미할 정도로 언어에 관한 연구가 광범위하게 진행되었음에도 마찬가지였다.

또한 언어학의 다른 학술과의 협동이론도 언어의 성격 문제는 거론하지 않았다. 예를 들면 언어심리학 또는 심리언어학(Sprachpsychologie oder Psycholinguistik), 언어사회학 또는 사회언어학(Sprachsoziologie oder Soziolinguistik), 언어인간학 또는 메타언어학(Sprachanthropologie oder Metalinguistik), 언어해석학 또는 원전의미학(Sprach-Hermeneutik oder Text-Semantik) 등에서도 언어의 역할 문제에 관심을 두었을 뿐이다

언어의 기본성격은 언어의 발생을 이성의 주체적인 활동의 차원에서 새롭게 고찰할 때 가능한 일이다. 이성과 언어 간의 숙명적 관계의 다른 표현이라 할 수 있는 "이성과 언어의 일치론" 또는 "태초에 말이 있었다"라는 견해는 언어의 태생적 성격의 해명 없이는 그 본질적 이해는 미궁에 빠질 수밖에 없다.

이성은 사유의 주체로서 최초 활동이 언어의 창출이었다. 이성은 언어 없이는 활동이 불가능했기 때문이다. 이에 대한 증거는 모든 인간은 이성을 가졌으며, 지구상의 모든 종족은 언어를 사용하고 있다는 사실이 증명한다.

이성은 사유의 원천인 여러 가지 지각 중에서 "이것은 무엇이다"와 "이것은 무엇이 아니다"의 구별 또는 구분하는 이분법을 통해서 매 단어를 만들어낸 것이다.

'사과나무'라는 단어의 구체적인 예를 들어보자.

사람이 사과나무를 보면 사과나무에 대한 지각이 의식에 표상된다. 사과나무의 줄기, 이파리, 꽃, 향기 등에 대한 지각이 형성된다. 사유의 주체인 이성은 이 지각을 원천으로 삼아 사과나무의 지각만 선택하여 사과나무로 확정된 단어가 형성된다. 이때 사과나무에 해당되지 않아 제외된 지각들은 '사과나무가 아니다'라는 영역으로 명명한다.

물론 사과나무라는 실체가 형성되려면 나무라는 유개념의 형성을

전제로 해야 한다. 나무라는 유개념도 '이것은 나무이다'와 '이것은 나무가 아니다'의 이분법의 구별 과정을 통해서 확정된 것이다.

사과나무 또는 나무라는 단어의 명칭은 여러 가지 상이한 기호체계를 갖춘 인종 내지 종족언어, 계획언어(에스페란토 등), 그림언어, 몸짓언어 등으로 표현방식은 여러 가지로 다를 수 있다. 이렇게 '○○이다'와 '○○이 아니다'라는 '시와 비'의 이분법적 구별에 기반하여 일자택일로 언어와 단어가 산출된다는 것은 어느 지역과 어느 종족 민족을 불문하고 절대적인 기본원칙이다.

이러한 기본원칙은 나무와 같은 자연적 사물, 사회적 사실과 관계, 인간의 감정, 예술적 또는 추상적인 대상 등 모든 단어와 개념 형성에 필연적으로 작동한다

그러나 서양철학은 이러한 언어의 근원적 성격으로 인해 발생하는 언어의 이분법성뿐 아니라 이분법성의 한계도 전혀 인지하지 못하고 있다. 이러한 제한성은 언어의 이분법적인 근원적 특성을 언어와 이성 간의 특수관계로 인해서 사유의 성격으로 전환되는 필연적인 숙명 관계에 있다는 성찰을 통해서만 극복될 것이다.

나. 언어와 이성 간 부정적 변증법의 특수관계

서양철학의 사유론에서 이성과 사유의 일체론 또는 이성과 언어의 일체론은 논의되었으나 이성과 언어 간의 원초적인 특수관계는 논의되지 않았다.

고대 그리스철학에서 언어와 이성의 어원적 동일성(Legei, Logos), 근대 이후 이성과 언어의 인식론적 동일성의 제기로 언어와 이성의 불

가분의 관계는 논의되기도 했다. 그러나 서양철학에서 이성론의 최고 대가인 칸트도 이성을 가장 높은 수준의 인식 능력으로만 파악할 뿐 언어와의 관계 문제를 제시한 것이 없다. "인간적인 인식에는 아마도 하나의 공통적인, 그러나 우리에게 알려지지 않은 뿌리에서 유래한 두 줄기, 즉 지각과 이해라 할 것이다. 지각을 통해서 대상이 주어지나 이해를 통해서는 사유되는 것이다"[24]라고 했다.

19세기 초 언어 철학자이기도 한 훔볼트는 언어와 인식 주체로서 이성, 언어의 사유 도구성, 사유 과정에서 언어의 적극적인 역할까지 논의하였다. 그런데도 이성과 언어 간의 원초적 특수관계는 파악하지 못했다.[25]

현대의 언어학자인 마우트너, 하이스, 벤저민 등도 이성과 언어, 사유와 언어 간의 불가분의 관계는 지적하고 있으나, 이성과 언어 간의 '부정적 변증법적 관계'에 대해서는 밝힌 것이 없다.

이처럼 서양철학에서 밝혀지지 않았지만 이성과 언어는 특수한 관계에 있으며, 이 문제가 밝혀져야만 입체적인 사유론도 완성될 것이며, 사유의 근본 성격도 해명될 것이다. 이성은 사유의 주체로서 피할 수 없는 요구로 언어를 창출한다. 그러나 이성이 창출한 언어는 거꾸로 이성을 구속하는 부정적 변증법의 관계를 피할 수 없게 된다. 이러한 관계에 대한 몰이해가 사유 성격의 해명을 어렵게 하는 것 같다.

그 한 예로 언어학자 마우트너는 언어와 사유의 일치론을 비판하면서도 그 근거를 제시하지 못했다.

---

24) 칸트, 『순수이성비판』, 7장, 171쪽.
25) 최근의 언어학자 슈미트(Siegfried J. Schmidt, 1940~)의 「훔볼트의 있어서 사유와 언어」(Sprache und Gedanken bei Wilhelm von Humboldt) 논문 참조.

"만일 사유가 하나의 내적인 언어라는 플라톤의 발언이 두 개의 정의된 개념을 포함한다면, 사유와 언어의 일치성은 오래된 주장일 것이다. ……그러나 사유와 언어의 동등화는 이 책에서도 가끔 그렇게 주장할 만큼 아직도 하나의 과감한 생각에 불과하다, 언젠가 언어 지식은 이 일치성을 경고하겠지만"[26] 말이다.

또 하나 예로 포스트모던은 이성과 언어와의 관계를 '언어의 성'과 '이성의 수인'이라는 은유로 부정적 변증법적 관계로 표명하고 있다. 그러나 이성이 '수인의 운명'을 갖게 되었는지는 설명하지 못한다.

이성은 언어를 수단으로 한 역사적 활동 과정에서 '언어의 성'을 구축한다는 것이다. '언어의 성'은 세계관, 이데올로기, 이스무스(Ismus), 학파 등의 은유적 표현이다. 이성은 자기가 구축한 '언어의 성'에 안주하면서 '언어의 성'이 낡았다면 단장하거나 새롭게 개축하기도 한다. 이성은 '언어의 성'에서 수인의 운명으로 살면서 말이다.

우리가 유념해야 할 것은 사유를 비롯하여 인간의 모든 활동을 전체적으로 관장하고 능동성과 주동성을 발휘하는 주체 없이는 불가능하다는 것이다. 포스트모던이 추구하는 '이성의 살해' 구상이나 추구도 이성이라는 주체 없이는 불가능한 일이다. 포스트모던 이론은 이성 주체를 넘어 아예 인간 주체를 거부하고자 한다.

그러나 사유가 있으면 이성이 있기 마련이다. 그 반대로 이성이 있으면 사유가 있기 마련이다. 포스트모던이 인간 주체를 거부한 주체도 이성일 수밖에 없다.

이성은 자기의 필요에 의해서 자신이 창출한 언어라는 도구의 제약

26) 마우트너, 언어비판, 1901/02, XI. 『생각하기와 말하기』, 177쪽.

을 받는다는 사실이다. 이성의 주된 작동기능은 사유이다. 이성은 사유 과정에서 언어 외에 사유를 진행할 다른 도구나 방도가 없다. 때문에 이성의 사유수단은 언어가 유일하고 절대적이다. 이런 조건에서 이성이 주체가 된 사유의 성격은 언어의 이분법성이라는 태생적인 성격에 의해 결정될 수밖에 없는 역설적인 관계에 놓이게 된다.

언어의 성격과 언어의 이성과의 관계를 올바르게 인지하지 못하면 심각한 철학적 오류를 범할 수 있다. 서양 철학자뿐 아니라 동양의 비이분법성 철학의 대가들에게도 예외가 될 수 없다.

다. 사유의 이분법성

새로 정립된 입체적 사유 구성론에 따라 사유의 성격은 이성과 언어의 특수관계와 언어의 태생적 이분법성에 의해 숙명적으로 이분법성일 수밖에 없음이 명백해졌다. 이러한 근원에 대해 서양철학은 밝히지 못했지만 그 현상에 대해서는 그리스철학 초기부터 논의되었다.

그 내용은 오늘날에도 통용되는 보편성을 가졌다. 그리고 사유의 이분법성은 이론 전개의 바탕이 되는 이원론으로 변신한다. 사유의 이분법성과 그 변신인 이원론의 내용은 무엇인지 간략하게 간추려 본다.

(1) 이분법성(Dichotomie)

이분법성이라는 개념의 출처는 고대 그리스철학에서 사용한 디코토미(Dichotomie)이다.

'Dichotomie'는 '쪼갠다', '두 개로 나눈다', '구별한다'는 의미의 dichotomos에 '법칙'이라는 의미의 nomos에서 유래한 nomie를 합성한 개념이다. 이분법성의 양상은 선택적 구별, 대립적 구별, 동 종류 간 구별 등 여러 가지 종류가 있다.

사유 성격의 이분법성을 철학사에서 일찍이 보여준 상징적인 예가 '포르피리우스 나무'(Arbor Porphyriana)와 그 후 재등장한 13세기의 '과학나무'(Arbor scientiae, ca. 1295)라고 할 수 있다.

플라톤이 발전시킨 분해(Dihairesis)의 방법을 기반으로 신플라톤주의자인 포르피리우스는 존재의 전 영역을 이분법적으로 분별했다. 실체를 신체적과 비신체적, 다시 신체적인 것을 살아 있는 것과 죽은 것, 또다시 살아 있는 것을 감수성과 비감수성 등으로 이분화하여 '포르피리우스 나무'로 상징화했다.

'포르피리우스 나무'의 이분법은 루리스의 과학 나무로 재등장했으며, 프랑스 백과전서학파의 디드로는 "그림과 같이 표현한 인간 인식의 체계"로 간주하였다.

이분법성을 사유의 성격과 연관시켜 논의한 학자는 언어 철학자 하이스와 사회 철학자 아도르노였다. 이런 견해는 서양철학에서 드물기는 하지만 정당성은 있다. 그 근거에 대한 과학적인 사유론을 수반하지 못한 한계가 있지만, 서양철학에서는 드문 현상이다. "말하는 것은 모두 분리와 구별, 명제(thetische)와 반명제적(antithetische)인 기능에 의거한다. 말하고 사유하는 것은 우리가 명사(Glieder)를 병립하거나 대립시켜 세울 때만 가능하다"[27], "모든 순수한 사유는 이분법에 의한 사유의 형식으로 구성되어 있으며, 그것 없이는 아마도 사유는 불가능할 것이다"[28]라고 한다.

---

27) 하이스(Heiss), 『변증법의 본질과 형식』, 106쪽, Kiepenheuer&Witsch Köln/Berlin 1959.
28) 아도르노, 『부정적 변증법』, 174쪽.

물론 이들은 사유의 이분법성을 사유의 근원적 성격이 아니라 하나의 양식으로 간주한 것이다. 또한 근원적 성격으로 인정했다고 하더라도 그 근거에 대해서는 밝히지 못했다는 제한성을 감안해야 한다.

(2) 이원론(Dualismus)

이원론의 어원적 의미는 '두 개를 포함한다'는 것이나, 철학적으로는 이론 전개 바탕의 중심을 말한다. 이원론은 유럽 및 미주 학문 전반의 근간이기도 하다. 이원론의 철학적 의미를 다음과 같이 정리해 볼 수 있다.

"세계를 설명하려는 학술 또는 체계는 두 개의 상이하고 서로 독립적인 기본요인이다. 예를 들면 실체, 원리, 세력, 현상, 실체 또는 관찰이나 인식방식 등에서 두 개의 기본요인을 설정"하는 것이다.

철학사적 증거로 고대 그리스철학의 초창기 이론에서 나타나고 있으며, 중세기와 그 이후에도 달라지지 않았다.

그 예로 아낙사고라스(Anaxagoras, 기원전 약 500~428)는 수동적인 재료, 질서와 형태를 주는 누스(Nous), 레우키포스(기원전 약 500~440)와 데모크리토스(기원전 약 460~370)는 원자(존재)와 공허(비존재), 플라톤(기원전 427~347)과 플라톤주의자들은 물질과 데미우르그(Demiurg, 무상한 현상계와 영원한 이념 세계), 아리스토텔레스(기원전 384~322)는 재료(물질)와 형식(원리)의 이원론으로 세계를 파악하고자 했다.

중세 스콜라철학에서는 신과 세계, 이 세계와 저 세계, 근대철학에서는 사유하는 실재와 팽창하는 실재(데카르트), 물자체와 현상(칸트),

현대에서는 주관과 객관, 존재와 비존재, 물질과 의식, 형이하학과 형이상학, 주관과 객관, 이론과 실천, 사물과 단어(세계와 서술), 이성과 신앙 등의 이원론이 기본 테마의 구성 방식이었다.

중세기 이후에도 이원론적 이론 전개는 일반적이었을 뿐 아니라, 이원론 자체에 대한 학문적인 성찰도 토마스 하이드(Thomas Hyde, 1636~1703)에서 시작하여 고트프리트 라이프니츠(Gottfried Wilhelm Leibniz, 1646~1716)와 크리스찬 폰 울프(Christian Freiherr von Wolff, 1679~1754), 20세기에는 독일 철학자 요아힘 리터(Joachim Ritter, 1903~1974)도 울프의 견해를 이어받아 뒤따르고 있다.

하지만 서양철학에서는 이들을 포함하여 이원론의 본질에 대해서 사유의 이분법과 연관해 고찰하는 학자는 아직 없다. 그러나 이원론적 이론 전개는 철학뿐 아니라 유럽 학문 전반에서 보편화하고 있는 추세다.

그 구체적인 예들을 다음 장에서 만나게 될 것이다.

2절 이원론적 테마 설정

사유의 기본성격은 이분법성이며, 이에 기반한 이론 전개는 일반적으로 이원론적인 테마 설정으로부터 시작하고 있다.

이원론적 테마는 제각각 학문 영역에서 학술이론과 체계에 따라 두 개의 상이한 원리 또는 기본요인으로 설정된다. 이 양자는 대립, 대조, 경쟁, 병존, 상호보완 등의 관계를 갖는 것이 일반적이다.

이원론적 테마 설정이 얼마나 일반적이며 불가피한가를 인지하기 위해 철학뿐 아니라 자연과학과 사회과학 분야에서 기본적이며 중심적인 이원론적 테마 설정들을 정리해 본다.

1. 철학

철학의 근본 문제와 관련하여

- '물질과 의식', '유명주의와 사실주의', '주관과 객관', '이론과 실천', '사물과 단어'(세계와 서술)

가. 존재론

• 존재의 원천과 관련해서는 '물질과 관념', '현상과 본질', '신과 데미우르그(Demiurg)'(종교)

• 존재의 양상과 관련해서는 '존재와 비존재', '존재와 시간', '정신과 자연', '순결과 죄'(종교)

• 존재의 성질과 관련해서는 '생성과 소멸', '변화와 과정', '현실성과 가능성', '자유와 필연', '형식과 실체'(자연철학)

• 우주론적으로는 '밝음과 어둠', '남성적인 것과 여성적인 것', '더움과 차움', '고체와 액체', '질서와 혼돈', '자연과 문화'

• 기타 종교철학과 관련해서는 '신과 악마', '천당과 지옥', '신앙과 이성', '순결과 죄'

나. 인식론

• 인식의 주체: '감각과 이성', '감정과 이성'

• 인식의 원천: '관념론과 합리론', '관념적 관념론과 물질적 관념론', '관념적 물질론과 물질적 물질론'

• 인식의 방법론: '주관과 객관', '이성과 본능', '반영론과 구성론', '의지와 자유의지', '귀납법과 연역법', '이론과 실천'

다. 윤리론

• 윤리의 성립 근거: '자율성과 타율성'

• 윤리의 기준: '선과 악'

• 윤리의 실천: '목적론과 의무론'

• 윤리학 방법론 : '서술적 방법론과 규범적 방법론'
• 기타: '몸과 마음', '정서와 합리', '자유와 필연'

2. 사회과학

사회과학은 사회현상의 대상에 따라 정치학, 법학, 경제학 등으로 분류되고 있다. 사회과학은 모든 분야의 문제 설정과 그 해결의 방도에서도 이원론적인 기본 구도는 보편적이다.

가. 사회과학의 일반이론

• 문제의 설정에서 '개량주의와 혁명주의', '원칙주의와 기회주의', '질서와 혼돈'(혼란), '자연과 사회', '이해와 갈등'
• 방법론과 관련하여 '연역법과 귀납법'

나. 정치학

• 국가체제와 관련해서 '자본주의와 사회주의/공산주의', '부르주아 독재와 프롤레타리아 독재', '시장경제와 계획경제'
• 국가운영과 관련해서는 '국가와 국민'(인민), '개인주의와 공리주의', '알력과 협력', '여당과 야당'
• 사회운동 분야에서는 '개량과 혁명', '원칙주의와 기회주의'

다. 법학

- 일반적 이론으로는 '주관적 법과 객관적 법', '성문법과 판례법'
- 법철학적으로는 '증명에 의한 또는 조건적인', '형이상학적/종교적인 또는 합리적인'

라. 경제학

- 문제 설정에서 '차변과 대변', '거시경제와 미시경제', '시장경제와 계획경제', '실증경제학과 규범경제학'
- 해결방도와 기타 '시장근본주의와 국가개입주의', '경기침체와 호황', '손해와 이득', '임금노동과 자본', '수입과 지출', '생산과 분배', '수요와 공급', '통화팽창과 통화수축'

마. 사회학

- 기본이론, '일반사회학과 특수사회학', '거시사회학과 미시사회학', '순수사회학과 응용사회학'
- 일반적인 문제 설정은 '개인과 사회', '남성과 여성', '구조와 과정', '인과성과 궁극성', '자연과 문화', '책임과 신조', '사회적 통합과 반통합'
- 방법론으로는 '해석학적 사회학과 원인 분석적 사회학', '양적 또는 질적'

3. 자연과학

자연과학은 물리학, 화학, 생물학, 환경/생태학, 심리학, 의학 등을 포괄한다.

가. 자연과학 일반

- '자연과 문화', '원인과 작용', '유기물과 무기물', '구조와 기능'
- '연역과 귀납', '실증과 반론', '가정과 이론 수립', '경험위주와 이론위주', '설명과 이해'

나. 물리학

- 일반이론으로는 '실험적 물리학과 이론적 물리학', '상대성이론과 양자이론', '전자기학과 열역학'
- 문제 설정에서는 '시간과 공간', '밝음과 어둠', '열과 냉', '고체와 액체', '질량과 에너지'
- 특수 분야에서는 '빛의 파동과 입자', '하드웨어와 소프트웨어'(컴퓨터 정보학)

다. 화학

- '유기화학과 비유기 화학', '분석적 화학과 제품용 종합적 화학', '양자화학과 통계화학'

라. 생물학

- '이론적 생물학과 응용생물학', '생물체와 비생물체', '인간과 동물', '동물과 식물', '유기적 구조와 기능', '유전학과 윤리'
- '물리적/생화학적', '생리학과 분자생물학', '분자생물학과 세포생리학'

마. 심리학

- 심리학의 분류에는, '일반심리학과 특수심리학', '기초심리학과 응용심리학', '실험심리학과 인간성 심리학'
- 심리학의 대상으로는 '의식과 무의식'
- 심리학의 방법론에는 '경험과 행동', '질적 방법론과 양적 방법론', '합리적 방법론과 경험적 방법론', '생물학적 심리학과 사회문화적 심리학'

사. 기타 문학예술

- 문학예술은 문학과 음악예술, 회화 등을 포괄한다.

아. 문학예술 일반

- '이해와 감정', '일반성과 개별성', '사유와 꿈', '동적인 것과 정적인 것', '의식과 무의식', '낮과 밤', '보이는 것과 보이지 않는 것'

자. 문학

- 문학에는 소설, 시, 산문, 수필, 연극 등이 포함되며, 일반적으로 '형식

과 내용', '이해와 감정'

• 대조적인 인물 설정, 예를 들면 오셀로/자고, 펜실레이아/아킬레스, 파우스트/메피스토, 돈키호테/산초판사, 캡틴 아합/모비 딕, 지킬/하이드, 로미오/줄리엣 등

차. 음악예술

• 음악, 오페라, 발레 등에서 '통일성과 다양성', '긴장과 긴장 완화', '균정과 바뀜', '되풀이와 대조'

타. 회화예술

• 회화예술은 회화, 조각, 사진 등을 포괄하며, 일반적으로 '원/근법', '음/양법', '윤곽과 표면', '공간과 형식'

3절 이원론적 이론 전개 파라디그마

서양철학은 이론을 전개할 때 이원론적 테마를 설정한 다음 이론 전개 방식을 찾는다. 이론 전개 방식으로는 다음과 같이 세 가지 파라디그마로 분류한다.

- 이것이냐 또는 저것이냐(entweder oder) / 일자택일
- 이것도 저것도(sowohl als auch) / 양자배합
- 이것도 저것도(weder noch) / 양자부정

서양철학에서 전개된 이론들은 이 세 가지 파라디그마 중 하나를 적용한다. 어떤 대표적 학설 또는 이론이 어떤 파라디그마에 따라 이론을 전개하고 있는지 정리해 본다.

파라디그마는 간략하게 '철학적 또는 이론적 구성체계'라는 의미로 사용된다.

1. 일자택일/Entweder oder

'이것이냐, 저것이냐'의 일자택일의 파라디그마를 적용한 가장 전형적 이론은 유일론이다. 유일론의 논리적 전개 방법으로는 연역법 또는 귀납법을 선택하는 것이 특징이다.

유일론은 이론 전개의 영역에 따라 존재론에서는 일원론, 인식론에서는 극단적 구성주의, 신학에서는 근본주의 등으로 분류된다.

가. 일원론(Monismus)

일원론은 존재의 시원과 관련하여 물질과 관념의 이원론적 설정에 기반해서 물질 또는 관념의 하나를 선택하여 세계관을 체계화한 이론이다.

물질 위주의 일원론은 고대 그리스철학에서는 소박한 물질론, 현대에 와서는 변증법적 유물론의 세계관 전개의 틀이었다.

소박한 물질론은 물, 불, 공기 등 소박한 물질을 위주로 일원적인 세계관을 수립했다. 마르크스주의는 물질과 변증법적 변화 원리를 결합하여 유물변증법이라는 일론원을 전개했다. 물질과 관념의 이분법에서 관념을 택한 관념론은 세계관을 관념 위주인 일원론적으로 전개하고 있다. 관념적 일원론은 주관적 관념론과 객관적 관념론으로 구별된다.

주관적 관념론은 관념 위주인 물질을 하나로 일치시키는 '동일철학적 일원론'이다. 주관적 관념론의 일종으로 유아론(Solipsismus) 또는 유심론(Spiritualismus /Mentalismus)이 있다. 이 이론들은 오직 마음

또는 의지만을 인정하고 물질세계는 전혀 인정하지 않는 일자택일의 이론이다. 그 대표적 철학자는 영국의 버클리, 독일의 막스 슈티르너 등이다.

객관적 관념론의 대표적인 학자는 플라톤, 헤겔, 하이데거 등이다. 플라톤은 '이념'이라는 관념을 위주로 차안(此岸)의 현상계, 헤겔은 '절대정신'이라는 관념을 위주로 물질적 자연계를, 하이데거는 '존재'라는 관념을 위주로 존재자 일반과 인간의 현존을 설명하는 세계관을 일원론적으로 전개했다.

기타 신학적 도덕적 일원론으로는 키르케고르의 철학산문집 『이것이냐 또는 저것이냐』가 전형적이다. 그는 '심미적 도덕적 생활과 신앙생활'의 이분법에서 신앙생활을 선택하고 연역적 방법으로 일원론을 서술하고 있다

나. 극단적 구성주의(Radikaler Konstruktivismus)

'극단적 구성주의' 이론은 존재론과 인식론에서 객관적 사실을 인정하지 않고 오직 인간의 지각과 기억을 소재로 구성한 것만을 사실로 인정하려는 이론이다. 재래의 구성주의를 더 극단화하고, 자연과학적 성과를 도입하여 양자배합의 파라디그마를 적용하는 반영론이나 일치론을 극복해 보려는 일원론적인 새로운 인식론이다.

극단적 구성주의는 구성주의와 마찬가지로 인식 대상의 실재성을 인정하지 않는 일자택일을 한다는 점에서는 공통적이다. 구성주의와 달리 인식의 구성적 결과의 객관성은 인정하지 않고, 인식 주체의 구성적 결과만을 인정한다는 점에서 극단적이다. 극단적 '라디칼'이라는

개념은 학자에 따라 '근본적', '급진적' 또는 '철저한'(일본 학자) 등으로 번역하고 있다.

일자택일의 파라디그마를 적용하여 '극단적 구성주의'의 일원론을 전개한 대표적 학자로 1970년대 아일랜드계 미국인 철학자 그래절스펠드(Ernst von Glasersfeld, 1917~2010)와 오스트리아 생물물리학자 훼스터(Heinz Foesrter, 1911~2002)가 있다.

이 이론에 동조하고 심화시킨 학자는 칠레의 신경생물학자이며 철학자인 마투라나(Humberto Mturana(1928~)와 바렐라(Francisco Varela, 1946~2001), 오스트리아계 미국인 심리학자, 철학자이며 사회학자(소통 이론)인 바츨라빅(Paul Watzlawick, 1921~2007) 등을 꼽을 수 있다.

다. 근원(본)주의(Fundamentalismus)

근본주의는 우선 정당화해야 할 신앙적 또는 이념적 근본원리 또는 근본원칙을 설정하며, 이와 대립되는 원리와 원칙 등을 배격하는 일자택이의 이론 전개 파라디그마를 적용하고 있다.

근본주의의 근본은 토지 또는 기반 등을 의미하는 라틴어의 펀더멘텀(Fundamentum)에서 유래했다. 근본주의는 이론 전개의 분야에 따라 '원리주의', '원칙주의', '극단주의'라고도 불린다. 종교이론에서는 기독교 근본주의와 이슬람 근본주의가 많이 논의된다. 종교이론 외에 경제이론에서 시장 근본주의가 회자되고 있다.

기독교 근본주의는 성경의 중심 내용, 즉 '예수 그리스도의 신성', '처녀 탄생', '인간의 죄를 용서하기 받기 위한 죽음', '부활' 등 '직접적인 하나님의 말씀'은 절대적이며 과오가 있을 수 없다고 논증하면서 이에 반대하거나 대립된 이론을 인정하지 않는 일자택일론이다.

이러한 기독교 근본주의의 획기적인 논의는 1910~1915년에 걸친 일련의 연구논문을 편집한 「더 판더멘털스, 진리에 대한 입증」(The Fundamentals, A Testmoney to the Truth), 편집자 토리(Reuben Arther Torrey)가 대표적이다. 이 책자는 미국을 위시하여 세계의 많은 곳에 수백만 부가 보급되었다고 한다.

기독교 근본주의는 1980년대 이후 '영지신학'(Dominion Theology) 또는 '기독교 재건설주의'(Christian Reconstruticism)로 계승되었다.

이슬람 근본주의의 코란, 수나, 샤리아의 무오류성과 불가침성 등의 '규범'을 절대화하면서, 다른 한편으로는 근대 유럽의 문화 전반을 배격하는 논리를 전개한다. 이때 배격의 주된 대상은 근대의 합리주의, 물질주의, 개인주의, 다원주의, 세계화 등이다.

코란은 선지자 모하메드가 610년에서 632년 사이, 20년 동안 알라 신으로부터 계시받은 말씀을 정리한 이슬람의 경전이다. 114장(Sure)으로 구성되어 있다. '규범'은 선지자 모하메드의 가르침과 행적을 모은 것이다. 이외에 이슬람의 근본은 '이슬람의 법'이라고 하는 샤리아가 있다. 샤리아는 코란과 수나를 기반으로 신도의 신앙과 가정 사회생활 전반을 규정하는 이슬람의 법률이다.

2. 양자배합/Sowohl als auch

양자배합의 틀(파라디그마)은 '이것도 저것도'를 배합해서 이론을 전개하는 이론 전개 방식이다

양자의 배합 방식은 크게 세 가지로 구분된다

- 병립론
- 합동론
- 변증법

가. 병립론

병립론은 이원론적인 양자 대립관계에서 각자 독자성, 상호 불관여성을 정당화하면서 이론을 전개하는 파라디그마이다. 그러나 양자 간의 독자성, 상호 불관여성 등의 견해 차이로 병립론은 '반테제적 평행론', '우인론', '수반현상론' 등으로 구분되어 논리적으로 전개되고 있다

(1) 반테제적 평행론(Antithetischer Parallelismus)

'반테제적 평행론'은 철학의 근본 문제인 의식과 물질의 이분법에서 두 실체의 독립성과 상호 불관여성을 논증하고 이에 기초해서 존재론과 인간론을 전개하는 경우이다. 존재론적으로는 기원후 3세기경에 등장한 '마니주의', 인간론적으로는 17세기에 등장한 육체와 정신 또는 심신론에서 그 전형을 찾을 수 있다.

마니주의는 페르시아 사싸니덴왕 샤푸르(240/42~270 통치) 시기, 마니(216/217~277)가 창시해 서양철학 및 신학에 영향을 끼친 가장

오래된 존재론적으로 '반테제적 평행론'이다. 마니주의는 기독교와 이슬람교의 탄압으로 마니주의 자체 내의 또는 제3자의 마니주의에 대한 기록이 단편적으로만 발굴되고 있는 형편이다.

마니주의는 세계를 '신의 빛의 세계'와 '어두움의 세계'라는 두 개의 독자성을 가진 원리와 성격을 기반으로 하는 세계관을 정립하고 있다. '신의 빛의 세계'는 이성, 사유, 통찰, 감각, 숙고로 구성된 의식의 세계를 의미하며, '어두움의 세계'는 연기, 불, 바람, 물, 어둠으로 구성된 물질세계를 의미한다. 이 두 세계는 적대관계에 있으며, 과거, 현재, 미래의 3시기를 거쳐 대립과 투쟁을 이어간다는 논리를 전개하고 있다.

인간학적 병립론은 '심신 평행주의'에서 찾아볼 수 있다. '심신 평행주의'는 인간을 정신 또는 마음과 육체로 이분하여 이것도 저것도 인정하되 그 관계는 상호 독자성을 주장하는 이론이다. 정신과 육체는 각자 자기의 규정성을 가진 자립적인 실체이며 상호 간에 아무런 인과적 작용이 없다는 것이 기본이다.

라이프니츠는 육체와 정신을 완전히 다른 실체로 간주하며 이를 모나드론(monad)과 두 실체작용의 동시성(Synchronizität) 그리고 '신에 의한 예정조화론'으로, 페히너는 육체와 정신의 구별은 하나의 실체를 외적인 또는 내적인 조망에서 오는 양면성으로 간주하며, 여기에 '일치성견해'와 '두조망이론'으로 뒷받침하고 있다. 쉬릭은 육체와 정신의 구별은 하나의 실체를 두 가지 상이(相異)한 개념체계, 즉 물리적 또는 심리적 개념체계로 표시한 것에 불과하다고 했다.

(2) 우인론(Okkationalismus)

우인론은 코르데모이(Geraud de Cordemoy, 1626~1684)와 포지(Louis de La Forge, 1632~1666)가 정립하였으며, 대표적인 이론가로는 니콜라 말브랑슈(Nicolas Malebranche, 1638~1715)를 꼽는다. 우인론 개념의 어원은 라틴어의 경우 또는 계기를 의미하는 오카시오(occasio)에서 유래했다.

우인주의는 17세기 데카르트의 심신 이원론이 철학의 새로운 이론으로 각광을 받았을 때 데카르트의 '심신 이원론'을 비판하면서 등장한 일종의 병립이론이다. 이 이론은 심신 또는 정신과 육체는 각자 독자성이 있을 뿐 상호 간에 아무런 인과적 관계가 없다는 양자가 병립한다는 파라디그마에 따라 이론을 전개하고 있다.

우인주의의 한 사람인 휠링크스(Arnold Geulincx, 1625~1669)는 심신 또는 정신과 육체의 관계 문제를 두 개의 시계로 비유한다. 두 기술자가 각자 만들고 똑같은 시간을 맞추면 두 시계의 시간은 항상 일치한 상태에 있게 된다는 것이다.

나아가서 우인주의는 심신의 관계 문제를 데카르트와 같이 교호 관계가 아니라 신의 매개로 대체한다. 우인주의의 대표적 이론가인 말브랑슈는 『형이상학과 종교에 관한 대화』의 4장과 『진리탐구』의 그의 저서에서 심신의 상호관계를 주장하는 데카르트를 비판하면서 정신과 육체 간에는 아무런 인과 관계가 없으며, 다만 전능한 신의 의도에 의해서만 심신의 일치성이 가능하다는 병립론적 이론을 전개하고 있다.

(3) 수반현상론(Epiphänomenalismus)

'수반현상론'은 실재와 현상의 이원론에서 각자의 독자성을 설정하면서, 다른 편은 한편의 작용에 의한 부수 현상으로 간주하는 이론이다. 다른 편은 실재에 어떤 작용도 하지 않는다는 것이다.

'수반현상론'은 약과 강의 수반현상론으로 구별된다. '약한 수반현상론'은 자연과 사회에서 체계/콘텍스트와 현상 간의 문제이며, '강한 수반현상론'은 철학의 기본문제가 되는 '육체와 정신'의 관계에 대한 하나의 이론이다. 후자의 문제는 철학의 시작으로부터 오늘날까지도 해결되지 못하고 '강'한 문제가 되고 있다.

'약한 수반현상론'의 몇 가지 예를 들면 화산체계의 수반으로 용암이 흘러나오지만 용암은 화산체계에 작용하지는 않는다, 배라는 체계의 수반으로 연기가 나오지만 연기는 배의 체계에 작용하지 않는다, 또는 자본주의 체제의 부산물로 빈곤층이 필연적이지만 빈곤층이 자본주의 체제에 작용하지 않는다는 것이다. 이러한 관계는 자연현상과 사회현상에서 많은 사례를 볼 수 있다.

'강한 수반현상론'은 철학의 기본문제의 하나인 '육체와 정신'의 상호관계를 해명하기 위해 수반적 병립론이라는 파라디그마를 구사한다. 정신은 신경생리 상태의 수반 산물이나, 정신은 육체적 상태에 작용하지 않는다는 이론이다. 대표적으로 스위스의 자연과학자이며 철학자인 샤를 보네(Charles Bonnet, 1720~1793), 영국의 철학자 샤드워스 호지슨(Shadworth Hodgson, 1832~1912), 영국의 생리학자이며 철학자인 토머스 헉슬리(Thomas Henry Huxley, 1825~1895) 등이 이 이론을 전개했다.

나. 합동론

병합론은 이원론적 테마 설정에 기반해서 하나 또는 다수의 양자를 병합시키는 파라디그마를 적용하는 경우이다. 병합론은 병합의 양식에 따라 배합론(Kombinatorik), 학술 간 협동론(Interdisziplinär) 등으로 구분된다.

(1) 배합론

배합론은 이원론적 테마 설정에서 양자를 상호작용 관계로 이론을 전개하는 파라디그마이다.

대표적인 예로 데카르트는 '정신과 육체'의 관계에서 1자만 인정하거나 또는 병립적인 관계로 파악하지 않고 정신과 육체의 상호작용 관계로 이론을 전개하고 있다. 20세기 이 이론의 답습자로 포퍼(Karl Popper, 1902~1994), 에클스(John Carew Eccles, 1903~1997)가 거론된다. 칸트도 인식론에서 지각과 오성을 상호배합하는 파라디그마를 구사하고 있다.

그 외 사회학에서 '상징적 상호작용론'의 '개성과 상황', 자연과학적 영역에서 '인 푸드와 아웃 푸드'의 상호관계를 논의하는 '상징적 상호작용론'도 똑같은 배합론이다.

상징적 상호작용론의 대표적 학자는 블루머(Herbert Blumer, 1900~1987)와 그의 스승인 미드(George Herbert Mead, 1863~1931)이다. 이들의 이론은 파슨스(Talcott Parsons, 1902~1979)의 구조기능주의적 이론과 실증주의적 사회학의 일면성(一面性)에 대한 반발이었다.

(2) 학술 간 협동론

학술 간 협동론은 기존 이론의 한계를 극복하기 위해 새로운 학술체계를 수립하고자 고안된 이론이다. 이 이론의 전개 방식은 복수의 학술(예, 생물학, 인문학)에서 얻은 결과로 여러 가지 학문적 성과들을 배합하는 파라디그마를 적용한다.

이런 파라디그마를 적용한 대표적 학자는 합동론을 제기한 사회생물학자인 윌슨 (Edward Osborne Wilson, 1929~)이다. 윌슨 이외에도 합동론 학자로 베이트슨(Gregory Bateson, 1904~1980), 홀턴(Gerald James Holton, 1922~), 캐프라(Fritjof Capra, 1939~), 피터(Harries-Jones Peter, 1937~) 등을 꼽을 수 있다.

이들은 배합하는데 그치지 않고 이원론적 테마를 관통하는 테제를 찾아낸다고 주장하고 있다. 학술 간 협동론으로 전통철학의 근본 문제인 관념성과 물질성의 이원론을 극복하려는 시도로 보인다.

다. 변증법

변증법은 대립물의 상호전환을 논거하는 변론적 방법론과 대립물의 상호관계를 통해 세계의 변화 발전을 해명하는 방법론으로 구분된다. 변론적 방법론으로서의 변증법은 소크라테스를 비롯해 변증법 개념을 처음 사용한 플라톤, 아리스토텔레스, 이들의 방법론에 기초한 중세철학 내지 신학에서 구사되었다. 이와는 달리 세계의 변화 발전을 해명하는 방법론으로서의 변증법은 학술론적 변증 논리라 할 수 있다.

학술론적 변증법은 대립물의 상호전환, 그 전환의 계기 또는 조건, 변화의 성격 등의 해명을 통해 논리를 전개하고 있다. 학술적 변증법은 기본 대립물의 설정, 적용 대상, 대립물의 관계와 그 발전과 관련한 변증법 구사 내용에 따라 세 가지로 구분해 볼 수 있다. 즉 고대 헤라클리투스의 소박한 변증법, 관념적 변증법, 물질적 변증법 등이다

소박한 변증법의 대표격인 학자는 고대 그리스의 에페수스 출생의 헤라클리투스(Heraklit von Ephesus, lat. Heraclitus Ephesius, 기원전 약 520~460)였다.

그는 "모든 것은 흐른다"(Panta Rhei)라는 철학적 전제를 '불과 물'이라는 이원론을 변증법적으로 해명하고자 했다. 변화의 양상을 '대립물의 상호전환'과 '대립물의 통일'로 간주했다.

그의 변증법은 물질세계와 사회적 변화에서 '도약적 변화'는 설명할 수 없어 소박한 변증법에 머물렀으나, 서양철학에서 변증법의 효시로 인정받고 있다.

관념적 변증법의 대표자는 헤겔이다. 헤겔은 그의 대표 저작인 『정신현상학』에서 '즉자존재'(An-sich -sein), 즉 의식과 '대자존재'(Für sich sein), 현상계를 테제와 안티테제의 양자 대립관계로 설정했다. 그리고 이 양자는 모순과 투쟁을 통해 하나의 통합테제로 통일된다는 세계의 변화 발전을 체계화하는 이론 전개 방식이 헤겔의 변증법이었다.

헤겔의 변증법은 절대정신이라는 관념의 운동이기 때문에 관념적 변증법이라 부르게 된다.

물질론적 변증법의 가장 대표적인 철학자는 이 이론의 창시자이기도 한 마르크스와 엥겔스이다. 마르크스와 엥겔스의 전개 방식은 레닌에 의해 계승되어 '마르크스-레닌주의'로 더욱 발전했다.

마르크스 레닌주의의 변증법은 대립적인 양자의 설정이 특징이며, 이 양자 간 상호전환과 양자의 통일을 통해 물질세계 전반의 변화 발전을 가장 과학적으로 해명할 수 있다는 파라디그마가 되었다. 그러나 1990년대 사회주의 진영의 붕괴로 이 이론에 대한 회의가 커지고 있다.

3. 양자부정/Weder noch

'이것도 저것도'의 양자부정의 파라디그마는 주로 존재론적 허무주의, 인식론적 회의주의, 신학적 무지주의 등의 이론 전개에서 구사되고 있다.

가. 존재론적 허무주의

존재론적 허무주의는 형이상학적 허무주의와 형이하학적 허무주의로 구별한다.

형이상학적 허무주의는 서양철학사에서 고대 그리스의 소피스트 고르기아스(Gorgias von Leontinoi, 약 483~375 v. Chr.)의 저서 『무존재 또는 자연에 대해서』에서 존재자도 비존재자도 부정하는 양자부정의 파라디그마를 맨 처음 구사한 것으로 보인다.

고르기아스의 존재 부정 이론은 멜리소스(Melissos)와 파르메니데스(Parmenides)의 존재론에 대한 안티테제로 해석된다.

고르기아스의 양자 부정 파라디그마는 18세기 후반의 프리드리히 야코비(Friedrich Heinrich Jacobi, 1743~1819)와 요한 고틀리프 피히테(Johann Gottlieb Fichte, 1762~1814)도 적용하고 있다. 이들은 사실(Wirklichkeit)이나 이 사실을 구성해내는 주체로서의 '절대아'(das absolute Ich)의 양자를 모두 부정하는 허무주의를 전개하고 있다(야코비와 피히테의 서신 교환).

또 다른 양자 부정의 파라디그마는 형이하학적 허무주의의 이론 전개에서 적용되고 있다. 이 허무주의는 가치형성의 주체와 이 주체의 산물인 도덕윤리적 가치, 사회적 가치, 초자연적 실체라는 객체를 모두 부정하는 방식의 파라디그마를 구사한다.

이러한 양자부정의 파라디그마는 19세기 후반의 프리드리히 니체(Friedrich Nietzsche, 1844~1900), 20세기 후반의 미셸 푸코의 이론 전개에서도 찾아볼 수 있다.

나. 인식론적 회의주의

인식론적 회의주의는 인식론에서 인식의 원천과 인식의 주체, 이 양자를 모두 부정하는 파라디그마를 적용한다. 서양철학사에서 이 파라디그마를 처음 구사한 철학자는 아케실라오스(Arkesilaus, 기원전 약 315~240)와 카르네아데스 (Karneades, 기원전 약 217~128)로 알려져 있다.

아케실라오스는 "나는 알지 못한다는 것을 나는 안다"라는 소크라테스의 진리탐구 방법을 비판하면서 "내가 아는지 아니면 알지 못하는지조차 나는 알 수 없다" 또는 "우리는 아무것도 알지 못하며, 심지어 우리의 무지까지도 알지 못한다"라고 하면서 인식의 주체와 이성의 인식 능력 양자를 부정하는 인식론적 회의주의를 전개했다.

또한 피론(Pyrrhon von Elis, 기원전 365/360~275/270)이 창시한 피론주의는 객관적 사실이나 진리는 감각을 통해서도 또는 이성을 통해서도 인식할 수 없다는, 다시 말하면 인식의 원천과 인식의 주체, 이 양자를 모두 부정하는 이론 전개이다. 이것은 인식의 가능성 자체를 부정하는 '과격한 회의주의'의 모습이기도 하다.

피론주의적 양자부정의 파라디그마는 근대의 '과격한 회의주의자'인 몽테뉴(Michel de Montaigne, 1533~1592), 넬슨(Leonard Nelson, 1882~1927)과 독일의 '비판적 합리주의' 철학자 앨버트(Hans Albert, 1921~)에서도 구사되고 있다.

철학자 한스 앨버트(Hans Albert, 1921~)는 최근에 인식의 확실성도 사실의 인식도 부정하는 논리를 펴고 있다.

"인식에서 모든 확실성은 스스로 지어낸 것이다. 그래서 사실의 파악으로서 인식은 무가치한 것이다."[29]

다. 무지주의

무지주의는 인식 대상을 '존재와 비존재'의 이원론적 테마를 설정하고 양자를 다 같이 부정하는 파라디그마를 구사한다.

무지주의의 효시는 기원전 5세기 소크라테스 이전의 소피스트였던 프로타고라스였다.

그 뒤 양자부정의 체계를 갖춘 무지주의는 무지주의 개념을 처음 도입한 헉슬리(Thomas Henry Huxley, 1825~1895)가 전형적이다. 헉슬리는 지식과 신앙, 신학과 반신학 등의 양자를 부정하는 무지주의

29) 앨버트, 「비판적 이성」에 대한 논문, 1991, 36쪽.

를, 러셀은 존재를 위한 원인이 있어야 할 이유나 존재하지 말아야 할 이유, 이 양자를 부정하는 무지주의를 전개했다.

헉슬리는 양자부정의 파라디그마를 다음과 같이 구사한다.

"그것은 단순히 그가 알거나 믿는 과정에 대한 아무런 과학적 근거를 가지지 않았다는 것을 알거나 믿지 않는다는 것을 말하지 않을 것이란 것을 의미한다. 결론적으로 무지주의는 인기 있는 신학의 더 큰 부분뿐만 아니라 반신학의 더 큰 부분에도 관심이 없다는 것이다."

헉슬리 외에도 러셀과 내시(Robert J Nash, 1939~)도 양자부정의 파라디그마를 구사하고 있다.

러셀은 "나는 왜 기독교인이 아닌가?"에서 첫째 이유의 증명은 "세계가 원인 없이 존재해 올 수 없었다는 이유도 없으며, 다른 한편으로는 왜 항상 존재해서는 안 된다는 어떤 이유도 없다. 세계가 꼭 시작이 있었다고 가정할 아무런 이유도 없는 것이다"[30] 라고 증명했다.

참고로 자연과학 이론에서도 양자부정의 파라디그마가 구사되고 있다는 것을 알 수 있다. 한 예로 현대 물리학의 양자물리학에서 '하이젠베르그의 불확정성 원리'(Heisenbergische Unschärferelation)를 들 수 있다. 어떤 미립자의 두 개의 상호보완적인 성질인 위치와 운동량을 동시에 측정할 수 없다는 것이다.

내시의 '신무관심론'은 신의 존재를 인정하든, 신의 존재를 부정하든, 이 견해를 수용하든 아니면 거절하든 아무런 관심이 없다는 양자부정의 파라디그마를 구사한다. 이런 논리 전개는 신의 존재 여부가 인간 생활에 아무런 영향을 주지 않는다는 사상과 결합되어 있다.

30) 버트란트 러셀, 나는 왜 기독교인이 아닌가?, 1927.

3장

역설에 대하여

서양철학사에서 역설 현상은 그리스 제논에서 시작되었다. 그 이후 역설에 대해 간헐적으로 언급되었으나 오늘날까지도 체계적인 논의는 이뤄지지 않고 있다.

1절 역설의 의미와 종류

서양철학의 역설의 의미는 피상적이며 부분적으로 논의되고 있으며, 역설의 종류에 대해서도 분산적으로 언급하는 정도에 머무르고 있다. 더군다나 역설론의 핵이라 할 수 있는 역설의 원천과 근원에 대해서는 거의 논의가 이뤄지지 않았다고 볼 수 있다.

이상 세 가지를 종합적으로 고찰할 때 역설 문제가 체계화될 수 있을 것이다. 그러나 지금까지 연구된 것을 기반으로 할 때 이 체계화는 많은 제한성을 안고 있다.

역설의 이론적 체계화에서 가장 중요하고 어려운 부분은 역설의 근원 문제로 보인다. 앞으로 이 문제를 더 잘 해결할 수 있는 '비결' 내지 모멘텀(momentum)으로 유럽과 동양의 대표적인 비이분법적 담론을 간략하게 환기해 본다.

1. 역설의 의미

역설(Paradox)의 어원적 의미는 그리스어의 반대 또는 거역(Para)과 의견 또는 기대(Doxa)의 합성어이다.

서양철학에서 역설의 의미와 정의를 유럽과 미국의 대표적 철학용어사전에서는 다음과 같이 서술하고 있다.

"일반적인 기대, 지배적인 견해, 또는 그와 같은 것에 기대하지 않는 방식으로 모순되거나 또는 일정한 대상이나 개념의 통상적인 이해에 모순되는 실상, 표현 또는 현상"[31]이다.

"어떤 진술이나 상황이 진리일 수 있으나 이해하기 불가능하거나 난해해 보이는 것이다. 그 이유는 그 진술이 두 개의 반대되는 사실 또는 성격을 포함하고 있기 때문이다.[32]"

"어떤 진술이 명백히 타당하고 참된 전제에서 추론되었다 할지라도 자체모순 또는 논리적으로 수용 불가능한 결론으로 이끄는 것이다."[33]

"역설이란 통상적으로 일반적인 견해를 뛰어넘은 (또는 심지어 반대) 어떤 사실을 주장하는 진술을 의미한다. 역설은 합리적 사상의 기원 이래로 철학적 탐구의 자연적 대상으로 형성한 것이다. 역설은 복잡한 논증의 부분으로 그리고 철학적 테제를 평판하는 도구로서 창안되었다."[34]

"결과적으로 논리적 모순을 포함한 것으로 보이는 하나의 문장을 더

---

31) 독일, 마이어스 리틀 백과사전, 맨하임, 1987(Meyers Kleines Lexikon, Mannheim, 1987).
32) 영국, 캠브리지 철학용어사전, 캠브리지 대학 출판부(Cambridge Dictionary of Philosophy, Cambridge University Press).
33) 영국, 옥스퍼드 철학용어사전, 옥스퍼드대학 출판부, 2008(Oxford Dictionary of Philosphy, Oxford University Press, 2008).
34) 미국, 스탠퍼드 철학용어사전, 위키피디아(Stanford Encyclopedia of Philosophy, Wikipedia).

제한적으로 작성하는 것이 되는 것이다. 보기에는 잘못이 없는 것 같아 보이지만, 불합리의 결과가 되고 마는 논거. 또는 원래의 정의에도 불구하고 똑같은 사전의 8번째 출판에서는 일반적인 정의에 모순되는 상황."[35]

유럽의 대표적인 사전의 정의에서 볼 수 있는 것처럼 서양철학은 역설의 발생을 피상적이며 개별적 사실과 현상에 제한하고 있으며 역설의 성격을 진술과 그에 대한 기대와 판단 사이의 모순 관계에서 찾고 있다.

이런 사전적 정의에 기반해서 보다 종합적으로 역설의 의미를 다음과 같이 정립해 볼 수 있다.

- 역설의 성격은 사실 또는 어떤 현상에 대한 진술에서 기대 또는 통상적인 의견에 모순되는 것이다.
- 역설 현상이 발생하는 영역은 주로 수사적, 형이상학적, 논리적/집합론적, 의미론적, 지식적 영역에 제한되어 있다.
- 역설의 근원과 조건을 진술이나 판단의 태도 또는 방법에서 찾았다. 다시 말하면 익숙한 사유 발견술, 선입견, 상투어, 다수 의미 또는 한정된 시각에서 찾는 경우도 있다.
- 역설에 대한 분석의 목적은 "역설에 해당되는 대상 또는 상황을 더 깊이 이해할 수 있게 할 뿐 아니라, 최선의 경우에는 역설의 해결"에 두기도 한다.

35) 프랑스, 아카데미 프랑세즈 사전, 파리, 1932~1935)(Dictionaire de L'Academie francaise, Paris, 1932~1935).

2. 역설의 종류

역설의 종류는 사유의 이분법에 기반한 논리 전개에서 발생하는 역설의 성격에 따라 여러 가지로 분류된다.

오랫동안 서양철학사에서 대두한 역설 현상은 그 성격에 따라 딜레마, 이율배반, 자가당착, 무한론으로 묶어 정리할 수 있다.

가. 딜레마(Dilemma)

딜레마는 그리스어의 '두 개의 문장으로 성립된다'라는 딜레마토스(dilemmatos, 'aus zwei Sätzen bestehend')에서 연유했다. 그러나 철학적으로는 무출로(無出路-Aporie. Aporia) 또는 진퇴양난, 공명지조 등의 역설 현상이다.

무출로의 예는 잘 알려진 호머의 '오디세이 딜레마' 또는 '전능역설'(Allmächtsparadox) 등이 있다. 오디세이가 항해해야 하는 좁은 해협의 오른쪽에는 소용돌이 물을 뿜어내는 여신(카리브디스, Charybdis)과 왼쪽에는 사람을 잡아먹는 괴물(스킬리아, Skilia)이 있다. 여신과 괴물을 피해 지나가야 하는 진퇴양난에 빠진 상황이다.

공명지조(共命之鳥)는 '한 몸에 두 개의 머리를 가진 새'라는 의미이다. 불경(불본행집경, 잡보잡경, 아미타경)에서 공명지조는 '한 몸에 공동운명의 두 개의 머리를 가진 새'라는 의미이다. 불경(불본행집경,잡보잡경, 아미타경)에서 두 개의 머리 중 하나가 자기 혼자 살겠다고 상대의 머리를 죽이면 자기도 죽고 마는 역설을 형상하고 있다.

나. 이율배반(Antinomie)

이 개념은 그리스어의 반대(Anti)와 법칙(Nomos)의 합성어이다. 이율배반은 철학적으로 '해석의 이율배반'과 '규정의 이율배반'의 두 양상으로 구별된다.

'해석의 이율배반'은 동일한 하나의 사실이나 현상에 대해 두 가지 모순된 해석 또는 인식이 있을 때 발생하며, '규정의 이율배반'은 자기 자신(Selbstreferenz)을 포함하지 않는 전체를 규정할 때 나타나는 양상이다.

이율배반의 대표적 철학자인 칸트는 '해석의 이율배반' 근원에 대해서 다음과 같이 요약했다.

- 세계는 시간과 공간에 제한성이 있다. 그와 반대로 세계는 시간과 공간에서 무제한적이다.
- 이 세계에 모든 합쳐진 실체는 단순한 부분들로 되어 있다. 그러나 똑같이 단순한 부분이란 이 세계에 존재하지 않는다.
- 세계에는 자연법칙의 인과성만 있는 것이 아니며 자유도 있다.
- 세계에는 필연적인 본질(원인)만 존재하는 것이 아니라 그렇지 않은 부분도 존재한다.

다. 자가당착(自家撞着)

자가당착은 어떤 테제가 그와 대립된 반테제를 유발하는 현상으로 '전능 역설'과 '자승자박', '부메랑' 등이 이에 속한다.

'전능 역설'은 전능자가 너무 무거워서 누구도 들 수 없는 바위를 만들 수 있는가? 없는가의 역설이다.

'자승자박'은 "자신의 밧줄로 자신을 묶는다"처럼 자충수와 같은 뜻이다. 철학적 의미로는 자기 자신이 주장한 이론이 자기 자신을 함정에 빠트리거나 스스로 궁지에 몰리는 역설 현상이다. 고사의 예로는 상앙이 철권통치를 실행하고자 자기가 도입한 거열형(車裂刑)으로 자기 자신이 처형당하는 역설이다.

부메랑은 원래 오스트리아 원주민의 사냥도구였다. 이 사냥도구는 사냥 목표를 맞추지 못하면 오히려 자기가 희생당할 수 있다는 역설 현상으로 풀이된다.

라. 무한론(Infinite)

무한론은 직선적 무한론과 순환적 무한론이 있다.

직선적 무한론은 '원인과 작용', '조건과 무조건', '개념과 문장' 등 이원론적 테마 설정의 논리 전개에서 직선적으로 끝없이 물고 물리는 관계이다.

예를 들면 우주 형성의 시작에 대한 논의에서 우주 대폭발(빅뱅)이 처음 시작이라 할 때, 대폭발 이전은 또 그 이전은 등등 무한히 꼬리를 물고 논의가 전개될 수밖에 없는 성격의 무한론이다. 이와 비슷한 예는 신학적 우주론이나 인식론에서 축소인간(Homunculus)의 인식 주체 순환론, 순환적 무한론은 '전제와 결론' 간의 순환론 또는 '해석학적 순환론'(Hermeneutischer Zirkel)의 경우이다.

전제와 결론 간의 순환론은 명제 A1의 참 근거로 A2를 요구하면, A2는 또 자기 근거로 A3을 요구하면서 순환은 끝이 없이 진행되는 무한 순환론이다.

'해석학적 순환론'은 텍스트 이해에서 텍스트 전체의 이해는 부분의 이해를 전제하나, 부분의 이해는 전체의 이해 없이는 불가능하다는 무한후퇴논증(Infinite Regress/Regress Argumenten)의 역설이다.

그 외 안티테제적 평행론(Antithetischer Parallelismus)도 역설의 일종이라 할 수 있다. 테제와 안티테제가 각각 자기 정당화를 성립시키는 이론을 전개하는 것이다.

3세기에 등장한 마니주의의 '신의 빛의 세계'와 '어둠의 세계', 17세기의 데카르트 '심신평행론'(Psychophysiologischer Parallelismus), 그 외 존재론에서 '존재와 무존재의 평행론', 또는 윤리론에서 '선과 악의 평행론'도 있다.

마. 기타 역설론

- 수사적 역설: 제논(기원전 5세기 그리스 철학자)의 '아킬레스와 거북이 간의 경쟁'
- 반어적 수사(Oxymoron)의 역설: '적은 것이 많은 것이다', '작은 거인', '소리 없는 아우성', '침묵의 소리', '우둔한 천재', '시원 섭섭' 등이다.
- 거짓말쟁이 역설: 한 크레타 사람이 말하기를 "모든 크레타 사람은 거짓말을 한다"(기원전 6세기 그리스 철학자 에피메니데스, 성경 디도서).
- 러셀의 역설(이발사의 역설): 한 이발사가 말하기를 자기는 "스스로 수염을 깎지 못하는 사람만을 이발해 준다" 그렇다면 이발사 자신의 수염은 누가 깎아 줄 것인가?

- 의미론적 역설: '그렐링-넬슨 이율배반'이 대표적이다. 이단 논리(heterologisch)가 자체 내에 자동 논리(autologisch)를 안고 있어 발생하는 모순이다.
- 지식적 역설의 예로 '죄수의 역설' 또는 '죄수의 딜레마', 그 외도 넬슨 구두만(Nelson Goodman, 1906~1998)의 '귀납의 새로운 수수께끼'(New Riddle of Induction) 등 다양하다.

2절 역설의 발생 근원

서양철학사에서 역설의 발생 근원뿐 아니라 발생 조건에 대해서는 어느 철학자도 주목하지 않았으며, 당연히 거론의 대상조차도 되지 않았다.

서양철학의 기원 또는 고대 그리스철학의 기원과 거의 같은 시기 동양의 불가철학과 도가철학은 언어의 성격이나 사유 성격의 이분법성에 대해서 인지했던 것과는 대조적이다. 이런 사상은 서양철학에 유입되지 못했으며, 서양철학의 세계화는 오히려 동양철학을 평가절하하는 일반적인 현상이 되었다.

서양철학 특징이 사유의 이분법성과 이분법적 테마 설정에 기반하고 있다는 역설의 근원이 해명된 데 기초해서 역설 발생의 조건도 정립해 볼 수 있게 된 것이다.

이론 전개의 시작과 전개 과정에서 이원론적 테마 설정은 필수적이다. 기본적이며 포괄적인 것과 직간접, 하위적으로 연관된 일반적인 것으로 구별된다.

역설의 발생 조건은 기본적이며 포괄적인 이원론적 테마 설정에 의해 필연적으로 역설에 빠진다는 해명에서 찾게 된다. 역설 현상은 이들과 하위적으로 연관된 이론 전개를 규정하기 때문이다.

가장 기본적이며 포괄적인 이원론적 테마 설정으로 다음 세 가지를 선택했다. 철학뿐 아니라 사회과학과 자연과학 이론 전개의 기본이 되기도 한다.

- 철학의 기본문제와 관련한 '물질과 의식'
- 사물의 구성과 관련한 '부분과 전체'
- 사물의 상태와 관련한 '현상과 본질'

1. 물질과 의식

마르크스주의 '의식과 물질'의 이분법은 철학의 전반적 문제의 기본이 된다는 의미에서 '철학의 최고 문제'라고 정의하고 있다.

"물질(자연, 존재)과 의식(정신, 사유)은 철학의 최고 문제이다. 이 문제에 대한 대답으로부터 철학적 견해와 체계가 대립된 두 개의 기본 방향인 물질론과 관념론뿐 아니라 모든 중요한 철학적 문제들의 기본적인 해결이 달려 있다."[36]

마르크스주의에서는 철학의 기본문제의 논의를 이렇게 '의식과 물질'의 이원론적인 테마 설정으로 시작했다. 이러한 이원론적 테마는 시대와 철학자에 따라 약간씩 다른 개념으로 설정되었다. 고대 그리스 철학의 초창기에는 나타나지 않고, 철학이 성숙 단계에 이른 플라톤과

36) 독일의 철학용어사전(Philosophisches Wörterbuch) 1, 457쪽.

아리스토텔레스에 의해서 성립되었다.

플라톤은 노에시스 또는 이데아와 그 그림자(이데아 세계와 현실 세계)로, 아리스토텔레스는 질료(물질)와 형식(관념)의 이원론으로 설정했다.

근대 이후는 매개 학자들마다 관념적인 것과 물질적인 것을 '정신과 육체', '현상과 물자체', '절대정신과 현상', '물질과 관념' 등으로 이원론을 설정했다.

그러나 이러한 '물질과 의식'의 이원론에 기반한 이론 전개는 칸트의 인식론과 마르크스주의의 사회 발전론에서 역설 현상을 피할 수 없게 된다.

칸트는 경험론과 합리론을 결합해 보려는 이론 전개 과정에서 이율배반의 역설에 빠졌으며, 이를 주도한 인식(사유)의 주체인 이성의 한계를 비판할 수 있게 되었다.

칸트는 인식이 성립되기 위해서는 인식의 재료인 지각이 전제되어야 하며 이 지각을 정리하기 위한 공간과 시간의 형식을 이성은 마련해야 된다는 것이다. 이성 활동의 목적인 사물 자체의 인식을 위해 공간과 시간이라는 두 형식을 마련해야 했으나, 바로 이 형식의 이율 배반성 때문에 사물 자체(Ding an sich)는 인식하지 못하는 자가당착에 빠지고 만 것이다.

칸트는 『순수이성비판』에서 네 가지 이율배반의 하나로 공간과 시간의 테제와 안티테제의 성립을 내걸고 있다. 즉 공간은 끝이 있으며 시간은 시작이 있다는 명제와 공간과 시간은 무제한하다는 반명제 둘 다 성립한다는 것이다. 이러한 이율배반적 형식을 구사하는 이성은 스스로 역설의 조건을 만들어냈다고 할 수 있다.

칸트는 '공간과 시간', 이외에도 '부분과 무한한 분할', '자연법칙적인 인과법칙과 자유', '필연적 존재와 필연적 존재의 부정'의 이율배반성도 제기하고 있다.

공간과 시간의 문제는 칸트 이후는 존재론적으로 논의되었으나 어떤 정답도 찾지 못하고 있다. 예를 들면 시공이 독립된 실체냐, 사물의 속성이냐, 또는 객관적인 실체냐, 아니면 단순한 규약이냐로 대립된다.

'물질과 의식'의 이원론에 기반한 이론 전개에서 나타나는 또 하나의 인식론적, 존재론적 역설 현상은 상대성원리이다

'상대성이론'이라는 개념은 20세기 초에는 상대성원리(알베르트 아인슈타인/Einstein), 상대론(프랑크/Max Planck), 상대성이론(뷱헤러/Bücherer) 등으로 불렸으나, 1915년 아인슈타인의 일반상대성이론 발표 이후로는 '상대성이론'으로 확정되었다. 가장 대표적인 상대성이론가인 아인슈타인은 20세기 초 상대성이론을 갈릴레오 상대성원리의 제한성을 극복한 특수상대성이론과 이에 기반한 일반상대성이론으로 구분하고 있다.

최근에 발견된 새로운 천체인 블랙홀(Black Hole)은 웜홀이론(아인슈타인 로센의 다리/Einstein-Rosen-Brücke, 1935)에 따라 순전히 이론상의 천체, 즉 관념상의 천체였다. 이 관념적인 천체가 실재적인 천체(물질)로 발견되자, 이 천체는 우주의 모든 물체를 빨아들여 흔적이 없게 만드는 천체(블랙홀)라는 것이다. 물체가 없으면 상대성원리도 없게 된다. 상대성원리는 자기가 찾아낸 블랙홀로 자기 자신을 상

실하는 역설이 발생한 것이다.

그러자 블랙홀이 모든 물체를 빨아들였으니 그 반대로 물체를 뱉어 내는 천체가 있을 것이라는 화이트 홀(White Hole)의 존재를 가정한 이론이 대두하게 된다.

1965년 이고르 노비코프(Igor Novikov)와 유발 니먼(Yuval Neeman)이 제기하면서 계속 논의가 이어지고 있다. 이분법 이론 전개의 무한한 상호전환의 역설 현상이다.

'물질과 의식'의 파라디그마를 마르크스주의는 철학의 기본문제로 규정했지만, 유물변증법으로도 해결하지 못하고 역설 현상에 빠지게 된다.

마르크스주의는 인간의 의식은 사회적 존재, 즉 물질적 요인에 의해 규정된다는 확고한 관점에 기반하여 사회의 구조와 변화 발전론을 전개하고 있다. 이와 관련하여 마르크스와 엥겔스는 정치경제학 서문에서 다음과 같이 서술하고 있다.

"생산관계의 전체는 사회의 경제적 구조, 실재적 기반을 형성하며, 이 기반 위에 사법적 그리고 정치적 상부가 세워지며 또한 이 물질적 기반에 일정한 사회적 의식형식이 일치하게 된다. 물질적 생활의 생산방식은 사회적, 정치적 그리고 정신적 삶 과정을 결단코 규정한다. 존재를 규정하는 것은 인간의 의식이 아니라, 거꾸로 인간의 의식을 규정하는 것은 사회적 존재인 것이다."[37]

그러나 이러한 견해는 바로 역설을 유발한다. 말하자면 자본주의의 물질적 토대에서 자본주의적 상부구조의 성립이 가능하지만, 어떻게

37) 마르크스 엥겔스 전집 13권, 9쪽. Dietz 출판사, 베르린 1972.

자본주의적 하부물질구조에서 미래의 사회주의나 공산주의적 의식의 발생이 가능할 수 있겠느냐는 역설에 부딪히게 되는 것이다.

이처럼 기본적이며 상당히 포괄적인 '의식과 물질'의 파라디그마가 역설을 피할 수 없다면, 당연히 이와 연관된 수많은 이원론적 파라디그마의 이론 전개도 역설의 발생을 피할 수 없을 것이다.

2. 부분과 전체

서양철학에서 또 하나 기본적이며 포괄적인 이원론적 문제 설정으로 '부분과 전체'가 있다. 이 파라디그마는 체계(제), 구조, 형태(상) 또는 유기체 등에 관한 이론 전개에서 가장 기본적이며, 인간, 사회, 자연에 적용할 수 있어 포괄적이다.

그러나 이 파라디그마도 역설의 발생을 피할 수 없다. 역설 발생의 조건으로 두 가지가 논의되었다. 그 하나는 칸트가 네 개의 이율배반에서 제기한 '분할의 무한성'이며, 다른 하나는 아리스토텔레스가 제기한 '전체는 부분의 종합보다 더 많다'는 것이다.

칸트는 이율배반의 발생 근거의 하나로 전체의 무한한 분할을 제기했다. "세계에서 일체의 복합실체는 단순한 부분들로 이루어져 있다. 그리고 어디에도 단순한 것으로는 아무것도 존재하지 않거나, 또는 부분으로 복합된 것은 존재한다" 이에 대한 반테제는 "세계에는 어떤 복합된 사물은 단순한 부분들로 이루어지지 않으며, 그리고 어디에도 똑같은 단순한 것은 존재하지 않는다"이다.

칸트는 전체(세계)의 무한한 분할을 제기했지만, 전체와 부분의 상호 전환의 무한성도 있다. 다시 말하면 하나의 부분이 하나의 전체로 전환될 수 있으며, 또한 하나의 전체가 하나의 부분으로 전환하는 부분과 전체의 상호전환은 무한할 수 있다는 것이다.

이와 같이 '부분과 전체'라는 파라디그마는 무한한 상호전환 속에서 부분은 전체 없이는 존재할 수 없음에도 전체는 존재하지 않는다는 역설에 빠지게 된다.

'부분과 전체'라는 파라디그마의 다른 역설은 아리스토텔레스가 거론한 "전체는 부분의 종합보다 더 많다"는 규정이다.

"하나의 통일적인 전체를 구성하도록 여러 부품으로 합쳐진 것은 일종의 집적과 같은 유가 아니라, 구성 부품의 단순한 합계보다 분명히 더한 자구 같은 것이다. 자구는 음향의 총계가 아니다. 비에이(ba)는 비(b) 플러스 에이(a)와 같은 것이 아니다 그리고 고기는 불 플러스 흙과 같은 것이 아니다."[38)]

전체는 부분의 총계보다 더 많다는 사례는 여러 가지로 많다. 플라톤은 "마차는 그의 백 가지 부품이 아니다"(Dialog, Theaitetos). 라고 했으며, 어떤 구성체나 멜로디도 같은 경우에 해당된다. 그러나 '더 많음'의 근원에 대해서는 오늘날에도 분명히 밝혀지지 않고 있다.

여기에서 역설은 아리스토텔레스의 '더 많다'는 '생명 없는 로봇'의 '더 적다'와의 모순에서 발생한다.

모든 체계, 구조, 유기체 등은 부분의 결합이나 종합만으로는 설명되지 않은 성격과 기능이 있기 마련이다. 그런가 하면 아무리 부분을

---

38) 아리스토텔레스, 형이상학. 980A 이후, Kindle 2015.

결합하고 종합해도 만들어내지 못하는 성격과 기능도 있다. 그 단적인 예로 '생명 없는 로봇'을 들 수 있다.

오늘날 인간의 최고 지능에 의한 가장 과학적인 산물은 로봇 등에 의한 부분품을 결합하여 생산된 하나의 통일적인 전체로서의 인조인간이다. 물론 로봇 종류처럼 여러 가지 지능적인 기계적 기구가 있지만, 가장 많은 부품과 가장 고도의 기술로 결합된 로봇은 인간로봇이라 할 수 있다.

체코슬로바키아 극작가인 카렐 차페(Carel Capek)은 그의 희극 작품인 「RUR」(로숨스 유니버설 로봇Rosumss Universal Robots, 1020)에서 체코 언어인 노동 또는 강제노동이라는 뜻을 가진 로보타(robota)를 인조인간이라는 로봇 개념으로 처음 사용하였다.

로봇은 구성 방식과 사용 목적에 따라 여러 가지 종류로 분류된다. 구성 방식에 따라서는 보행로봇, 인지로봇, 자동이동로봇, 휴머노이드(humanoid) 등이 있으며, 사용 목적에 따라서는 산업적, 의학적, 서비스, 탐사, 사회적 로봇, 인간로봇 등으로 구별된다. 이중 가장 지능적인 로봇으로 휴머노이드 또는 '인간로봇'(Personal Robot, PR)을 꼽을 수 있다.

그러나 수많은 부품을 결합하여 만들어낸 인간로봇은 '더 적게'를 면하지 못하고 있다. '더 적게'는 바로 유기적 생명성이다.

인간로봇에는 유기적 생명체의 번식, 유전, 성장, 영양섭취, 신진대사, 감각/지각뿐 아니라 특수한 유기체인 인간의 감정, 언어습득, 능동적/자주적 행동, 경험의 창조적 축적 등의 기능은 빠져 있다.

앞으로 아무리 생명공학이 발전한다고 해도 부분 결합을 통해 인간

유기체를 만들어낼 수 있을 것인가? 과연 사유 이분법성의 한계 극복 없이 역설을 피할 수 있을까?

3. 현상과 본질

서양철학은 사물의 상태를 '현상과 본질'의 이원론적 파라디그마를 통해 고찰해 왔다. 이러한 고찰은 존재론적 상관관계 문제였으며, 분명하게는 플라톤에서 시작해 중세, 근대로 이어졌다. 이 기간을 전반이라 하면, 후반이라 할 수 있는 20세기의 에드문트 후설(Edmund Husserl, 1859~1938)은 인식론적 전환을 통해 새롭게 정립해 보고자 했다.

전반 기간의 존재론적 고찰에서 현상(Phänomen)은 가변적, 개별적, 다양성을 가진 발현이며 지각의 대상이 된다. 그리고 본질은 보편적, 필연적, 비감각적, 불변적, 생성의 규범으로서 실체(Substanz) 또는 진수(Essentia)이며, 이성적 사유를 통해 파악된다.

현상과 본질과의 존재론적 관계 설정은 크게 네 가지 유형으로 구분되었다.

- 플라톤은 본질을 이데아(세계)로 상정하고 현상은 본질의 그림자인 현실(세계)로 보았다. 이 두 세계는 질적으로 완전히 다른 별개의 세계이다.
- 아리스토텔레스는 본질을 형식 또는 제일 실제로 보았다. 현상은

질료이며, 본질과 현상은 매 개체마다 통일되어 있다.

- 칸트는 현상은 감각과 지각의 표상이며, 본질은 사물 자체로 가상일 뿐 인식은 불가능하다.
- 헤겔은 본질을 절대정신, 현실을 현상으로 간주했으며, 매 현실은 절대정신의 자기실현 과정과 일치한다.

이들의 공통점은 현상을 통해 본질을 찾아내거나 구성한 것이 아니라, 본질을 현상과는 상관없이 상상으로 구상했다는 점이다. 현상과 상관없이 구상된 본질은 하나의 순수 관념일 뿐 구체적인 생동적 현상의 근거가 될 수 없다. 실질현상을 설명하기보다는 실질현상을 관념화해 버리는 역설에 빠지게 된다. 칸트는 자기이론의 이율배반을 스스로 시인했으며, 플라톤과 헤겔의 이념은 이상사회가 아니라 이념의 동굴수인으로 전락했다고 할 수 있다.

후설 이전의 현상과 본질에 대한 견해들은 대상과 의식, 주관과 객관, 지각과 이성 등 이분법적인 존재론적 논의였다. 이에 대한 인식론적 전환을 시도한 이론이 후설의 현상학이다. 영국 브리태니커 대사전에는 후설의 현상학을 다음과 같이 정의하고 있다.

"현상학은 철학에서 백 년 전환기에 돌발을 일으킨 새로운 양식의 서술적 방법과 이 방법에서 유발한 선험적 학문/과학이다. 이 학문/과학은 엄격한 과학적 철학을 위한 원리적 도구를 가져다주며 일관된 작용으로 모든 학문의 방법적 개혁을 가능하게 하는 데에 결정적이다."[39]

39) 영국 백과사전 1927년, 후셀리아나 9(Encyclopaedia Britaninca 1927, Husserliana IX). 277쪽.

후설의 현상학에 대한 정의는 학문적 성격을 위주로 한 것이다. 그의 저서 『순수현상학의 이념과 현상학적 철학 1』(1913)을 참작하여 핵심적 내용을 다음과 같이 간략하게 정리해 볼 수 있다.

후설은 우선 심리학자인 프란츠 브렌타노(Franz Brentano, 1838~1917)의 '의식의 지향성'(Intentionalität des Bewusstseins) 이론을 받아들여 의식은 사물 자체(Sachen selbst)에 지향해 이를 통해 의식과 객체가 하나로 된 노에시스(Noesis)라는 현상이 생긴다. 노에시스에는 주관적 견지, 이론적 선입견, 전통적 지식 등 비본질적 요인이 섞여 있다. 비본질적 요인을 현상학적 '판단중지'(Epoche)와 '본질적 약분'(Eidetische Reduktion)을 통해 직관적으로 노에마(Noema)라는 본질(Wesen, Washeit)을 얻어낸다. 이러한 과정을 통해 인식 형성의 궁극적 근원으로까지 추구할 수 있는 '선험적 약분'이 가능해진다.

후설의 원문은 약분(Reduktion)인데 환원으로 잘못 번역되고 있다. 그러나 후설이 '현상학적 약분'을 통해 얻어낸 본질은 의식의 내용을 너무 약분하다 보니 피도 없고 살도 없는 허깨비가 되고 말았다(아니면 알쏭달쏭한 '수수께끼그림'/픽싱 이미지(Vexierbild)같기도 하다). 이런 허깨비는 생동의 주체가 없다는 것은 자명하다. 허깨비가 '엄격한 학문'의 대상이 된다는 것은 현상학의 역설이 될 뿐이다.

만약에 현상학이 의식 성격의 지향성을 절대화하지 않고 의식 활동의 필수적 수단인 언어의 이분법적 성격을 파악했다면, 판단 중지의 내용이 달라졌을 것이며, '내재적 의식'을 이분법적으로 도피하는 '초월적 의식'을 상상하지 않았을 것이다. 그럼에도 후설의 현상학은

20세기 유럽 및 미국철학에 다방면으로 강력한 발자취를 남겼다.

결국 현상학은 원래 주장했던 '유럽 학문의 위기'를 극복하려는 '보편적 철학'의 성립이 아니라 역설 발생의 근원이 되고 말았다.[40]

---

40) 이런 현상학의 역설 현상은 현상학을 수용한 하이데거, 사르트르, 멜로 퐁티의 실존주의, 막스 셸러, 니코라이 할트만의 가치윤리학, 한스-게오르크 가다머, 폴 리쾨르 해석학, 알프레드 슈츠(Alfred Schütz, 1899~1959),하버마스의 사회학, 푸코, 데리다의 포스트모던 등의 이론 전개에서 어떤 역설이 발생하는지 성찰 해 볼만하다.

3절 비이분법적 담론

서양철학은 철학의 기반으로서 이분법성과 이론 전개의 이원론성을 절대화하는데 빠져 자기 자신의 성찰을 무시하거나 등한시했다. 그 결과 역설 발생에 대한 비이분법적 대안 찾기도 무관심하여 역설은 언제나 발생할 수 있는 자연현상이 되고 말았다.

그러나 유럽 문화권에는 학문적 관심 밖에서 비이분법성의 '도형이론'이 전래되고 있으며, 서양철학이 세계적으로 지배적인 지위에 있기 전에는 유럽권으로 이입이 차단된 동양의 비이분법성의 불가철학과 도가철학이 있다.

이들의 비이분법성적 담론은 이분법 문제를 직접 제기한 적이 없으며, 아울러 체계적으로 논의한 적이 전혀 없었다. 그러나 이 담론들은 이분법적인 언어적 사유를 거부한 것이 분명하며, 진리 탐구의 다른 방도를 찾고 있다.

이들에 대한 성찰은 서양철학을 기반으로 사유의 이분법성과 이원론적 이론 전개의 한계와 그로 인한 역설의 발생에 대한 획기적인 자기 성찰의 계기가 될 것이라고 기대한다.

1. 도형이론

유럽 문화권에서는 사물의 근본원리를 파악하고자 하는 이론의 하나로 '도형이론'과 '위상이론'이 거론되어 왔다.

도형이론은 사물의 구성과 성질을 규정하는 결정적 요인을 매듭, 정점, 중심점 등의 성격과 기능과의 연관성에서 찾는 것이다. 사물의 본질 파악에서 전통적인 서양철학의 '현상과 본질'이라는 이분법적 파라디그마와는 다른 방식의 이론이라는 것을 상기할 필요가 있다.

주목할 만한 도형이론으로 매듭이론(Knotentheorie), 요체점(Angelpunkt), 그라프이론(Graphen-theorie) 외에 중심점(Mittelpunkt) 이론, 교차점(Schnittpunkt), 수렴점(Konvergenz) 등이 주목받고 있다.

매듭이론(Knotentheorie)은 기원전 '고르디우스 매듭'이라는 전설에서 처음 등장하였다. 역사적 시원으로 '고르디우스의 매듭' 전설이 인용되곤 한다. 이 전설은 고대 아나톨리아에 있는 프리기아의 왕인 고르디우스는 전쟁에서 패배를 모르는 막강한 전차를 가지고 있었다. 이 전차가 막강할 수 있었던 근거는 전차의 구심이 매우 복잡하게 얽히고설킨 매듭으로 구성되었기 때문이다. 알렉산더 대왕이 매듭을 칼로 쳐내 전차를 무력화해 동방 침략의 길을 열게 되었다고 한다. 매듭이 막강한 전차의 맥이었던 셈이다.

그 후 오랜 세월이 지나 18세기에 수학(기하학)의 한 분야로 정립되었으며 19세기 이후는 자연과학의 일부분에서 핵심적인 이론수립에 적용되고 있다.

18세기 프랑스의 알렉상드르 반데르몽드(Alexandre-Theophile

Vandermonde, 1735~1796)와 독일의 칼 프리드리히 가우치(Carl Friedrich Gauß, 1777~1855) 등 수학자들이 매듭 문제 이론화를 시작하였다. 수학적 매듭이론을 물리학에 적용한 영국의 물리학자 켈빈 경, 윌리엄 톰슨 경(Lord Kelvin, Sir William Thomson, 1824~1907)을 '매듭이론의 아버지'로 부른다.

켈빈은 매듭이론을 통해 모든 사물구성의 기본인 원자의 구성관계를 에테르 소용돌이를 묶어내는 매듭의 상이한 형식에 따라 설명하고자 시도했다. 나중에 잘못된 견해로 판명되었지만, 자연과학의 여러 분야에서 매듭이론을 구사할 수 있는 계기가 되었다.

20세기 이후 매듭이론은 위상학적 성질을 기반으로 생물화학, 구조생물학, 유전자(DNA), 우주물리학의 양자론 등의 확립에서 중요한 위치를 차지하게 되었다.

중심이나 중점(Schwerpunkt)이론도 주로 생물학에 적용하여 DNA와 유전자 정보의 전달 문제를 중심 문제와 중심원리(Central Dogma)로 삼고 있다. 중심이론은 원래 도형(원, 타원, 구)에서 가운뎃점(중심)의 성격을 수학적(기하학)적으로 파악하는 이론이다.

요체점(Angelpunkt)/중심점이론(Mittelpunkt)은 고대 그리스시대 인간의 해부학에서 무릎관절 회전 동작의 중심점에 주목하여 그 중심점을 불룩 뼈(Hypomochlion)로 간주하는 것이 연원이다. 이러한 회전의 중심점이론은 사회, 정치, 경제 분야의 이론 정립에도 적용되었다. 그러나 요체이론은 요체점을 회전점이라고도 하듯이 사물의 원리 파악에서 회전의 운동에만 주목한 제한성이 있다.

또한 정점에 기반하여 사물의 원리를 파악하려는 그라프이론

(Graphen-theorie)이 있다. 그라프는 점(매듭 또는 모서리)과 선(변 또는 곡선)의 집합으로 구성되었다. 점과 선의 숫자, 위치(방향), 점들 간의 관계(네트워크)에 따라 종류와 성질을 달리한다. 이러한 그라프를 수학적(대수학적, 기하학적, 알고리즘적) 또는 위상학적으로 해명하려는 것이 그라프이론이다.

그라프이론은 원래 실용적 동기에서 비롯되었다. 그 예로 1736년에 제기된 '쾨니크스벨그시의 다리 문제'를 들 수 있다. 이 시에 7개의 다리(점)가 있는데 다리를 모두 통과하지 않고 이 시의 일주 여행이 가능하냐의 문제였다(Leonard Euler, 해명시도).

그 이후 그라프이론은 한 도시에서 두 역(점) 사이에 가장 짧은 길(선)은 무엇이냐 하는 등 시 안내도 작성에 응용되었다. 또한 1878년 수학자 제임스 조지프 실베스터(James Joseph Sylvester)가 시작한 화학적 구조의 그라프화하였다. 그 외 그라프이론은 매듭다항식 불변량(존스다항식), 통계역학 양자중력이론에 응용되기도 했다.

그러나 그라프이론은 점들 간의 관계 구조에만 치우쳐 구조의 중심점과 기능 문제는 소홀이 하고 있다. 이에 따라 교통노선 작성이나 일부 자연과학 분야에서 물질 구성의 도식화와 시각화에는 제한적이다.

또 다른 점이론으로 수렴이론(Konvergenz)이 있다.

수렴이론은 새 라틴어의 두 개의 선이 한 점에 근접한다는 콘베르겐치아(convergentia)를 어원으로 한다. 수학적 의미를 넘어 자연과학, 사회학, 인문학 전반에서 다수의 상이한 성질과 지표를 가진 사물들이 변동을 일으켜 하나의 점에서 유사하게 되는 현상(비슷한 생각, 표징, 목적설정 등)을 대상으로 한다. 예를 들면 상이한 생물들이 같은 환경에서 살다 보면 유사한 모습과 기관이 형성되는 현상, 여러 종족이 상호 독립적으로 살지만 비슷한 문화를 형성, 바닷물의 여러 조류가 한 점에 합류하는 현상을 일컫는다.

수렴이론은 반대의 분산이론(Divergenz)과 짝을 이룬다. 수렴현상에 일방적이다 보니 수렴현상뿐 아니라 분산현상을 일으키는 근원에 대해서는 정해진 범위를 넘지 못했다.

위와 같은 유럽의 여러 가지 매듭(점)이론과 같이 이분법이 아닌 점이론이면서, 우선 적용범위에서 차원을 달리하는 동양의 맥이론에 대해서도 관심을 가질 필요가 있다.

매듭이론은 모든 개별적인 유기체와 무기체, 개별적인 인간과 인간의 집단체, 개별과 개별, 개별과 집단 간의 관계에서 그 구성과 기능 발휘를 주동하는 중심점 내지 부위를 이론 전개의 대상으로 상정한다. 맥은 매 단위마다 기본적인 맥과 다수의 부수적인 맥으로 연결되어 있다. 맥사상을 구현한 고전적 사례는 손자병법, 한의학, 단학, 바둑의 전략전술을 들 수 있다.

이처럼 유럽의 여러 가지 도형이론이나 동양의 맥이론 등은 이분법적 사유로는 이해되지 않는 비이분법성의 영역에 속한다는 것은 분명하다. 그렇다면 이 이론들과 역사적으로 지배적인 이론이 된 이분법적 사유와의 관계 문제, 그에 앞서 비이분법성이론의 '체계화' 문제가 고찰되어야 할 철학적 과제로 남는다.

2. 불가의 여여(如如)

인도 불가(불교)철학의 비이분법성 사상은 불가철학의 주축이며 관통하고 있는 우파니샤드의 존재론과 유식론의 '여여'(같고 같음)사상이라 할 수 있다.

불가철학의 사상적인 원천은 우파니샤드(기원전 750~500)이다. 비이분법적인 '여여'사상으로 관통된다. 좀 더 분절해 보면 여여사상은 불가의 형이상학이나 존재론, 인식론의 중축이라고 할 수 있다.

불가의 '비이분법성'은 브라만과 아트만의 무분별이론(Advaita, 둘이 아니다), 대승불교에서 공즉색의 일체론, 그리고 '여여이언'론에서 뚜렷하고 분명하게 개진되었다.

우파니샤드 사상적 핵심이론은 '브라만'(Brahman)과 윤회설이다. 우파니샤드의 근본적인 철학사상은 브라만을 기축으로 한 아트만과의 관계이론이다. 윤회론은 불교종교론 성립의 핵심이론이라 할 수 있다.

부라만이론은 원래 리그베다에서 원시종교적인 '성스러운 힘'을 의미했다. 이러한 브라만을 우파니샤드에서는 '존재의 근거', 시작도 끝도 없으며 시공으로 정의할 수 없는 '절대적인 것', '전체포괄자' 등의 형이상학적인 세계 근원의 의미로 변환시켰다.

"모든 작용, 모든 소원, 모든 냄새, 모든 미감, 이 모든 것을 포괄한 것, 그에 대해선 단어(말)가 없고, 주의할 필요도 없어, 이것이 내 마음속에 영혼이며, 브라만이다."[41]

41) 찬도기야 우파니샤드, 3.14.(Chandogya-Upanishad, 3.14.)

이때 나라는 아트만은 "사라지지 않고, 변화가 없으며, 무한하며, 무조건적이며, 다른 2자가 없다."[42]

우파니샤드의 핵심적인 주장은 "전체의 포괄자로서 브라만은 개별적인 아트만과 분별되지 않고 일치한다"는 것이다. 브라만과 아트만의 이 일치사상이 바로 '여여'이론이며, 모든 분별을 부정하는 원천이다.

"아는 것과 알려진 것은 하나다, 신과 나는 앎 속에 하나다. 지바와 브라만은 본질적으로 하나다. 고양이와 쥐의 영혼은 하나다. 해와 달의 본질은 하나다. 오래된 형식 속에 하나의 동질적인 본질만 있을 뿐이다. 이 본질은 절대적이며, 사멸되지 않는다. 이 본질이 아트만, 브라만, 무한한 것이다."

이러한 불가철학의 여여이론은 유럽의 철학과 신학에서 이데아 세계와 현실 세계(플라톤), 절대정신과 현상(헤겔), 창조주 신과 피조물이라는 이원론적 이론 전개와는 대조적이라는 것을 알 수 있다.

불가철학의 비이분법적인 '여여'이론은 기원후 4세기경 불가철학의 획기적인 전성기에 발생한 유식파의 중추가 되었다.

유식파(Vijnanavada)는 나가르주나(일명 용수, 기원후 약 150~250)의 중관파와 더불어 대승불교철학의 2대 학파에 속하며, 유심파(Cittamatra) 또는 요가행파(Yogacara)라고도 칭한다.

유식파는 기원후 4세기경 미륵(Maytreya, 약 270~350)의 '유가사지론', 무착(Asanga, 약 300~390)의 '섭대승론(약칭 섭론)'과 그의 동생 세친(Vasubaudhu, 약 320~400)의 '유식 20론'과 '유식 30론', 호법(530~600)의 '성유식론' 등에서 체계화되었다. 그 후 인도에서는 불교

42) 스와미 시바난다(Swami Sivananda).

전반이 쇠퇴기에 빠졌으며, 중국, 한국, 일본 등에서 성황을 이루었다.

대표적인 학자로는 중국의 현장(602~664), 한국의 원효(617~696), 원측(631~696), 신행(704~79), 일본의 도쇼(629~700), 조쇼(911~983), 조게이(1156~1213), 료헨(1192~1252) 등이다.

유식론은 부파 불교에서 시작하여 수천 년간 논의되고 풍부해진 (대승)불교철학의 보고라 할 수 있다. 핵심 내용은 존재론적 '팔식론', 인식론적 '삼자성론', 요가실행을 통한 니르바나의 '진여'론으로 압축된다.

유식론에서 일체 사물은 팔식의 분별 작용에 의해 발생한 임시적인 현상으로 간주한다. 팔식은 아뢰야식(근본식, 제법의 종자), 말라식(사량의 작용), 안식, 이식, 비식, 설식, 신식, 의식으로 구별되며 삼자성(Trisvabhava)으로도 구분된다.

팔식에 의해 발생한 현상세계를 인식할 수 있는 '본질적 성질' 또는 '자성'(Svabhava)은 인식의 질적 차이에 따라 '상상적 자성'(Parikalpita), '의존적 자성'(Paratantra), '절대적 자성'(Parinispanna)의 삼자성(Trisvabhava)으로 구분된다.

삼자성 중에서 진여의 문을 여는 자성은 '절대적 자성'이다. '상상적 자성'은 집착과 잘못된 차별에 기반한 개념적 구상으로 현상세계를 부정확하게 이해하며, '의존적 자성'은 현상적 세계를 언어적 표현에 얽매이지 않고 그 진정한 형식을 이해한다. '절대적 자성'은 어떤 개념화와 구분의 영향을 받지 않고 현상세계 자체를 파악하면서 공의 '궁극적인 진리'(진여)의 문을 연다. 바로 불가철학의 진수이며, 이분법을 부정하는 '공즉색'론이다.

"사리자여, 색은 공과 다르지 않다. 공은 색과 다르지 않다. 색은 곧 공이며, 공은 곧 색이다. 수상행식 또한 이와 같으니라"(수상행식 역복여시) 또는 (반야심경, 대반야바라밀다경의 요점).

나가르주나 중론의 핵심은 대립물의 부정에 있다. 모든 사물은 대립 없이는 발생할 수 없다. 때문에 모든 사물은 자기 실상이 없는 공(무존재)과 같은 것이다. 그러나 공은 절대적 무존재가 아니다. 모든 사물(존재)이 대립물의 인연에서만 나타나는 가상의 현실성을 부정한 상태가 공이며, 참현실(여여) 또는 '색'이 열리는 중간지대라는 의미다.

참된 현실 또는 '색'은 "사라지지도 않고 일어나지도 않는다. 끊어지지도 않고 이어지지도 않는다. 같지도 않고 다르지도 않으며, 오는 것도 아니며 가는 것도 아니다."[43]

불가철학의 '공과 색'은 일체라는 진리를 깨닫는 방법으로 니르바나론을 제기했다.

니르바나는 산스크리트의 니르(없앤다, 가만히 둔다.)와 바(분다)의 합성어이다. '열반'을 중국어로 음역한 것이다. 니르바나는 일체 번뇌가 일으킨 갈등의 바람(분다)을 적멸, 해탈하여 불성을 깨치는 것이다. 열반을 붓다 자신이 체현하였다. 그러면 일체의 번뇌를 어떻게 없앨 수 있는 것인가? 이에 대한 방도를 불교(가)에서는 선이론에서 찾는다.

선은 원래 산스크리트어 '다이아나'(dhyana, 명상적 몰두) 한문의 음역에서 비롯되었다. 선은 기원후 5세기경 인도의 보리달마(528)에 의해 중국에 알려진 이후 대승불교의 6바라밀의 하나가 되었다. 중국의 도가사상과 상교하면서 더 풍부해졌다. 한국, 일본, 베트남 등 여러 나라에 전파되면서 여러 유파가 발생하였다.

---

43) 중론 서두.

선수행의 공통점을 다음과 같이 요약해 볼 수 있다.

참선은 '여여'의 진리를 깨닫기 위한 신심의 수련 방법이다. 신체의 수련은 가장 일반화된 좌선에서 연꽃과 같은 반가좌 자세로 호흡을 조절한다. 마음의 수련은 이분법적 사유의 홍수를 차단하여 안정시킨다. 나아가 사유 자체의 중단을 통해 깨치고자 하는 마음까지도 모두 비우는 것이다. 이때 '여여'를 깨닫게 된다는 것이다.

불가철학에서는 진리를 깨닫기 위해 인간 주체가 이분법적 사유를 파기하는 주동적인 행동을 요구한다. 이때 불가철학 진여론은 서양철학의 알레테이아와 신학의 계시(啓示)는 이데아, 존재 또는 신이 주동적으로 열어주지 않으면 성립되지 않는다는 이론과는 대조적이라는 것을 알 수 있다.

유식론은 분별지의 근원을 마음에서 찾고 있을 뿐 언어의 성격과 연관시켜 고려하지는 못하고 있다. 그로 인해 '공즉색' 등 인식론적 문제를 존재론적 문제로만 이해하는 한계에 빠지게 된다. 서양철학과 더불어 그 한계성에 대해 유의할 필요가 있다

3. 도가의 무위(無爲)

도가사상의 비이분법적 파라디그마는 유럽에서 이분법의 전형이 형성되고 발전하기 시작한 고대 그리스철학의 초창기와 비슷한 기원전 6세기에서 4세기 사이에 노자의 '도덕경'과 장자의 '장자'에서 정립되었다. 도가의 대표적 사상가로 열자를 포함하기도 한다.

비이분법성과 관련하여 도가철학의 중추적인 내용을 다음과 같이 정리해 볼 수 있다.

도가철학의 핵심적 내용인 도의 인식은 이분법성 언어의 수단으로는 불가능하다. 도의 인식은 이분법성 사유를 '좌망(坐亡)'을 통해 극복할 때 가능하다. 그리고 도의 내용은 비이분법적인 '무위'의 성격을 가졌다.

가. 나비의 꿈

도가철학은 이분법적 언어의 수단인 '나비의 꿈'으로 비유하면서, 언어를 수단으로 하는 진리(도)에 도달 가능성을 부정하고 있다. 장자는 『장자』의 '제물론'에서 이분법적 사유의 제한성을 나비의 꿈(호접지몽)으로 비유했다.

"어느 날 장주는 꿈에 나비가 되었다. 펄펄 날아 스스로 유쾌하여 마음대로 노니면서 자신이 장주인 줄 모르다가, 문득 깨어보니 분명한 장주였다. 알 수 없는 일이다. 장주의 꿈에 나비가 되었는가, 나비의 꿈에 장주가 되었는가? 그러나 장주는 장주요, 나비는 나비로서 반드시 구별이 있으니, 이것을 일컬어 물화라 하는 것이다"(장자, 제물론).

이 비유의 요지는 꿈이나 현실과 같은 이분법성은 상호전환(물화)이 가능해 진리 인식에서 혼란을 일으킨다는 의미를 암시한 것이다. 이분법적 시비는 끝이 없으며 이러한 시비를 통해서는 도를 인식할 수 없다는 것이다.

"시역 피야, 피역 시야. 피역 일시비, 차역 일시비……"(장자, 제물론).

이러한 이분법적 시비의 언어로는 최상의 진리인 도를 인식할 수도 표현할 수 없다는 것을 노자의 『도덕경』 제1장에서 밝히고 있다.

나. 도가도비상도(道可道非常道) 명가명비상명(名可名非常名)

"도(시비적 또는 이분법적)는 언어를 수단으로 하면 진짜 도를 알 수도 없고 표현되지도 않는다. 어떤 명칭도(시비적 또는 이분법적) 언어를 수단으로 하면 진짜 명칭의 표현은 되지 않는다."

도라고 할 수 있는 것은 도가 아니며, 이름이라고 할 수 있는 것은 이름이 아니다.

도덕경 1장은 도가철학의 진수이며, 이 장을 어떻게 이해하느냐에 따라 도가철학 전체의 이해가 달라진다. 도가철학 몰이해의 기준이 되는 것 같다. 무엇보다 몰이해의 근원은 사유수단으로서의 언어의 이분법성과 그의 제한성에서 찾아 볼 수 있다.

현대 철학자로 서양철학과 동양철학을 겸비한 김용옥 교수는 "도를 도라고 말한다는 것은 곧 시시각각 변하지 않을 수 없는 도를 변하지 않는 우리의 생각 속에 집어넣는다는 뜻이다. 그렇게 생각 속에 집어넣어진 도(도가지도)는 항상 그러한 실제의 도일 수 없다는 것이다."[44] 라고 풀이했다.

김 교수는 도의 이해를 도와 언어와의 본질적 관계에서가 아니라 도와 생각의 현상적 시간의 괴리에서 찾고 있다. 언어는 태생적으로 이분법성의 한계를 면할 수 없기 때문에 한계성 있는 언어를 수단으로, 한계 지울 수 없는 도를 인식할 수도 표현할 수 없다는 사실을 깨닫지 못해 나타나는 것으로 보인다.

---

44) 노자와 21세기 상, 도올 김용옥, 106쪽.

다. 심재좌망(心齋坐忘)

'도'나 '진리'를 인식하기 위해서는 이분법적 언어를 매개로 한 일체 이론, 지식과 학문을 단절해야 한다. 이런 의미에서 노자는 절학무우(絶學無憂)(제20장)를 주장하고, 장자는 "지자불언언자부지知者不言言者不知, 고성인행불언지교(故聖人行不言之教)"{지북유[知北遊]}라고 표현한 것이다.

이분법적 사유의 단절을 위한 방법으로 장자는 심재와 좌망에 대해서 언급하고 있다. 장자는 장자 「내편」의 인간세와 대종사 등에서 다음과 같이 서술(형식으로 설명)하고 있다.

"안회가 말하기를 심재가 무엇인지 감히 묻습니다. 중이의 대답: 그대는 그대의 뜻을 순일케 하여, 귀로써 듣지 말고, 마음으로써 들어라. 마음으로 듣지 말고 기로 들어라. 들음은 귀에서 그치고, 마음은 부에서 그친다. 그러나 기는 허하여 대상에 즉응한다. 오직 도는 허에 모이는 것이니 허가 심재인 것이다"(장자, 인간세).

"장자는 놀란 듯이 되물었다. 좌망이 무엇인가? 안회가 대답하였다.

자기의 신체나 손발의 존재를 잊어버리고, 눈이나 귀의 움직임을 멈추고, 형체가 있는 육체를 떠나 마음의 지각을 버리며, 모든 차별을 넘어서 대도에 동화하는 것, 이것이 좌망입니다"(장자, 대종사).

좌망을 통해 감각과 지각의 이분법적 활동을 중단하여 허정과 심재에 이르면 인식의 주체는 물들지 않은 무명천의 순박함을 드러내고, 다듬지 않은 통나무의 질박함을 품는 길에 들어설 수 있게 된다.

絶聖棄智(절성기지) 民利百倍(민리백배)

絶仁棄義(절인기의) 民復孝慈(민복효자)

絶巧棄利(절교기리) 盜賊無有(도적무유)

此三者 以爲文 不足(차삼자 이위문 불족)

故令有所屬(고령유소속)

見素抱樸(견소포박) 少私寡欲(소사과욕)

— (도덕경 제19장)

그다음 무위의 도를 관조하고 만끽하는 소요의 경지에서 노닐게 된다.

"만약 천지의 바른 기를 타고 6기의 변화에 맡겨 무궁에 노니는 사람이라면 그가 또 어찌 의지함이 있겠소. 그럼으로 지인은 자아가 없고, 신인은 공이 없고, 성인은 명예가 없다고 말하는 것이요"{소요유[逍遙遊]}.

소요유의 경지는 무엇보다 모든 시비 이분법의 차원을 넘어설 때만 가능하다는 것이다.

라. 무위/도의 원리/비이분법성

심재와 좌망을 통해 소요의 경지에 이르게 되면 무위의 도가 열리게 된다.

노자는 '무위의 도'의 예로 도축을 언급하고 있다.

"수레바퀴에는 30개의 바큇살이 한 바퀴 통에 모여 있으되 그 가운데가 비어 있어서 수레를 사용할 수 있다. 찰흙을 이겨 그릇을 만들되 그 빈 곳이 있어서 그릇을 사용할 수 있고, 문과 창문을 뚫어 방을 만들되 그 가운데가 비어 있어서 방으로 쓸 수 있다. 그러므로 유가 이롭게 됨은 무의 유용성이다"(노자 도덕경 제11장).

장자가 토신묘의 참나무를 비유한 무용지용(無用之用)의 언급도 무위 실현의 한 예다.

"……나는 쓸 곳이 없기를 바란지가 오래되었다. 거의 죽을 뻔하다 이제야 뜻대로 되어 무용이 나의 대용이 된 것이다. 만약 내가 쓸 데가 있었다면 어찌 이처럼 커질 수가 있었겠는가?"(장자, 인간세).

장자는 정치적 활동에서도 '무위이화(無爲而化)' 실현을 언급하고 있다.

"노자가 말하였다. 명석한 왕의 정치가 천하를 덮을 만큼 공을 세웠으나 자기가 한 것으로 보이지 않게 한다. 변화가 만물에서 일어나도 백성은 그것을 의식하지 못한다. 이름을 내걸지 않고 만물(인)을 기쁘게 한다. 헤아릴 수 없는 위치에서도 아무것도 없는 경지에서 노니는 것이다"(장자, 응제왕).

이처럼 무위의 도는 인간의 지적 영역과 행동 영역의 전반에 잠재한다고 할 것이다. 도가철학의 무위론도 불가철학의 여여사상과 같이 언어의 한계성을 인지하고 이를 극복하고자 한 것은 분명하다. 그런 점에서 서양철학에 비해 우월적 대조를 이룬다고 할 수 있겠다. 그럼에도 언어의 근원적 이분법성과 사유수단으로서의 언어에 관해서는 불가와 도가 다 같이 주목하지 못했다고 일단 정리할 수 있다.

제2부

서양철학의 역설 양상

서양철학의 역설 양상은 중요한 분야별로 구분하여 고찰해 본다.

존재론, 인식론, 인간학으로 분류했다. 인간학에는 통상 중요 분야로 분류되는 윤리학 외에 심리학 및 인간 사회학을 포괄하였다.

역설에 대한 고찰은 각 분야별로 다시 핵심적인 영역을 세 가지로 분류하였으며, 각 영역에서 가장 현저한 역설을 하나씩 뽑아 그 양상을 정리하였다.

1장

존재론

서양철학에서 존재론은 고대 그리스 철학자 아리스토텔레스가 세계 최후의 근거와 원리를 탐구한다는 의미에서 '최고의 학문'이라고 할 만큼 철학의 중요한 분야가 되었다. 그는 또 존재론을 '형이상학'이라고도 별칭했다.

서양철학에서 존재론 또는 형이상학의 중요한 논제는 '유존재 또는 무존재', '정신 대 자연', '영혼 대 물질', '관념 대 물질', '생성 대 소멸', '무상 대 영원', '실재론 대 유명론', '현실성 대 가능성', 현대에서는 '정체성 대 차별성' 등과 같이 이분법적으로 설정되었다.

이들의 이분법적 대립의 논의는 어떤 역설 양상이 발생하게 되는가를 존재론의 세 가지 핵심 이론에서 고찰해 본다.

1절 존재의 시원론

서양철학의 출발점은 존재 세계의 '원천이 무엇이냐' 하는 물음에 대한 해답을 찾는 것이었다. 이 문제에 대한 해답으로 유존재론이 시작되었으며, 이 이론은 줄곧 주류로 형성되었다. 이에 대립한 무존재론은 간헐적으로 논의되었으나, 20세기에 들어서 무존재론이 주도권을 잡는 양상으로 바뀌었다.

그러나 이분법적과 이원론적 존재의 시원론은 역설에서 빠지지 않을 수 없게 되었다.

1. 유존재론

서양철학에서 존재의 시원에 대한 논의는 시작부터 '존재 고착'이라고 할 만큼 유존재론이 주도적인 위치를 차지했다. 유존재론은 존재 세계의 '근원은 없다는 무'가 아니라 '있다는 유'의 견해다.

유존재론은 파르메니데스, 헤라클리투스, 플라톤, 아리스토텔레스 등 관념론자든 유물론자든 고대 그리스 철학자들의 공통된 기본 견해였으며, 대부분 서양 철학자의 견해로 계승되었다. 다만 학자들과 시대적인 조건에 따라 유존재의 내용과 포괄 범위를 달리할 뿐이었다.

유존재론의 효시라 할 수 있는 엘리아 출신 파르메니데스는 유존재(존재자)의 성격을 유일한 존재자라고 정의했다.

"존재자만 존재한다고 말하고 생각할 필요가 있다. 왜냐하면 그에 반대되는 비존재자는 존재가 불가능하기 때문이다, 곧 나는 너를 잘 명심하게 할만하다."[1)]

뿐만 아니라 존재자(téon, ta eonta)는 완전자이며, 완전한 불변자로 변화와 파괴의 가능성을 전혀 생각할 수 없는 것이다. 이 견해는 무존재의 존재 가능성을 완전히 배제하고 있다.

이러한 파르메니데스의 유존재에 대한 견해는 17세기~18세기 서양철학의 유물론은 말할 것도 없고 관념론도 그대로 받아들였다. 독일의 관념론 철학자인 크리스티안 울프는 형이상학(존재론)을 '제1철학'이라 칭하고, '일반적인 존재자의 학문'으로 정의했다. 그리고 유존재론을 일반존재론과 특수존재론으로 분간하였다.[2)]

19세기 유물론자 루드비히 푸에르바흐(Ludwig Feuerbach, 1804~1872)도 유존재론을 전수했으나 존재의 성격은 관념론적으로 고찰했다.

"사유는 존재에서 비롯한다. 그러나 존재는 사유에서 비롯하지 않는다. 존재는 자기 자신으로부터 그리고 자기 자신을 통해서, 다시 말하면 존재는 다만 존재를 통해서만 주어진다. 존재는 자기의 근거를 자

1) 파르메니데스, 자연에 대해서, 단편 6.
2) 프랑크푸르트/라이프치히(Philosophia prima sive Ontologie, Frankfurt/ Leipzig, 1730/1736, §1.)

기 자신 속에 가지고 있다."[3]

이외에도 중세기 스콜라철학이나 현대의 신스콜라철학의 존재론도 존재의 절대적 긍정(Affirmation absolute) 즉 절대존재를 존재의 시원으로 간주하는 유존재론을 전개하였다. 유존재론은 경험적이며 구체적인 물질을 상정한 일반적인 존재론과 추상적인 관념을 상정한 특수존재론으로 구별하여 존재 세계 일반을 이론화하고자 한다.

일반적인 존재론은 철학뿐 아니라 자연과학, 정보학, 사회과학 등의 기반이 되었다. 존재자들 간의 관계 문제(전체와 부분, 통일성과 다양성, 원인과 결과 등), 존재자들 간의 구별 문제(구조, 상태, 정체성, 변동성, 진화, 협력 작용 등) 또는 존재자들의 성격(동일성과 다양성, 일반성과 특수성, 전체론과 일원론, 공생과 자생 등)의 해명을 중요시한다.

이와 달리 특수존재론은 자연철학, 자연신학, 자연심리학, 자연우주학 등을 포괄하고 있다. 이들 이론의 중요한 문제 설정을 다음과 같이 요약할 수있다

자연철학은 '물질은 무엇인가', '생명은 무엇인가', 자연신학은 '신은 존재하는가', 자연심리학은 '정신은 무엇인가', 자연우주학은 '세계는 시작이 있는가' 등이다.

세계의 시원에 대한 이러한 유존재론의 이론 전개에 대해서 무존재론은 최근에 강력한 도전을 받고 있다. 유존재론과 무존재론은 정당성의 격렬한 대립과정에서 결말이 어떻게 될 것인가? '평행론적 역설'이 도사리고 있다.

---

3) 포이어바흐, 소 철학책자(1842~1845), 라이프치히, 1950, 73쪽.

2. 무존재론

서양철학사의 무존재의 시원과 관련하여 유존재론에 대립한 무존재론을 제기한 이론은 신비주의, 중세신학, 허무주의, 일부 실존철학, 신토마스주의 등이다.

무존재론은 유존재의 대립 개념으로 간주하는 것이 공통적이다. 무의 내용과 관련해서는 상대적 무와 절대적 무로 구분되었으나 존재 시원과 관련해서는 절대적 무론이 지배적이었다.

상대적 무는 무엇이 결여되어 있다는 것이다. '어둠은 빛의 결여', '악은 선의 결여', '무는 유존재의 결여' 등이다. 이 견해의 대표적인 철학자는 칸트였다. 절대적 무는 완전한 무존재이며, 말로 표현이 불가능하다. 말로 표현하면 곧 존재로 인정되기 때문이다.

교부 신학자 아우구스티누스는 "신의 창조는 무에서만(ex nihilo) 이뤄진다"고 했으며, 신비주의는 신을 비롯한 모든 존재의 근거를 무에서 찾았다. 유럽 신비주의의 원조격인 마이스터 에크하르트(Meister Eckhart, 1260~1328)는 신을 비롯한 모든 존재의 근거는 무의 창조성이며, 신을 '자연성이 없는 자연', 규정성이 없는 존재로 간주하고 '순수한 존재로서 순수한 무'와 동일시하고 있다.[4]

중세기 신비주의자인 보나벤투라(Bonaventura, 1221~1274)는 '원래의 무'(Tabula rasa)를, 중세에서 근대로의 과도기 시기의 신비주의자인 뵈메(Jakob Böhme)는 무의 '무근거'를 하나님(신)도 선행한 세계 존재의 근거로 간주하였다.

4) 에크하르트, 『독일의 신비주의』(Deutsche Mystiker, 13쪽).

허무주의와 실존철학은 무존재를 세계 존재의 근거, 논리적 부정의 근거, 인간 실존에서 나타나는 부정적 현상의 근거와 연결시켜 논의하고 있다.

허무주의는 인간의 삶과 관련된 부정성의 근거를 무에서 찾고 있다. 인간의 오류(Irrtum), 열망의 불성취(Ausbleiben des Erhofften), 결핍(Mangel), 있지 않은 것(부재, Abwesenheit) 등의 근거는 인간의 무성(無性)이라는 것이다.

실존주의에서는 인간의 죽음, 자살과 관련한 '사멸력'의 근거를 무에서 찾았다. 하이데거의 '죽음에 대한 불안/공포'와 케르케고르 '죽음에 이르는 병', 필립 마이랜더(Philipp Mainländer, 1841~1876)의 '죽음에의 애착', 줄리어스 반센(Julius Bahnsen, 1830~1881)의 자살은 '무에의 의지', 카뮈의 '자살형이상학' 등이다. 이에 대해 사르트르는 "인간은 무로 관통"되어 있어 인간 존재는 "자신이 자기 자신의 무화"가 가능하며, 인간이 무엇이 아니라고 부정할 수 있는 근거도 사람 속에 내재한 '무성'(Nichtigkeit)에서 찾고 있다.[5]

이외에도 클라우스 리센후버(Klaus Riesenhuber) 예수회 사제(Jesuiten Priester 1971)는 인간의 극단적인 실망과 회의의 근거도 사르트르의 견해와 같이 인간의 무성에서 찾고 있다. 인간이 "무로 관통되어 있음이 극단적인 실망과 회의에서 극명하게 드러난다. 극단적인 실망과 회의에서 그동안 표면상 신뢰할 만했던 삶의 근거가 허상으로 드러나고 인간을 무(Nichts) 속으로 내려앉게 한다."[6]

5) 에크하르트, 『독일의 신비주의』(Deutsche Mystiker, 997쪽).

6) 철학근본개념 사전(Handbuch Philosophischer Grundbegriffe), 4권, 무(Nichts), 1003쪽, Kösel 출판사, München 1973.

그러나 이러한 무존재에 대한 논의에도 20세기에 발생한 수많은 사회정치적, 자연적 재앙의 부정적 현상에 대해서는 속수무책이었다. 특히 변증법적 물질론의 낙관적 전망과 발전에 대한 신망 상실 이후 어둠, 그늘, 죽음, 위기 등 부정적인 면과 비관적인 가치가 철학계뿐 아니라 문학예술계에서도 존재론에 대한 새로운 도전을 받게 되었다.

20세기 후반 이후 무존재론의 대표적 학자는 뤼트케하우스(Ludiger Lütkehaus, 1943~)이다. 그의 주저 『무』(Nichts)에서 "도대체 무엇 때문에 아직도 무엇(유존재)인가, 오히려 무가 마침내 결정적인 문제가 아닌가?"라고 도전에 나섰다. 무를 절대화하고 있다. '무는 무일 뿐이다'라는 것이다.

무존재론이 인간과 사회에서 발생하는 부정적인 사태의 근원을 이론화하는데 유존재론보다 월등히 유리할 수 있다. 그러나 유가 무에서 왔다면, 무는 또 어디에서 온 것인가?

이 물음에 대한 대답은 끝없이 전개될 수밖에 없는 '무한후퇴'(無限後退)의 역설에 빠지게 된다.

3. 양립론(兩立論)의 역설

유존재론과 무존재론은 모든 존재 세계의 근거 내지 시원을 이론화하고자 한다. 그러나 유존재론과 무존재론이라는 이분법을 통한 자기의 정당성을 논거하는 과정에서 모순과 역설에 빠지게 된다.

모든 존재 세계의 시원론에서 유존재론은 존재의 부정성, 소멸성,

전환성 등의 시원과 근거를 해명하지 못한 한계에 부딪혔다. 무존재론은 유 대신 무의 시원론을 제기하여 해결하고자 시도했다. 신비주의, 중세기 신학, 허무주의는 '상대적 무'를 제기했으나, 존재성 있는 무로서는 존재의 창조성을 이론화하는 과정에서 한계가 드러났다.

뤼트케하우스는 이 한계를 극복하고자 절대적 무를 새롭게 제기하여 무존재론을 재정립했다고 할 수 있다. 무의 성격을 상대적 무와 절대적 무로 구별하면서 의미 부여는 약간 달리했다. 상대적 무는 무언가의 부족, 결핍, 또한 존재나 논리의 부인이나 부정(Verneinen)하는 근거 등 '존재의 그림자'로서의 성격을 부여했으며, 절대적 무는 존재 이전의 '공허한 무', '원래의 무'로써 창조적 성격으로 이론화했다.

뤼트케하우스는 자기 이론을 정당화하는 차원에서 에른스트 블로크를 '마르크스주의적 셸링' 또는 '마르크스주의적 라이프니츠'라고 평가했다. 그러나 '희망의 원리'에서 상대적 무만 인정할 뿐 절대적 무를 배척했다고 비판했다.

또한 무존재론을 확립하기 위해 무의 창조성과 절대성을 강조하다 보니 결과적으로는 유존재만이 가질수 있는 창조성을 탈취하는 자가당착에 빠지게 된다. 무존재론자인 뤼트케하우스 자신도 무의 존재 시원론이 '논리와 존재론을 폭파하는 역설'의 함정을 간파한 것이다.

헤겔은 이 문제를 해결하기 위해 그의 논리학에서 창조라는 개념 대신에 파괴도 창조도 모두 설명 가능한 '생성'(Werden)이라는 새로운 범주를 도입했다. '생성'에는 존재와 무의 규정성이 내포되어 있으며, 유와 무가 번갈아 넘어간다는 것이다.[7] 이에 대하여 프리드리히 아돌

7) 헤겔, 논리학 18쪽.

프 트렌델렌부르크(Friedrich Adolf Trendelenburg, 1802~1872)는 어떻게 갑자기 '된다'가 가능해졌는지 설명이 불가능하다고 했다. 그의 제자 빌헬름 딜타이(Wilhelm Dilthey, 1883~1911)도 "이러한 종류의 형이상학은 처음부터 내적인 모순에 직면해 있다"고 비판했다.

2절 존재의 성격론

서양철학에서 존재의 성격과 관련해서는 "물질적이냐 또는 관념적이냐"의 '물질론'과 '관념론'의 이분법으로 논의되었다.

물질론과 관념론은 물질과 관념의 성격을 어떻게 해명하느냐에 따라 여러 학파로 분간(分揀)하여 존재 세계의 변화 발전의 동인(動因), 양상, 지향 등에 대해 다양하게 고찰하게 된 것이다. 그러나 존재의 물질론적인 성격과 관념론적인 성격의 상호연관의 해명 과정에서 역설 현상이 발생하게 된다.

1. 물질적 성격

서양철학에서 존재의 성격론은 그리스철학 초기부터 오늘날까지 관념성에 대립하여 꾸준히 논의되고 있다.

물질론은 존재 세계의 시원으로부터 존재 세계의 운동성과 변화성의 근원 내지 법칙성을 정립해 왔다. 물질론은 자연계보다는 관념적 성격도 포함한 존재 세계에 대한 이론 전개에서 그의 합법칙성이 흔들리게 된다. 그 대표적인 예가 아리스토텔레스와 마르크스의 유물론이라 할 수 있다.

아리스토텔레스의 존재 성격론은 기본적으로 물질론에 속하나 부분적으로는 관념적인 요인도 포함되어 있다.

아리스토텔레스는 세계의 시원을 제1질료와 제2질료(물질)로 파악했으며, 이 물질의 변화 발전 요인을 밝히고자 했다. 물질의 변화 발전을 4대 인자(질료, 형상, 동력, 목적)의 관계로 간주하면서 집 건축을 예로 들어 설명했다(건축 재료는 질료인, 건축 설계는 형상인, 건축가의 기술은 동력인, 완성된 집은 목적인).

세계는 물질적 실체이며, 변화 과정으로 파악한 부분은 유물론적이다. 그러나 실체를 형성하는 질료는 가능성으로만 인정하고, 관념적인 형상의 질료에 대한 규정성과 사물의 본질성을 부여하는 부분은 관념론적이다. 또한 정신(의식)의 문제도 정신이 신체 밖에 독립적으로 존재하지 않는다는 유물론적인 견해와 함께, 정신은 사물의 본질을 이루는 형상이라는 점에서는 관념론적이다.

세계의 시원을 물질로 인정한 것에 기초했다. 물질세계의 변화 발전을 '기계론적 모델'로 간주하여 물질적인 세계의 운동을 장소의 이동, 양적인 과정 등의 해명에 중점을 두었다. 그러나 기계적 물질론은 '특수한 물질'에 해당하는 인간의 사회생활에 대한 해명은 한계에 부딪혔다. 이러한 제한성을 극복하려는 더 진보된 물질론은 기계적 물질론, 헤겔의 변증법, 포이어바흐의 형이상학적 물질론의 한계를 극복한 마르크스-엥겔스의 '변증법적 유물론'이었다. 존재 세계(자연, 사회, 인간)는 객관적 물질적 존재이며, 운동의 추동력과 전개 방식은 변증법적으로 진행된다는 것이다. 물질 운동의 추동력은 대립적 양자 간의 모순이며, 운동 양식은 부정의 부정을 통한 양적 변화에서 새로운 질적 변화의 도약 현상으로 발휘된다.

그러나 변증법적 물질론이 가장 중점을 둔 사회 변혁 이론은 자본주의에서 사회주의로의 변혁이 아니라, 사회주의 진영이 파멸되는 역류 현상을 보였다.

이러한 역설 현상은 존재의 물질적 성격을 "가장 과학적으로 밝히게 되었다"는 변증법적 물질론의 한계를 노출한 것이다. 변증법적 유물론으로는 물질성과 관념성이 분리되지 않은 인간에 대해서는 그 진상을 밝힐 수 없다는 경고로 받아들이게 된다.

2. 관념적 성격

서양철학에서 관념론은 존재의 성격을 관념적인 것으로 규정하고 있다. 관념의 성격에 따라 주관적 관념론과 객관적 관념론으로 구분하여 존재론을 전개한다. 그러나 물질세계와의 관계 설정에서는 그 정당성이 흔들리게 된다

주관적 관념론은 존재의 객관적 실체를 인정하지 않고, 지각된 것, 즉 관념성만을 인정한다. 존재 세계는 지각에 의해 산출된 관념으로 간주한 것이다. 이러한 주관적 관념론은 감각주의, 공감각주의, 일심론, 유아론, 실존주의, 실증주의, 생철학, 실용주의 등에서 주장한다.

이런 견해의 진수를 근대철학의 대표적 감각주의자인 버클리는 "존재하는 것은 지각된 것이다"라고 했다. 이와 비슷한 견해를 대표적인 공감각주의자인 퍼스도 "나는 지각판단을 표현형식으로 주장하는 판단을 의미한다. 표현형식이란 지각의 상태는 정신에 직접 현재하는 것이다"[8]라고 피력했다.

주관적 관념론에 대치하는 이론은 객관적 관념론이다. 객관적 관념론은 존재 세계의 성격을 객관적 관념으로 간주하는 이론이다. 인간 정신의 이성이 객관 세계의 본질과 현상을 해명하기 위해 이데아, 신, 절대정신 등의 관념을 만들어낸 것이다. 이러한 관념들은 의식과 관계없이 의식 밖에 존재한다는 의미에서 객관적이라고 본다.

이러한 객관적 관념론의 대표적 철학자로 고대의 플라톤과 근대의 헤겔에서 그 전형을 찾아볼 수 있다.

플라톤은 이데아를 참 존재자의 원형이며, 본질이고 불변 부동한 피안의 영원한 세계로 묘사했다. 이데아는 상대적인 것이 아닌 절대적인 것이며, 감각적인 것이 아닌 초감각적인 순수한 노에시스(Noesis)로서 관념적이다. 플라톤은 이데아를 매개로 차안의 물질적 세계, 감성적 사물의 세계를 이데아의 그림자 또는 허상(Schein)으로 설명한다. 세계의 변화는 '데미르그(Demiurg, 수공자/신)가 이러한 허상의 물질세계를 영원한 이데아 세계에 일치해가는 과정으로 간주하였다.

플라톤은 존재 세계의 근원인 이데아는 인간의식 밖의 독자적인 존재로 간주하기 때문에 그의 관념적 존재론을 객관적 관념론이라고 한다.

---

8) 퍼스, CP5, 54쪽.

또 하나의 대표적인 객관적 관념론자인 헤겔은 '절대정신'이라는 관념을 기반으로 존재 세계의 현상과 변화 과정을 해명하고 있다. 헤겔의 절대정신은 플라톤의 아이도스 또는 스콜라철학의 신과 같이 인간의 정신이 창출한 관념적인 '실체'에 불과하다. 그에게 현실 세계는 '절대정신' 또는 '세계정신'의 자기실현이나 완성을 위한 '작업 도구'이다. 달리 해석하면 자기실현 과정의 관념적인 산물에 불과하다. 헤겔 이후 그를 능가할 만한 객관적 관념론은 더 이상 출현하지 않고 있다.

그러나 그의 절대정신 이론은 자가당착(自家撞着)에 빠지게 된다. 절대정신은 상대적 인간 정신의 산물이다. 상대적인 정신이 절대성을 창출한다는 역설은 역사적 현실이 증명하기도 했다.

헤겔은 절대정신의 자기완성 단계를 프로이센왕국의 완성에서 '역사의 종말'을 증명하고자 했다. 그러나 절대적 관념의 자기완성 단계는 상대적 현실 세계에서 논리대로 실현되지 않았다. 이에 대해 스피노자는 프로이센왕국의 멸망은 비절대성이라고 꼬집었다

마르크스가 비판한 것처럼 헤겔의 객관적 관념론은 존재 세계를 물구나무 선 채로 보고 있는 꼴이다.

3. 상호전환의 역설

서양철학 존재의 성격에 대해 고대 그리스철학 이후 오늘날까지 물질론과 관념론의 양 진영 간의 이분법적 대립 양상을 고찰해 왔다. 각 진영에서 이론 전개의 한계에 부딪히자, 이를 극복하기 위해 자기를 부

정하고 상호전환하는 역설에 빠진 것이다.

이러한 역설 현상은 대표적 유물론자인 마르크스가 객관적 관념론자인 헤겔을 비판하면서 스스로 역설에 빠지는 경우와 헤겔의 관념론의 한계를 비판하면서 스스로 역설에 빠지는 쇼펜하우어의 논의에서 분명하게 드러난다.

마르크스주의의 변증법적 유물론은 레닌이 주장한 것처럼 최고의 과학적 이론으로 평가된다. 그러나 이 물질론도 관념론과의 관계에서 이론적으로나 현실적으로나 역설을 벗어나지 못하고 있다.

"마르크스와 엥겔스의 천재성은 철학의 근본 방향을 전진시키는 물질론을 더욱 발전시킨 데 있다. ……실재로 마르크스 최대의 공적은 유물론과 관념론을 화해시키려는 자웅동체 기획을 의식적으로 무시하고 정확히 결정한 철학의 길을 전진해 간 것이다."[9)]

마르크스와 엥겔스의 변증법적 물질론에 의하면 물질적인 '사회적 존재'가 인간의 의식을 규정하며, 사회의 물질적인 하부구조가 사회의 관념 영역인 상부구조의 내용이 변화 과정의 조건이 된다.

"생산관계의 전체성은 사회의 경제적 구조, 법률적, 정치적 상부를 세우며 일정한 사회적 의식에 일치하는 현실적 토대를 구성한다. 물질적 생활의 생산방식은 사회적, 정치적, 정신적인 생활 과정의 구조를 구성한다. 인간의 의식이 존재를 규정하는 것이 아니라, 거꾸로 사회적 존재가 인간의 의식을 규정한다."[10)]

이러한 변증법적 물질론에 의하면 새로운 사상이나 이념 등의 관념은 그에 해당하는 물질적인 조건이 형성되지 않으면 불가능한 일이다.

---

9) 레닌 전집, 14권, 340쪽. Dietz 출판사, 베르린 1971.
10) 마르크스 엥겔스, 전집 13쪽, 『정치적 경제학』 서문, 9쪽.

그럼에도 변증법적 물질론은 자본주의적 생산관계의 사회에서 사회주의 사상이라는 관념을 창출할 수 있었다.

거꾸로 사회주의 국가들에서 사회주의 물질적 토대가 형성되었음에도 반사회주의적 의식(관념)이 강화되어 1980~1990년대 사회주의 물질적 토대 자체가 무너지는 역설이 발생하였다.

'변증법적인 유물론'이라는 최고의 물질론은 사회주의의 완성과 공산주의 사회의 건설이라는 결과물인 물질세계는 사회주의와 공산주의 사상의식이라는 관념에 의해 물질이 관념으로 전환하는 역설이 발생한 것이다.

또 하나 헤겔의 역설을 극복하고자 한 학자는 쇼펜하우어였다. 그러나 그의 시도는 오히려 관념론이 물질론으로의 전환이라는 역설을 더 분명히 할 뿐이었다.

그는 헤겔의 이성적인 절대정신의 자리에 의지(세계의지)를 넣었다.

헤겔에 의하면 절대(세계)정신은 자연, 사회, 인간세계에서 변증법적 3단계를 거쳐 자기실현을 완성해간다. 첫 단계는 즉자적(An sich)인 상태이다. 이 상태는 논리(이념)나 신의 물질세계 창조 이전 신의 '구상'과 같은 것이다. 대자적(Für sich)인 2단계에서는 물질세계인 자연으로 외화한다. 그다음 즉자대자적(An und für sich)인 3단계에서는 1단계보다 한 단계 승화된 즉자로 돌아간다. 이 3단계가 절대정신이 자기를 완성하는 단계라는 것이다.[11]

쇼펜하우어는 헤겔의 절대정신이 가진 순수 논리성을 극복하고자 의지에 운동, 형성(력), 물자체 등의 물질성을 부여한다.

11) 철학적 학문의 대백과사전 III 32.

"그러나 나는 말한다, 모든 운동, 형성, 노력, 존재, 이 모든 현상은 의지의 객관성이라는 것을……."[12)]

"사물 자체, 세계의 내적인 본질은…… 우리가 가장 정확하게 명명하면 의지이다."[13)]

이처럼 쇼펜하우어는 물질성과 관념성의 이원론적인 존재의 성격을 극복하고자 '의지'(Wille)를 내세워 절대화하고 있다

쇼펜하우어는 헤겔의 절대정신의 이성을 의지의 '봉사자'로, 플라톤의 이념은 의지의 현상으로, 칸트의 사물 자체도 의지로 간주한다. 그 결과 의지가 세계의 원천으로, 의지의 표상이 존재 세계의 성격으로 압축하게 된다. 존재의 관념적 성격을 극복하려다가 원래 관념적인 의지에 물질성을 더해 견강부회(牽强附會)하는 자가당착에 빠진 것이다.

이처럼 서양철학은 존재의 성격에 대한 물질성 또는 관념성이라는 이분법적 이론을 전개했으나, 결국 물질론과 관념론의 상호전환이라는 역설에 빠지고 만 것이다.

---

12) 쇼펜하우어, 『의지와 표상으로서의 세계』, 라이프니치 1819, 231쪽.
13) 동상 243쪽.

3절 존재의 양상론

서양철학의 존재론에서 또 하나 중심 논제는 실재하느냐(실재론/Realismus), 아니면 이름에 불과(유명론/Nominalismus)하느냐 하는 이분법이다.

존재의 양상론 논쟁은 실재론과 유명론으로 대립하여 중세기 철학과 신학 이후에는 '보편논쟁', '유명론논쟁' 또는 '실재론논쟁'으로 불리면서 계속되었다. 인식론, 윤리학, 신학에서 다양한 유파를 유발하고 있다.

12세기 영국의 신학자 살리스버리 요하네스(Johannes von Salisbury, 1115~1180)는 "인간이 해결하기 불가능한" 문제로 예언한 바 있다. 유명론과 실재론의 이분법적 존재의 양상론을 정리해 보면 역설 현상은 이 예언이 적중하다는 것을 알 수 있을 것이다.

1. 실재론

실재론은 6세기 초 보에티우스의 문제 제기로 촉발되어 중세기에는 존재론적 보편논쟁으로 전개되었다. 그 이후 인식론과 다른 학문이 결합하면서 보편논쟁은 존재론적 성격과 인식론적 성격이 혼합되었다.

신플라톤주의자인 포르피리오스(Porphyros)가 기원후 3세기에 저술한 아리스토텔레스의 범주론 입문서 『이사고게(Isagoge)』를 라틴어로 번역하면서 보편 문제를 거론했다(Buch 1.2 Kommentar).

- 유와 종(보편)은 실재인가, 사고상(思考上) 존재인가
- 실재한다면 물체적인가, 비물체적인가
- 감각적 대상으로부터 분리되어 존재하는가, 감각적 대상 자체 안에 존재하는가

아벨라드(Abaelard, 1070~1142)는 신의 존재를 포함하여 보에티우스의 보편론을 보충하여 오늘날에도 타당한 실재론의 핵심 문제를 확립했다. 그는 보편의 존재론적인 양상, 보편과 개체와의 관계, 보편의 인식론적인 성격 등을 밝혔다.

그에 의하면 보편은 실재한다. 보편은 개별 사물과 관련해서는 개별 사물 속에 존재하며, 신과 관련해서는 사물의 원형으로 사물 전에 존재하며, 인간의 인식과 관련해서는 개체와의 일치에서 추상한 개념적 표상으로 사물의 후에 존재한다고 정립했다.

서양철학에서 실재론의 전개는 아벨라드의 실재론에 기반하여 학파에 따라 보편의 내용, 보편과 개체 간의 관계, 보편의 실재성에 대한 논증이 부분적으로 달라졌을 뿐이다.

실재론의 가장 대표적인 격렬한 논쟁은 중세기에서 시작한 '보편논쟁'이었다. 실재론은 보편과 신의 존재 양상과 보편과 개체와 관련된 존재론적 문제가 중심이었다. 논쟁의 원천은 요한복음이 제공했다.

"태초에 말씀이 계시니라. 이 말씀이 하나님과 함께 계셨으니 곧 하나님이시니라. 그가 태초에 하나님과 함께 계셨고 만물이 그로 말미암아 지은 바 되었으니 지은 것이 하나도 그가 없이는 된 것이 없느니라. ……말씀이 육신이 되어 우리 가운데 거하시매, 우리가 그 영광을 보니 아버지의 독생자의 영광이요, 은혜와 진리가 충만하더라"(요한복음 1장).

중세의 교부철학이나 신학은 요한복음의 신이나 말씀을 보편과 일치시켜 실재화하고 있다. 보편(말씀)을 실재론화한 철학적 근거는 플라톤과 신플라톤주의자들의 이데아론이었다. 나아가서 스콜라철학은 아리스토텔레스의 '질료와 형식'의 이론에 기반해 보편론을 보편과 개체, 말씀과 육체, 보편(조물주)과 개체(피조물)와의 존재론적 관계 문제로 정립하였다. 신과 말씀은 실재하며, 육체 또는 개체 안에는 신 또는 말씀의 실재가 내재해 있다는 것이다.

스콜라철학의 대표적 실재론자인 아퀴나스는 신과 보편의 실재를 다음과 같이 표현했다.

"어떤 사물이 자기 자신과 많은 사물에 공통적인 것으로 명명된다면, 그러한 이름은 보편적인 것을 표시한다고 말하게 된다. 왜냐하면 이름은 많은 사물에 공통적인 성격 또는 성향을 표시하기 때문이다."[14]

14) 토마스 아퀴나스, HW Ph. Bd.11, 180.

중세기 이후 계몽기와 근대에서 실재론은 신학적 영역을 벗어나 인식론적 실재론이 주류를 이뤘다. 그 당시 대표적인 인식론적 실재론은 합리론자인 데카르트와 칸트였다. 이들의 합리론은 감각기관을 통한 지각만을 실재로 인정하는 경험론자와는 달리, 인식의 성립 조건을 생득적인 또는 초월적인 '보편'에서 찾았으며, 이것만이 실재한다는 주장이었다.

데카르트는 인식의 가능을 전제로 '생득적 이데아'를 상정하고 있다. '생득적 이데아' 성격은 분명하고 명확하며, 인식의 확실성의 기반으로서 초월성을 가졌다. 이데아의 종류로는 '무한한 실체로서의 이데아'(신), '유한하며 사유하는 실체로서 이데아'(정신), '유한하며 확장성의 실체로서의 이데아'(물질) 등이다.

칸트는 인식 성립의 선험적 형식으로 지각에 의한 표상을 정리하는 시간과 공간, 이해의 카테고리, 생산적 추상력의 쉐마(Shema), 이성의 초월적 이데아(정신, 우주, 신) 등을 상정하고 이것을 실재하는 보편으로 간주하였다.

근현대에서는 존재론과 인식론의 실재론뿐 아니라 논리학적, 언어철학적, 수학철학적 성격에 따라 보편의 내용이 법칙성, 가치 또는 기능 등으로 달라진다.

철학자, 논리학자, 수학철하자, 자연과학자인 퍼얼스는 자연법칙의 무한성과 연속성을 "무한성(보편)의 실재에 대한 긍정적인 증거가 있다는 것이 나의 개인적인 견해이다"[15]라며 보편으로 간주했다.

최근의 오스트레일리아 철학자 이비드 말렛 암스트롱(David Malet

15) 퍼어스, 『볼륨』(Volume) 2, 169~170쪽.

Armstrong, 1926~2014)도 자연법칙을 '보편 간의 연관성'이며 '자연의 객관적 구조'로써 실재성을 부여하고 있다.[16)]

서양철학은 존재론이나 인식론뿐 아니라 자연과학의 영역에서도 보편의 실재성을 주장하는 이론 전개가 광범위함을 알 수 있다. 존재론적 실재론의 '보편'의 핵심 내용은 개별적인 사물에 앞서 있으며(Universalia Ante Res), 개별적인 사물의 내에 있다(Uni-versalia In Rebus)는 이론이다.

이처럼 실재론이 쟁쟁하게 논의되고 있지만, 이에 대립하고 있는 유명론의 반격에 언제까지 버틸 수 있을 것인지는 알 수 없다.

2. 유명론

유명론을 제기한 학자는 중세기 중반기의 로스켈리누스(Johannes Roscelinus, 1050~1124)였다. 그의 이론은 중세기 보편논쟁의 과정에서 대세였던 실재론에 대한 반격이었으며 실재론에 대립된 유명론의 기본내용을 정립한 것이었다. 실재하는 것은 감각기관으로 지각될 수 있는 실체, 즉 대상물뿐이라고 했다. 보편은 개별적인 사물의 뒤에 있다. 실체는 개별적이며 나눌 수가 없다. 관계라는 것은 "음성을 낼 때 나오는 공기 연기(Flatus vocis) 또는 음향일 뿐이다. 논리란 '단어 공예'(ars vocalis)에 불과하다"고 주장했다.

로스켈리누스 이전에도 유명론자였던 켄터버리 안셀무스(Anselm

16) 암스트롱, 정보 소개, 웨스터 프레스, 『볼더』(Armstrong, An opinionnated Introduction, Westrier Press, Boulder) 1989, 130쪽.

von Canterbury, 1033~1109)와 오컴도 유명론의 시각이었다. 안셀무스(중세기) 신학의 중심 내용의 하나인 '삼위일체'는 실재가 아니라 '세 개 실체의 집합'으로 만든 개념에 불과하다고 했다. 오컴은 "모든 보편은 개체이다. 때문에 표시 방식에 불과하다"며 보편의 실재를 부정했다. 실재하는 개체는 신이 직접 창조하는 것이지 창조의 원인인 이데아의 실재를 인정하지 않는다는 것이다.

중세기 이후 근대에서의 실재론과 유명론의 대립은 존재론에서 인식론 영역으로 옮겨 갔으며, 근대와 현대에서는 심리주의적, 논리학적, 언어철학적인 영역에서 계속되었다.

계몽기와 근대 인식론의 경험론적 주장은 이데아를 비롯한 모든 초월적인 것과 경험적인 감각과 관계없이 만들어진 규칙, 윤리 도덕, 카테고리, 가치 등은 실재하는 것이 아니라 인식이 만들어낸 이름 또는 개념에 불과하다는 견해였다. 대표적인 견해를 밝힌 철학자는 로크다.

"보편은 존재하는 사물의 영역에 속하지 않는다. 오히려 이해의 발견이나 생산이다. 이 이해가 자기 자신의 사용을 위해 만들어진 것이다. 보편은 다만 표시에 불과한 것으로 단어 또는 표상일 뿐이다."[17]

홉스도 로크와 같이 유명론적 의견이었다.

"보편적 명사는 양을 참조한 유사성과 개별적 사물의 다른 우발성에 근거하여 부과된 것이다."[18]

근대와 현대에서 실재론에 대립된 유명론은 심리주의적 태도와 논리적 수리철학을 주로 전개하였다.

심리주의적 관점은 개별적 대상에 대한 의도적인 관계에서 경험으

---

17) 로크, 『인간 이해』에 관한 에세이, III 3, 11쪽.
18) 홉스, 『철학의 요소, 물체에 대하여』 11장, 3절.

로 얻어낸 판단만을 실재로 간주했으며, 선험적인 직관이나 개념은 이름에 불과한 것으로 간주했다. 이와 같은 견해를 브렌타노, 페히너, 분트, 뮨스터벨그 등이 동조했다.

논리적 수리철학의 보편개념에 해당하는 실질 대상은 실재하지 않으며, 다만 사유 속에서 통합한 것에 불과하다. 이러한 처지에서 쿠와인(Willard Van Orman Quine, 1908~2000)과 넬슨 굿맨(Nelson Goodman, 1906~1998)은 집합과 속성/성질 등의 실재성을 부정하고 개별적인 것만 인정하는 유명론의 태도를 취했다.

가상철학이나 가설주의와 구성주의도 유명론으로 분류된다.

가상철학의 대표적인 철학자는 신칸트주의자인 한스 바이힝거(Hans Vaihinger, 1852~1933)이다. 쇼펜하우어가 주장한 '자유의지'는 실재하지 않는 가상에 불과하다. 그러나 가상의 유명에 불과한 자유의지는 '공동생활'을 위해서는 필수적이며 유익하다. 이런 의미에서 그의 가상철학을 '실용적 가설주의'라고도 한다.

그 외 미국의 수학 철학자이며 논리 학자인 하트리 필드(Hartry Field, 1946~)의 '수학적 대상'의 가설주의, 미국의 실용주의자 윌리엄 제임스(William James, 1842~1910), 독일의 논리학자 하인리히 숄츠(Heinrich Scholz, 1884~1956) 등의 종교적 가설주의도 유명론의 범주에 속한다. 종교적 가상주의의 요점은 "만약 신이 존재하지 않는다면, 신을 고안해 내는 것은 필수적이다" 말하자면 종교라는 실용을 위해서라면 신이라는 가상(유명)을 만들 수 있다는 것이다.

유명론적 입장은 존재론, 인식론, 윤리학, 가치론, 수학 등 광범위한 철학적 영역의 밑바탕이 되고 있다. 그러나 유명론은 이에 대립한 실재론의 반격과 대결해서 역설의 함정에 빠지지 않을 수 있을 것인가.

3. 보편논쟁의 역설

보편논쟁은 보편성의 개념이나 카테고리가 실재하느냐, 이름에 불과하느냐의 실재론과 유명론의 논쟁이었다. 이 논쟁은 중세기에 존재론적 입장에서 시작했으며, 근대와 현대에 와서는 인식론적, 심리학적, 분석철학적, 논리-언어철학적, 수리철학적, 정보학적 영역에서 집합론적 의미의 논의가 계속되고 있다는 것을 전장에서 고찰했다.

그러나 보편논쟁은 그 바탕에 깔려있는 보편과 개체라는 관계 문제를 바르게 정리하면 존재론적이든 집합론적이든 이분법성의 역설에 빠지고 있다는 것을 곧 알 수 있게 된다.

보편과 개체와의 관계를 존재론적으로 고찰했을 때, 보편의 실재성은 개체의 실재성을 전제하지 않고는 불가능하다. 그렇다면 개체는 실재하지 않는 이름뿐(유명)이라는 이론은 성립되지 않는다는 모순에 빠진다. 보편이 유명에 불과하다면 보편 없이는 존재가 불가능한 개체의 실재성은 보장받지 못하게 된다. 결국 존재의 양상론으로의 실재론과 유명론의 이분법은 역설에 부딪히고 만다.

실재론에서 개체들은 인간의식의 산물일 뿐 실재하는 것은 아니고 이름에 불과하다고 주장한다. 그러면 실재성이 없는 개념으로 보편의 실재성을 증명하는 모순이 발생한다. 그렇지 않고 유명론에서처럼 개체만 실재하다면 자기의 모체인 보편을 부정한 것이 된다. 보편 없는 개체의 실재만을 주장하는 모순이 발생하게 되는 것이다.

보편논쟁에서 실재론과 유명론의 관계는 언어를 수단으로 한 사유의 산물인 관념, 즉 보편은 개체적인 실재를 통해 자기를 확인하며, 실재는 사유를 통해 관념으로 전환되는 순환의 역설 관계에 있다는 것을 알 수 있다.

쿠와인은 원래 넬슨 굿맨과 더불어 유명론자였다. 그러나 1976년 「물리적 대상은 어디로」(Whither physical Objects)라는 논문 이후 '존재론적 도산'(Ontological debacle)이라 하면서 실재론자로 전환했다. 물리적 대상을 포기하고 추상적 대상을 실재로 인정하게 된 것이다. 그 근거를 최근의 물리학이 유(類)의 위계질서(Klassenhierarchie)의 최하위 차원에서 개별자로 작용한 근본 요인을 포기하도록, 다시 말하면 물리학이 물리적 개별자의 실재를 포기하고 반물리적인 실재로 전환하도록 강요하는 아이러니가 발생했다는 것이다.

쿠와인의 이런 전환은 유명론과 실재론의 끝없는 상호전환이라는 역설과 맞닥트리게 된다. 쿠와인은 이런 역설이 일어날 수밖에 없는 근거에 대해서는 생각이 미치지 못하고 있다. 실재론과 유명론 간의 보편논쟁은 사유수단인 언어의 이분법적 근원적 성격과 관련이 있다는 것을 깨닫지 못하면 보편논쟁은 승부 없이 또 무익하게 계속될 것이다.

보편논쟁은 집합론의 입장에서도 역설 현상이 보인다. 논리학, 수리철학자이며 분석 철학자인 러셀의 이름으로 정립된 '러셀의 이율배반' 또는 '러셀의 역설'이다.

'러셀의 역설'은 '이발사의 역설', '도서관 사서의 역설', '그렐링겐-넬슨 역설' (Grelling-Nelson, 1908) 또는 '카레의 역설'(Currys Paradox, 1942) 등으로 풀이되기도 한다.

보편은 자기의 실재성을 주장하기 위해 유명에 불과한 개체의 집합에 속하지 않아야 한다. 자기의 실재성을 증명할 수단을 갖지 못하게 되기 때문이다. 보편이 개체의 집합과 관계를 가지려면 자기도 개체와 같이 의식의 산물임을 고백해야 한다. 개체의 집합과 같이 유명에 불과하고 실재성은 상실하게 되는 역설에 빠지게 된다.

러셀은 집합의 역설을 '이발사의 역설'(1918)에서 예로 들었다. 마을에서 단 한 명의 이발사(남성)는 스스로 수염을 깎지 않는 모든 사람의 수염을 면도하고 그 이외 사람의 수염은 깎지 않는다고 가정한다. 여기서 문제는 '이발사는 자기의 수염을 면도하는가?'이다.

이 질문에 답변할 경우 모순이 발생한다.

이발사는 스스로 면도를 하지 않는 사람에게만 면도를 수행하므로 스스로 면도를 할 수 없다. 이처럼 스스로 면도를 한다면 그는 이발사 일을 그만두게 된다. 이와 반대로, 이발사가 스스로 면도를 하지 않는다면 그는 이발사에게 면도를 받는 사람의 그룹에 속하게 되므로 이발사로서 그는 스스로 면도를 해야 한다.

러셀은 고틀로프 프레게(Gottlob Frege, 1848~1925)의 논리학 '소박한 집합론'에서 역설을 찾아냈다. '러셀의 역설'은 보편논쟁의 역설과도 뜻이 통한다.

2장

인식론

인식론의 개념은 19세기 크루그(Wilhelm Traugott Krug)와 크리스티안 라인홀드(Christian Ernst Reinhold)가 칸트와의 논쟁 중에 사용하기 시작했으며, 칸트에 의해 체계화되었다고 할 수 있다. 그러나 인식론적 문제는 존재론과 더불어 이미 그리스철학 초기부터 빼놓을 수 없는 철학의 한 중심 분야였다.

인식론이 철학의 한 분야로 체계화되면서 인식의 핵심분야인 인식의 주체, 원천, 성립, 방법, 그 이외에도 인식의 기반과 추동력, 인식의 범위, 인식의 형식과 단계, 이론과 실천의 관계, 진리의 기준, 인식의 한계 등에 대한 이론으로 분류되었다.

여기에서는 인식론의 세 가지 핵심 이론을 추려 고찰해 본다.

1절 인식의 주체론

서양철학사에서 인식의 주체에 대한 논의는 이성 위주로 진행되었으나 최근에는 이분법적 테제 위주로 감정론이 강하게 대두하면서 이성론과 격돌하고 있다.

이성론과 감정론은 각각 인식의 주체를 어떻게 정당화하고 있으며, 이 양자의 대립적인 이론 전개는 어떤 역설의 함정에 빠지게 되는가를 살펴본다.

1. 이성론

서양철학에서 이성은 인식의 주체이다. 이성기능의 내용을 인식기능의 수준과 인식의 종합능력으로 집약해 볼 수 있다.

고대 그리스철학에서 이성은 주로 인식 능력의 수준에 관한 논의였다. 서양철학사에서 인식론의 창시자로 불리는 파르메니데스를 비롯하여 헤라크리트, 엠페도클레스, 데모크리토스 등은 인식의 능력 또는 주체를 감각과 이성으로 구분하였으며, 이들의 인식 능력 수준에서 등급의 차이를 두었다.

데모크리토스는 감각 주체의 인식을 '어두운 지식'이라 했으며, 사유에 의한 인식을 '옳은 인식'이라 간주하였다. 그는 감각과 사유의 관계를 단계적으로 고찰하여, 첫째 단계인 '어두운 지식'(감각)을 기초로 하여 둘째 단계인 '옳은 인식'(이성)으로 상승한다는 견해였다.

플라톤과 아리스토텔레스는 이성만이 진리의 인식이 가능하며, 감각으로는 참된 인식이 불가능하다고 주장한 것이다.

플라톤은 인식의 대상을 현실 세계와 이데아 세계로 구분하였으며, 현실 세계에 대한 인식 주체는 감성/신체로, 이데아 세계에 대한 인식 주체는 이성(비물질적인 영혼)으로 간주하였다. 현실 세계에 대한 감각적 인식은 '의견'에 불과하며, 이데아 세계에 대한 이성의 인식(회상)만을 진리의 인식으로 구별하였다.[19]

아리스토텔레스는 인식의 대상을 개별적 사물과 물질세계의 일반성 및 필연성으로 구별하였다. 개별적 사물의 현상은 감각과 지각을 통하며, 이성은 이들의 자료에 기반하여 개별적 사물이 가진 일반성과 필연성을 파악한다는 단계적 차별적 인식론을 제기하였다.[20]

중세기에는 철학이 '신학의 시녀'로 전락하면서 인식론에 대한 거론(擧論)이 단절되었다. 근대에 와서 고대 그리스철학의 인식론이 재활성화되었다. 감각, 지각 위주와 이성 위주의 일방적 경향이 강했다.

근현대에서는 합리론 이성의 인식 기능을 절대화하거나, 감각보다 우위에 두었다.

---

19) 플라톤, Staat, VII, 21, Theätet 30.
20) 아리스토텔레스, 형이상학-Metaphysik B6.

대표적인 합리론자인 데카르트는 인식의 주체를 '이성(이론적 사유)과 감각적 표상'으로 구분하여 이성을 절대화했다. 이성은 완전무결하며 감각적 표상과 달리 자립적으로 인식할 뿐 아니라 인식의 수준에서도 감각적 표상보다 높은 단계에 있다고 보았다.

스피노자도 인식의 원천 문제를 '경험과 이성(Ratio)'으로 이분법화했다. 경험과 회상은 인식 대상에 대해 불완전하고 덧없으며 허위적인 표상(의견)을 제공할 뿐이라고 했다. 오직 합리적 사유(연역적 논리)만이 사물 간의 관계, 모든 사물이 가지고 있는 '영원하며 공고하고 불변한 질서', 신의 속성인 자연법칙을 인식할 수 있다는 것이다.

이들과 달리 칸트와 헤겔은 이성이 인식 과정을 단계적으로 상승시키는 것으로 고찰했다. 칸트는 감각적 경험을 통해 얻은 지각을 개념과 카테고리에 맞춰 구성하는 이해뿐만 아니라, 이러한 경험적인 원천에 기반한 이해를 초월하여 '절대자'에 대한 사변(思辯) 능력까지 부여하였다.

헤겔은 역사 발전을 절대정신이 자기 자신을 완성해 가는 발전단계로 고찰했으며, (절대) 이성만이 이러한 절대정신이나 신을 인식할 수 있는 능력을 가진 것으로 간주했다.

현대의 분석 철학자 칼 포퍼는 이성의 기능을 이론 전개에서 증명하는 것이 아니라, 오류를 찾아내는 능력으로 간주했다. 이성의 능력을 통해 과학주의(Szientismus)을 비판하는 것을 철학의 과제로 삼았다. 그의 '비판적 합리주의'를 적극적으로 수용한 학자는 배틀리(William W. Baetley), 한스 알베르트(Hans Albert, 1921~)등이다.

서양철학에서 인식론과 관련한 이성의 기능과 능력에 관한 논의를 다음과 같이 종합해 볼 수 있다.

- 이성은 인식의 주체이며 인식의 최고 능력이다.
  (서양철학에서 인식의 주체라는 공식적 표현은 없다.)
- 이성은 귀납적 방법으로 감각과 지각을 범주화할 수 있다.
- 이성은 인식의 조건, 틀, 체계 등을 확정할 수 있다.
- 이성은 연역적 방법으로 추론을 통해 보편적 연관을 밝힐 수 있다.
- 이성은 규칙과 원리를 내놓을 수 있다.
- 이성은 의지를 규제할 수 있다.
- 이성은 추상적인 토론의 방법을 구사할 수 있다.
- 이성은 논리와 합리성 및 체계성의 근원이 된다.
- 이성은 자기 성찰과 자기 수정을 할 수 있다.
- 이성은 언어를 수단으로 삼아 이분법적으로 인식한다.

2. 감정론

서양철학의 감정론은 고대 그리스철학에서 이미 나타난 현상이었다. 고대 그리스철학 이후 이성 위주로 이론을 전개해 왔으며, 감정 문제는 인식론, 심리학이나 행동이론에서 부수적 요인으로만 논의되었다. 근대 계몽기 이후 문학예술계에서 시작하여 철학계에서도 주목받기 시작했다. 이성 위주의 철학자들이 감정을 인식의 방해 요인으로 간주했으나, 이 견해에 이의를 제기하는 학자들이 늘어 갔다.

막스 셸러(Max Scheler, 1874~1928)는 감정에 이성과 지각 이상의 인식 능력을 부여했다. 파스칼은 "심장은 오성이 하지 못하는 이해를 한다"[21]고 했다.

헤르더는 감정만이 세계에서의 무의 존재를 확신할 수 있는 '명백감정'(Evidenzgefühl, Kritische Wälder, IV.)이며, 고틀리프 피히테는 감정은 사물 자체를 느낄 수 있는 기능, 성향이라고 했다.

이들과는 다른 측면에서 어거스트 아놀드, 윌리엄 제임스, 루돌프 로즈먼 등은 인지가 감정의 발생, 발동에 어떠한 영향을 주는가를 논의하였다.

이런 정도의 감정론이 19세기에는 감정을 이성보다 앞세우는 감정 위주의 철학이 각광을 받았다. 이러한 상황은 20세기 후반에 '정서적 전환'(Emotional turn)을 일으켜 감정이 주체가 되는 인식론이 주도권을 잡는 격이 되었다.

감정 위주의 철학을 전개한 대표적인 주인공은 반이성주의 철학자 니체였다. 문헌학자이기도 한 니체는 그의 저작 『비극의 탄생』(Die Geburt der Tragödie, 1872)에서 그리스신화 속 감정의 화신인 디오니소스를 이성의 화신인 아폴론보다 우선시했다.

고대 그리스철학에서 '아폴론적인 것'은 질서이며 이성의 성격을, '디오니소스적인 것'은 헤어나오지 못하는 '감정적인 것'으로 정의했다. 니체는 디오니소스적인 것은 아폴론적인 질서와 형식을 깨트릴 수 있는 창조적인 추동력이며, 인간 비극의 극복과 예술의 최고 정점은 디오니소스가 아폴론의 언어로 말하는 것이 아니라 아폴론이 디오니소스의 언어로 말하는 것이라고 했다.

21) 파스칼, 팡세, 파리 1961, 프램. Nr.27(Pascal, Pensees, paris 1961, Fragm. Nr.27).

니체 이후 20세기 전반 실존주의 철학자들이 감정, 정서 등을 철학의 본영으로 끌어들였다. 실존철학은 본질의 규정보다는 실존의 경험을 우선시했다. 본질 규정은 이성의 영역이며, 실존의 경험은 감성이나 감정의 영역에 속한다.

실존적 성격의 감정을 사르트르는 구토로, 카뮈는 부조리, 하이데거는 공포 또는 두려움이라고 했다. 그러나 20세기 전반 이성을 위주로 한 분석철학, 실증주의철학, 언어철학을 압도하지는 못했다.

이러는 사이 20세기 후반에 '정서적 전환'이 야기했다. '정서적 전환' 이후 철학계는 물론 심리학, 생물학, 신경학, 문화학, 사회학 등 다양한 분야에서 감정이나 정서를 위주로 한 논리 전개가 압도적이었다. 이런 학계의 시대적 조류를 독일 유력 일간지(쥐트도이체차이퉁-Süddeutsche Zeitung)도 "정말 그사이에 역사학자, 철학자, 사회학자, 문화학자들이 감정의 역사를 연구하고 있다"(SZ, 2010. 6. 26.~27.)며 주목하지 않을 수 없게 되었다고 했다.

재래의 인식론에서 이성 위주를 감정 위주로 전환한 특출한 학자는 '정서적 지성'(1995), 'IQ에서 EQ'로 전환한 미국의 심리학자 다니엘 골먼(Daniel Goleman, 1946~)과 생물학자이며 신경학자인 "나는 느낀다. 그럼으로 나는 존재한다"의 안토니오 다마시오(Antonio Damasio, 1944)이다.

다니엘 골먼은 원래 심리학자였으며 재래의 이성 주체의 학문을 감정 주체로 전환한 가장 영향력 있는 학자이다. 그의 저서 『감정, 정서적 인텔리겐스』는 1995년대 '베스트셀러'였으며, 40여 개 나라에서 번역되었다고 한다.

'정서적 인텔리겐스'라는 개념은 웨인 페인즈(Wayne Paynes)가 1985년 그의 학위 논문 「감정에 대한 연구: 정서적 인텔리겐스의 발전」에서 처음 사용했으며, 1990년에는 뉴햄프셔대학교 교수 존 마이어(John D. Mayer)와 예일대학교 교수 샐러베이(Peter Salovey)도 사용했다고 한다.

다니엘 골먼은 우선 사유와 행동에서 주도기능을 이성에서 감정, 'IQ에서 EQ'로 전환시키고 있다.

"정서의 힘을 무시하는 인간 본질/성격에 대한 견해는 슬프게도 근시안적이다. 호모 사피엔스, 생각하는 종이라는 이름은 새로운 평가와 과학이 지금 제공하는 우리 생활에서 차지하는 감정의 위상에 대한 견해의 빛에서 보면 잘못 인도하고 있는 것이다. ……인텔리겐스는 감정이 빠지게 되면 아무것도 이룰 수 없는 것이다."[22]

다니엘 골먼은 의식의 범위에서는 감정의 자기 이해, 감정의 조절을, 사회적 범위에서는 감정의 행동으로의 전환, 인간관계 수립에서는 감정의 기능을 논의했다.

이러한 다니엘 골먼과 달리 감정을 인식의 주체로 확정한 학자는 다마시오이다. 그는 원래 생물학과 신경학 전문가이며, 철학적으로는 스피노자 계열에 속한다. 다마시오는 일반 감정론자들과는 달리 감정을 인식론과 연결해 인식의 결정적인 주체로 간주하며 강조했다.

"나는 느낀다. 그럼으로 내가 존재한다"라고 했다. 감정을 인식의 주체로 간주하면서, 근대철학의 대표적 합리론자인 데카르트의 이성 위주의 명제 "나는 생각한다. 그럼으로 존재한다"에 정면으로 도전한 것

22) 골먼 , 정서적 지성, Part 1, 정서적 두뇌, 1. 무엇을 위한 정서인가?

이다.

이처럼 감정을 인식의 주체로 간주한 다마시오를 간접적으로 뒷받침한 학자들의 감정에 대한 견해를 다음과 같이 집약해 볼 수 있다.

- 감정은 인간 존재를 본질적으로 규정한다(Doris Croome).
- 인간은 감정 없이는 합리적일 수 없다(Doris Croome).
- 감정은 인간과 세계 이해에서 이성보다 더 힘 있는 위상에 있다(Luc Ciompi).
- 감정이 인간 연계의 중요한 기능이다(Daniel Goleman).
- 감정이 역사를 만든다(Luc Ciompi).

3. 옥시모론 역설(Oxymoron Paradox)

서양철학에서 인식의 주체론은 이성과 감정의 이분법이 가장 첨예하게 대립하고 있는 분야다. 인식론에서 이성은 오랫동안 왕자의 지위를 확고하게 인정받았다. 그러나 20세기 후반 심리학과 뇌신경학 등의 자연과학적 성과에 기반한 이성의 지위에 대한 도전은 만만치 않았다. 인식의 주체론에서도 역설 현상은 분명하다.

감정은 생리적 자연적 절대적 기능만을 가진 것이 아니며, 역사나 문화로 인해 이성과 모순 관계뿐 아니라 상호전환적 관계에 있다. 이로 말미암아 옥시모론 역설에 빠지게 되는 것이다.

20세기 후반 대표적인 감정의 인식 주체론자인 안토니오 다마시오는 자연적 감정을 절대화하여 이론을 전개하고 있다. 인식에서 감정의 주체성을 다음과 같이 피력했다.

"자아는 마치 생물학적 신체에서 일어나는 감정과 같은 것이다. 이러한 의식은 우선적으로 한 유기체에 복잡한 환경에서 살아남을 수 있게 하는데 기여한다. 이것은 다만 하나의 흥미 있는 생각일 뿐 아니라 신경학적인 자료와도 연결해준다. 이것은 의식을 위해 중요한 뇌 부위가 생활 과정을 조정하는데 필수적인 것과 똑같다는 것을 보여주는 것이다. 그 자신의 계속 유지를 위한 근심이 우리의 정신적인 과정을 조종한다."[23)]

다마시오의 이와 같은 견해는 여러 신경학자와 생물학자에 의해서도 뒷받침되었다. 뇌는 듣고 본 인상을 동시에 작업하며, 감동/감정적인 작업이 더 직접적이다. 예술작품에 대한 첫 반응은 정서적인 각인이며, 그다음 지성적인 작업의 길이 열리게 된다는 것이다.

그는 같은 인터뷰에서 다스리는 감정의 자연성 외에도 문화성, 사회 역사성의 조건에서 복합적으로 형성되고 조건에 따라 달리 작용한다는 심리학자 보텐베르그의 견해를 지적했다.

감정을 형성하는 중요 요인인 문화성과 사회 역사성은 이성적인 성찰 없이는 형성과 작용이 불가능하다. 이런 조건에서 순수감정은 선험적으로 가능할 수 있지만 현실적으로는 불가능하며, 오히려 감정은 이성에 의해 조정되는 관계에 놓이게 된다.

이런 문제의 해결 방안으로 제안한 것이 토론토대학 교수 로널드 드 수사(Ronald de Sousa, 1940~)의 『정서의 합리성』(The Rationality of Emotion 1987)과 케롤라 마이어-시탈러(Carola Meier-Seethaler,

23) 독일주간신문 디 짜이트(die Zeit)와 인터뷰, 2000. 10. 5.

1927~)의 『정서적 이성』(Emotionale Vernunft)이라 할 수 있다.

그러나 인식 주체의 옥시모론적 해결 방안은 이성과 감정의 이분법적 인식 주체에 대한 역설에 빠지게 된다는 반증일 뿐이다

2절 인식의 성립론

서양철학에서 인식의 성립론과 관련해서는 경험론적인 관점과 합리론적 관점의 이분법으로 논의되고 있다.

경험론과 합리론은 제각각 인식의 성립론을 전개하는 과정에 제한성이 발생하자, 양자의 결합 방식으로 출로를 찾고자 했다. 그러나 이 결합은 출로가 아니라 역설로 귀결되고 있다.

1. 경험론

서양철학에서 경험론은 감각 또는 지각을 인식의 원천으로 삼아 인식의 성립론을 전개한다. 인식의 성립론은 근대 영국의 경험론에서 체계화된 이후 프랑스, 독일, 오스트리아 등의 유럽 대륙에서 실증주의와 논리경험주의(논리실증주의)로 발전했으며, 20세기 초반 논리경험주의는 미국의 철학계에 전파되었다.

경험론의 기반인 인식의 감각적 원천에 대한 논의는 고대 희랍철학의 '소박한 경험론'(에피쿠로스, 데모크리토스, 프로타고라스, 스토아 철학)에서 시작했다. 그 이후 이 논의는 후기 스콜라 철학자들과 르네상스 시기에 발전한 자연과학에 의해 촉진되었다.

이러한 상황에서 대두한 출중한 학자들은 후기 스콜라철학의 거두이며 그 당시 자연과학에 통달한 영국의 둔스 스코투스와 윌리엄 오컴이다. 이들은 자연과학 발전에 상응하여 인식에서 감각적인 원천을 기반으로 한 경험론 체계화의 선구자였다.

둔스 스코투스와 윌리엄 오컴은 신앙과 이성을 분리하여 신학과 철학을 별개의 학문으로 구분하였으며, 유명론자인 오컴은 물질의 현실성을 인정하였다. 객관적인 세계에 대한 인식은 감각적인 경험으로 시작된다는 견해를 밝혔다

이들의 성과에 기반해 인식의 원천과 더불어 인식의 성립까지 체계화한 경험론은 16~18세기 영국에서 처음 대두했다. 그 당시 대표적인 경험론자들은 경험론의 창시자로 알려진 베이컨, 경험론적 인식의 성립론을 체계화한 로크, 홉스, 버클리, 흄 등이었다. 그 외 그 시대의 유럽 대륙에서는 예외적으로 프랑스의 피에르 가상디가 이에 합류했다.

이들 논의의 핵심은 감각의 성격과 인식의 성립 문제였다.

영국의 경험론에서 인식의 원천인 감각의 성격에 대한 논의는 물질론적 경험론과 관념론적 경험론으로 이분화되었다. 물질론적 경험론은 감각의 외부 세계가 인간의 감각기관에 작용하여 나타난 것이라는 견해이며, 베이컨, 로크 등이 이에 속했다. 그와 달리 관념론적 경험론은 객관적인 외부 세계를 인정하지 않고, 외부 세계는 단순한 감각의 복합이거나 감각의 단순한 연결에 불과하다는 견해이며, 버클리와 흄

등이 대표적이었다.

인식의 성립에 대해서 로크는 그의 대표 저작인 『인간이해에 관한 에세이』에서 다음과 같이 피력하고 있다.

"인간의 정신은 선천적인 관념(ideae innatae)이나 어떤 원리를 가진 것이 아니라 백지(tabula rasa)와 같은 상태가 원 모습이다. 여기에 '외적인 감각경험'(sensation)과 '내적인 자체 영상'(reflection)을 통해 인식이 성립된다."[24]

이러한 경험론은 19세기 말에서 20세기 초 '경험비판주의'로 계승되었으며, 이 이론에 기초하여 20세기에는 논리경험주의(논리실증주의)로 계승되었다.

오스트리아의 에른스트 마흐(Ernst Mach, 1838~1916)는 영국의 존 스튜어트 밀(John Stuart Mill, 1806~1873)과 허버트 스펜서(Herbert Spencer, 1820~1903)의 경험론을 기반으로 '경험비판주의'를 제기했다. 이 이론은 프랑스의 콩트(Auguste Comte, 1798~1857), 독일의 뒤링(Eugen Karl Dühring, 1833~1921), 아베나리우스(Richard Avenarius, 1843~1896) 등의 실증주의를 결합하여 경험비판주의 이론이 되었다.

경험비판주의는 감각을 자극하는 객관적 실체를 인정하지 않으며, 감각을 모든 사실의 '요소'로, 사실은 감각 복합체로 간주했다. 따라서 인과성, 필연성 등의 범주는 객관적으로 존재하지 않으며, 이들은 다만 습관에서 연역된 '사유상징'에 불과할 뿐이다.

실증주의의 특징은 인식 원천의 형성 문제가 아니라 성격을 논의

---

24) 로크, An Essay Concerning Human Understanding, 1690(독일어판, Ein Versuch über den menschlichen Verstand, Meiner Hamburg, 2000 참고).

하는 것이었다. 실증주의의 창시자인 콩트는 『실증주의의 정신에 대한 견해』(1844)에서 인식의 원천을 '긍정적인 것'(positiv)이라고 하였다. 그는 '긍정적인 것'을 '부정적인 것', 즉 '비현실적인 것'에 대칭해 '현실적인 것'이라고 했다. 이 '현실적인 것'을 '주어진 사실'이라고도 했다. 이외에도 긍정적인 것에 '사회적으로 유용한 것', '확정할 수 있는 것' 등을 부가했다.

실증주의가 규정한 인식 원천의 성격은 '긍정적인 것', '사실적인 것', '의심이 없는 것', '우리에게 주어진 현실'(스펜서) 등으로 종합해 볼 수 있다.

논리경험주의는 경험비판주의의 '사유상징' 이론과 실증주의의 '사회적 유용성' 이론을 부연하고 결합한 이론이라 축약할 수 있다.

논리경험주의는 비엔나 크라이스에 속한 한스 한(Hans Hahn, 1879~1934), 오토 노이라트(Otto Neurath, 1882~1945), 모리츠 슐리크(Moritz Schlick, 1882~1936), 루돌프 카르납(Rudolf Carnap, 1891~1970) 등이 주도했으며, 1929년 프라하 국제회의에서 하나의 새로운 경험주의학파로 등장하였다. 이후 논리경험주의는 유럽뿐 아니라 미국에서도 활발히 논의되었다.

카르납은 프레게의 논리주의를 도입하여 새로운 경험론을 확립했다. 그는 전통적인 경험론에서 감각이 인식의 원천이라는 제한성을 극복하기 위해 제2의 원천으로 논리성을 첨가했다. 논리성이란 '실증할 수 있는 관찰문장' 같은 것이며, 경험비판주의의 '사유상징' 이론과 연관이 있다고 할 수 있다.

그 결과 실증할 수 없는 모든 문장 또는 개념, 예를 들면 이성의 산물인 형이상학적인 이념, 절대정신, 선험성 등은 무의미하다. 그 결과 인식론에서 완전히 배제되었다.

카르납을 비롯한 여러 비엔나학파 회원들이 영국과 미국으로 이주한 여파로 여기에서도 논리경험주의가 뿌리내리게 되었다. 그 결과 논리경험주의는 미국에서 실용주의와 결합하였으며, 독일에서는 분석적 철학으로 변신하는 등 20세기 세계철학의 하나로 큰 주류를 형성했다.

이렇게 미국과 전 유럽에 발판을 넓힌 논리경험주의는 그 한계에 부딪히게 되었다.

"분명한 지식/인식은 다만 경험의 길에서만 가능하다는 명제 자체는 경험에서 발원되지 않는다(에피크로스)."

미국을 비롯해 전 유럽에서 논리경험주의는 모든 과학적 지식을 물리학의 진술로 환원이 가능하다고 믿고 '통일과학'(United Sciense) 이론까지 제기했다. 그러나 1930년대 『국제통일과학백과사전』이라는 원대한 프로젝트가 이 한 부분으로 기획된 토마스 쿤(Thomas S. Kuhn)의 『과학혁명구조』(The Structure of scientific Revolutions, FusII-2)라는 저작의 실패로 파탄났다. 이 파탄은 논리실증주의 내지 논리경험주의의 결정적 타격이 되고 말았다.

이러한 파탄은 결국 경험론이 배격하는 합리론을 소환할 수밖에 없는 역설을 피할 수 없게 되었다.

2. 합리론

합리론은 서양철학의 인식론에서 인식의 성립과 관련하여 경험론과 대립되는 이론이다. 합리론도 근대철학에서 확립되었으며, 그 대표적인 학자는 수학자 및 자연과학자이기도 한 프랑스의 철학자 데카르트였다.

합리주의의 개념화는 데카르트 이전 갈릭(G. Gawlick, 1539)이 처음 제기하였다. 데카르트 이후 합리론은 18세기에 전성기를 맞았으며, 19세기에는 신학과 결합한 신학적 합리론, 20세기에는 합리성을 새롭게 정립하려는 비판적 합리론으로 변천 전개되었다. 합리론의 합리성은 가치이론과 결합하여 새로운 사회 이론으로 창출되었다.

데카르트는 인식의 성립을 이성적으로 투명하고 명확한 '생래적인 관념'(Ideae innatae)에서 찾았다. "생래적인 관념은 어떤 대상의 지각과 관련한 관념이나 상상력에 의해 생산된 관념과 구별된 관념이다." '생래적인 관념'의 성격은 분명하고 확실하며, 명백하고 선험적이다.

데카르트의 생래적인 합리성 사상은 플라톤의 이데아론의 선험성과 연결되어 있다. 플라톤의 인식의 성립은 인간이 태어나기 이전에 이데아 세계의 관조를 전제로 한다(그의 저서 『메논』, 『파이돈』). 따라서 인식은 생전에 이미 얻어진 이데아 세계의 회상 외에 다름 아니다.[25] .

이러한 '생래적인 관념'만이 합리적이며 수학적인 기본개념을 통해 인식될 수 있는 '보편적인 기본문장'으로 표현된다. 감각을 통한 사물

25) 볼프강 뢰드(Röd)의 철학사 7권. 81쪽, C.H. Becker 출판사, München 1999.

의 질, 즉 색깔, 열, 맛, 부드러움 같은 것 등은 불투명한 것과는 상반되는 것이다.

데카르트 이전에도 소박한 수준이기는 하지만 인식의 원천이나 성립을 감각적인 경험이 아닌 수에서 찾은 그라에키아의 제논과 피타고라스에서 나타나고 있다. 근대의 갈릴레오도 이 견해를 받아들여, "세계는 전적으로 수학적으로 정식화할 수 있는 법칙으로 통치되고 있다"고 했다.

데카르트에 의해 체계화된 합리론은 18세기 서양철학사에서 가장 활발히 논의되었다. 합리론에 대한 데카르트와 이들의 견해를 다음과 같이 요약해 볼 수 있다.

- 인식의 원천은 감각적인 것이 아니라 이성적인 것이다.
- 인식의 근거로 유크리트 기하학의 기본원리와 같은 공리 또는 이성적 원칙을 찾아낸다.
- 인식의 과정은 이 원칙에 근거하여 논리적 연역적 방법으로 추리한다.

이러한 합리론의 인식론은 신학이나 형이상학, 윤리 가치론과 결합하여 새로운 이론들이 등장하기도 했다.

근대 합리론이 활발하던 시기에는 신학과 합리성을 결합한 합리적 신학이 붐이었다.

그 대표적인 학자들은 로테르담(Erasmus von Rotterdam, 1466~1536), 벨(Pierre Bayle, 1647~1706), 두마르사이(Cesar Chesneau Dumarsais, 1676~1756), 슈미트(Johann Lorenz Schmidt, 1702~749), 바움가르텐(Sigmund Jakob Baumgarten,

1706~1757), 레이마루스(Hermann Samuel Reimarus, 1694~1768), 로이어(Johan Friedrich Röhr, 1777~1848), 레싱(Lessing(1729~1789) 등이었다.

20세기에는 인식론에 윤리 가치론을 결합한 '비판적 합리주의'가 출현했다. 이 학파의 주된 학자는 포퍼를 비롯해서 앨버트, 바틀리, 애거시, 밀러 등이다.

이 학파의 대표적 철학자인 포퍼는 인식론 전개에서 합리성과 인식주체의 도덕적 관점과 태도를 그의 저술 『개방사회와 그의 적들』에서 다음과 같이 피력하고 있다.

올바른 인식을 성립시키기 위해서는 경험과 논증할 때 비판적 입장을 취하고, 사람은 과오를 범할 수 있다는 관점을 수용(Fallibilismus)하며, 비판적으로 과오를 인정(Falsifizierbarkeit)하며, 비당파성의 입장을 취해야 한다. 자기 이성을 다른 사람의 이성에 접속, 권위의 거절, 과오에서 배울 준비 등이 되어야 하고, 이런 태도의 합리적인 토론을 통해 사회적 갈등이 해결되는 개방사회가 가능해진다는 것이다.

또한 합리론의 합리성과 사회 이론이 결합하여 여러 유형의 사회 이론이 등장했다. 예를 들면 '토론 이론', '경제 이론', '놀이 이론', '합리적 결정 이론', 하버마스와 아펠의 '통화적 합리주의', 뤼멜린의 '구조적 합리주의', 슈네델바흐의 '합리성 유형' 등을 들 수 있다.

이처럼 서양철학에서 합리론은 영향력 있는 주류의 하나가 되었지만 20세기 후반 그 한계와 역설로 이전과는 다른 심각한 도전을 받고 있다. 이 도전을 경험론과의 결합을 통해 출로를 찾고자 하나둘 역설의 함정에 빠지고 있다.

3. 뮌하우젠 역설

서양철학에서 인식의 성립론은 경험론과 합리론의 이분법적 테마 설정으로 논의되었다.

경험론은 자기의 한계를 쉽게 노출하고 있으며, 이 한계를 극복하기 위해서는 합리론과 결합하지 않을 수 없게 된다. 그러나 합리론도 자기의 한계를 경험론의 도움으로 극복하고자 하나 '뮌하우젠 역설'(Münchhausen Paradox)[26]에 빠지고 만다.

경험론의 핵심 내용은 첫째, 감각이나 지각을 인식의 원천으로 삼는다는 것이며, 둘째는 이러한 개별적 인식 원천을 귀납적 방법으로 일반성이나 법칙성을 도출하는 것이다. 그러나 이 두 가지 모두 자기 한계성을 안고 있다.

첫째, 감각 또는 지각은 인간의 감각기관이 외적 대상의 자극을 수동적으로 받아들여 형성된 것이다. 따라서 그 성격은 주관적이며, 그 내용은 항상성이 없으며 상대적이다.

첫째 문제의 한계성에 대해서, 레너드 넬슨(Leonard Nelson)은 "경험적 지식의 정당성을 경험적으로 유출할 수 없다"고 했다. 이러한 지적에 대해서 '논리적 경험론'은 경험 가능한 인식의 원천 중에서 과학적으로 정리된 것만을 골라 분석하여 답을 얻는 것으로 해결하고자 한다. 분석된 답을 누가 어떻게 옳고 그름을 검증할 것인가? 그 주체에 대한 답을 요구하고 있다.

둘째, 귀납법은 경험론 성립의 필수불가결의 방법론이다. 밀(John

26) 독일식 발음은 '뮌흐하우젠'이다.

Stuart Mill, 1806~1873)에 의하면 "귀납법은 어떤 특별한 경우들에서 참된 것이, 또한 모든 경우에도 참되게 되는 어떤 것을 귀결하는 이해 작업이다"[27]라고 했다. 귀납법은 아리스토텔레스에 의하면 "개별적 명제에서 일반적인 결론을 도출"하는 것이다.

둘째 문제 한계성의 귀납적 인식 작업은 수동적인 감각기관일 수 없으며, 주체적인 이성기능이라 할 수밖에 없다. 그렇다면 인식론에서 이성을 배제한다는 경험론은 자기모순에 빠지게 된다. 합리론은 인식의 원천을 감각이 아니라 직관을 통해 얻어내거나, 이 원천을 기반 삼아 연역법의 수단으로 인식론을 성립하기도 한다.

직관은 어떤 논의나 성찰(실험적인 숙고) 없이 '관조'를 통한 직접 인식을 의미한다. 직관을 '내적인 소리', '영감' 또는 '복식감정'(Bauchgefühl)이라고도 한다.

연역법은 아리스토텔레스의 정의에 의하면 '삼단논법'이다. 삼단논법은 대전제(Proposia myjor), 소전제(proposio minor) 그리고 결론으로 구성된다. 연역법의 대전제로부터 결론을 이끌어내는 방식은 세 가지이다. 첫째는 일반성의 대전제에서 낮은 단계의 일반성을 추론하는 경우, 둘째는 일반성에서 일반성을 추론하는 경우, 셋째는 개별성에서 특수성을 추론하는 경우이다.

합리론을 간략하게 정립한다면 직관이나 선험적 인식의 원천을 연역법(삼단논법, 원인과 작용과 결과, 작용의 상관관계, 규칙성, 유사성 등)을 통해 인식론을 성립하는 것이다. 이러한 인식의 원천으로 현상학에서는 '사물의 본질', 선험적인 것으로는 공리, 원리, 도그마 등을 의

27) 독일어판, 전집 중, 『귀납적 및 연역적 논리체계』 Leipzig, 1872.

미한다.

여기에서 문제가 되는 것은 직관이 얻어낸 전제가 항상 옳다는 보장이 없다는 것이다. 전제가 옳지 못하면 삼단논법으로 추론된 결론은 틀릴 수밖에 없다. 전제의 출처와 검증이 필수적이다. 전제의 검증은 전 전제의 검증, 또 이 전제 이전 전제의 검증 등으로 무한 순환론의 역설에 빠지게 된다(칸트의 이율배반도 그 한 예이다).

이런 역설을 알베르트나 프레게는 '뮌하우젠 트릴레마'(Münchhausen Trilemma)와 연결한다. 알베르트가 아리스토텔레스의 분석론 후편(Analytica Posteriora), 피론주의의 회의론, 아그리파의 회의주의(기원후 1세기), 중세기의 절대자론을 묶어 이미 있었던 전설적인 뮌하우젠의 이름에 붙여 체계화한 것이다.

'뮌하우젠 트릴레마'는 아그리피나의 다섯 개 문제(Agrippa 5 Trope) 중에서 세 가지, 즉 '순환논증', '무한후퇴', '논증의 중단' 만을 뽑은 것이다. 이 세 개는 모두 받아들일 수 없는 선택지에서 하나를 선택해야 하는 역설이다.

프레게는 알베르트 이전에 '뮌하우젠 트릴레마'를 참고하여 '최후증거론'을 통해 합리론의 인식론 전개가 역설과 과오에 빠질 수밖에 없다는 것을 규정하고 있다.

"모든 것이 기반하는 원래의 터전이 도대체 여기 어디에 있는 건가? 또는 자기 머리칼로 늪에서 자기를 빼내려는 뮌하우젠의 경우와 같은 것인가?"[28)]

서양철학 인식의 성립론에서 나타나는 역설의 경험론은 자기의 한

---

28) 프레게, 『산술의 기본법칙』, 다름슈타트, 1962, 2판 18~19쪽.

계를 벗어나자면 자기와 대립된 이성론의 도움이 필요한 무한후퇴에 빠지며, 이성론은 무한 전제 요구의 순환론에 빠지는 '뮌하우젠의 역설'이라 할 수 있다.

20세기 후반 이후 서양철학은 이성의 합리성에서 발생하는 역설을 인정하면서, 그 근원과 해결 방안도 제시했다.

카렌 글로이(Karen Gloy, 1941~)는 역설의 근원을 "어떤 일반성을 절대화하고, 부분적인 개체에 자기식으로 관계 설정"하는 데서 발생한다거나, 알베르트는 "최종 근거(최종 원인 또는 더 이상 후퇴할 수 없는 최초 시작)를 찾거나 학문적으로 증명하고자"할 때 '철학적 문제'(역설)가 발생한다는 것이다.

독일의 새 시대 철학자 글로이는 『이성과 이성의 다른 면』의 저서에서 이성의 몇 가지 유형을 분류해 '메타 역설적 합리성'을 언급하고 있다. 그녀는 여기서 '뮌하우젠 트릴레마'와 더불어 서양철학사에서 많이 알려진 '제논의 역설', '의미론적 역설', '집합론적 역설' 등을 종합하고 있다.[29)]

이러한 역설들을 칼 포퍼는 '시도와 오류'의 방법을 구사하여 점차 극복해 가거나, 알베르트와 글로이 같이 최후 근거를 찾는 논의를 중단하고 상대주의론을 인정하는 논의를 새로 시작해야 한다고 제안한다. 이러한 역설의 근원에 대한 진단과 극복 안이 과연 역설의 출로가 될 수 있을지 의문이다.

---

29) 글로이, 『이성과 이성의 다른 면』, 170쪽.

3절 인식의 방법론

서양철학에서의 인식은 객관적 세계를 모사한다는 모사론과 객관적 세계를 인간의식이 구성한다는 구성론의 이분법으로 논의되었다. 모사론을 마르크스-레닌주의에서는 반영론(Wiederspiegelungstheorie)이라고도 부른다.

모사론(Abbildtheorie)이나 구성론(Konstitutionstheorie)은 다양하게 논의되고 있으나 각자가 자기 한계를 노출하고 있다. 뿐만 아니라 양자 결합을 통해 극복을 시도해도 오히려 '악마의 순환'이라는 역설을 초래하게 된다.

인식의 방법론은 인식 태도의 규정에 따라 인식의 성격이 되기도 한다. 인식의 결과를 반영과 구성의 주동적인 인식으로 보면 인식의 방법론이 되며, 모사를 수동적인 인식으로 보면 모사론은 인식의 성격론이 될 수 있다.

1. 반영론

반영론은 인식 주체가 감각과 지각을 통해 인식 대상을 반영 또는 모사하는 방법을 통해 인식한다는 이론이다. 일반적으로 그림자와 같다 해서 반영론이라고 하나 실물을 모방했다 해서 '모사론'이라고도 한다.

모사론(반영론)은 고대 그리스철학, 근대의 경험주의, 근대 이후 마르크스주의, 현대의 언어학 등에서 인식의 방법론으로 채택되고 있다. 모사론의 특징은 모사를 일으키는 대상과 인간의식에 반영된 것의 서술은 일치(Korrespondenztheorie)해야 한다는 것이다.

모사론은 고대 그리스철학에서 원자론자인 레우키포스와 데모크리토스에 의해 제기되었다. 이들은 인식의 결과를 인식의 대상이 인식 주체에 반영된 것으로 간주했다.

"대상으로부터 보이지 않는 원자군 또는 영상이 항상 떨어져 나오며, 감각기관을 통해 정신으로 들어오며 정신 속에서 자기를 투영한다."[30]

근대의 경험론에서는 모사가 어떻게 일어나는지의 과정보다는 모사 주체와 모사된 것과의 일치 문제가 주된 관심이었다. 일치론의 주장자는 대부분 경험론자와 물질주의자, 일부 합리론자였다.

홉스는 "지각은 의식 내에서 물질적인 물체의 모사"라고 했으며, 폴 앙리 디트리히 돌바크(Paul Henri Dietrich d'Holbach)는 "모든 이데/이념은 감각과 지각을 발원하는 그 실체의 모사이다"[31]라고 했다. 스

30) 루크레즈, 데럼 나투라 4세.
31) 홉스, 자연계(System der Natur) I. 8.

피노자는 "인식은 이념을 통한 사물과 사물 질서의 반영이다"[32] 등의 견해로 일치론을 주장했다.

근대에서는 인간의 의식에 모사된 결과가 모사를 일으킨 대상과의 '적합성' 또는 '일치성'이 모사론의 주된 문제였다. '일치론'은 모사의 발원 대상과 의식에 모사된 것과 일치한다는 이론이며, '적합성'은 의식에 모사된 내용이 이를 표현한 개념과 일치하느냐 또는 일치하지 않으냐의 문제이다. 이러한 인식론적 적합성 문제는 중세기 스콜라철학의 인식론에서도 '진리는 사실과 인식의 적합성'이라는 견해로 이미 논의된 바 있다.

근대의 모사론 이후 마르크스주의는 서양철학에서 가장 종합적이며 체계적인 반영론을 정립했다.

"모사이론의 출발점은 다음과 같다. 즉 인식의 대상, 객관적인 실제는 사회적 인간으로서 인식하는 주체와 독립적으로 외부에 존재하는 것이며, 인식의 대상은 실천에 기반해서 복잡한 인식 과정에서 의식적으로 파악되고 감각, 지각, 개념, 표현, 이론 등의 관념적인 모사로 반영된다. 다시 말하면 물질적인 것이 인간의 두뇌에서 관념적인 것으로 전환되고 번역되는 것이다."[33]

마르크스주의는 마르크스주의 이전 '이코니스적(초상화적) 성격의 반영론'을 '의미론적 반영론'으로 전환했다. 이를 위해서 자연과학적 발전성과를 도입하여 반영주체의 반영 능력을 증진시켰다. 마르크스주의 이론가는 무엇보다 현대과학이 발전시킨 신경키버네틱과 정보이론을 참작하여 반영을 더 정확히 할 수 있는 방도를 찾았다. 이를 통

---

32) 스피노자, 윤리학 제2장 제7절(Ethik II, Lehrsatz 7).
33) 철학용어사전, 1권, 2쪽.

해 개별적인 대상뿐 아니라 사회적 가치와 법칙도 반영적 인식으로 가능하다는 견해를 보였다.

“모사는 반영 과정의 이념적 결과이다. 인간은 이 반영 과정에서 사회적 실천에 기반하여 여러 가지 형식의 사회적 의식, 말하자면 학문, 이데올로기, 도덕, 예술, 종교 등 객관적 사실을 정신적으로 획득한 것이다. 이 반영물은 물질적인 것을 이념적인 것으로 전환하는 복잡한 과정에서 발생한다.”[34)]

반영론은 마르크스주의와 같이 반영하는 주체가 아니라 반영되는 대상에서 새롭게 전개한 이론이다. 루트비히 비트겐슈타인(Ludwig Wittgenstein, 1889~1951)의 언어철학적 반영론이다. 비트겐슈타인은 그의 대표 저작인 『논리-철학 논고』에서 반영의 대상을 물질적 요소와 구조, 형식의 결합으로 간주했다. 반영 대상의 물질적 요소는 감각의 반영이며, 반영 대상의 구조와 형식은 언어라는 수단을 통해 반영된다는 것이다. 언어는 어떤 종류이든 실재를 논리적으로 모사할 능력을 가졌다. 이런 언어기능은 실재의 구조를 반영하는 경우와 달리 실재의 반영과는 상관없는 반영기능도 있다는 것이다. 비트겐슈타인은 언어의 반영론에 대한 회의에 빠지게 된다.

언어가 의미론적 차원에서 실재와 상관없는 공허한 개념으로 되기도 하며, 실재의 반영과는 상관없이 개념을 결합하는 경우가 되기도 한다. 전자의 예는 “무를 무화한다”, “신이 존재한다” 등이며, 후자는 “나무가 사랑에 빠졌다”, “돌이 운다” 등이다.

반영론은 마르크스주의적이든 언어철학적이든 그 성립 자체에서부

---

34) 마르크스 엥겔스 전집 23, 27쪽.

터 많은 문제가 제기되었다. 오늘날 심리학, 생물학, 뇌신경키버네틱이 발전했다 하더라도 지각할 수 없는 전자, 방사선, 유전자 등 감각이나 지각, 또는 언어를 통해 반영될 수 없는 대상이나 영역이 많다는 것은 상식으로 아는 사항이다.

뿐만 아니라 반영론은 논리적 범위에서도 그 자체에 한계가 있는 구성론의 도움 없이는 성립될 수 없는 역설에 빠지게 된다.

2. 구성론

구성론은 반영론과 대립된 인식 방법론이다. 객관적 실재는 인식론적 반영론이나 과학적 실재론의 주장과 달리 객관적 실재로서의 인식은 불가능하며, '실재'란 인식 주체가 언어(개념)를 매개로 구성한 것에 불과하다는 이론이다.

구성론을 모사론이나 반영론과 구별한다면 구성론은 인식 대상에서 대상을 고안해 내는 것이며, 모사론이나 반영론은 인식 대상에서 대상 자체를 찾아내는 것이라 할 수 있다.

구성론의 선구자로 칸트를 내세우기도 하나, 인식의 반영론에 대립된 인식의 방법론으로서의 구성론의 전개는 20세기에 들어서 대두했다.

대표적인 학자는 피아제(Jean Piage, 1896~1980), 그의 영향을 받은 글래저스펠트(Ernst von Glasersfeld, 1917~2010)와 그의 친한 동료 포어스터(Heinz von Foerster, 1911~2002)라 할 수 있다.

피아제는 스위스의 생물학자이며 발전심리학자였다. 학문적 중심 과제는 인간의 인식(지성) 발전과정에 대한 체계적 연구였으며, 이 이론 전개의 기초는 범주(쉐마)였다. 범주는 인간 지성의 초석이며, 이 범주는 인간의 지성에 의해 구성된다는 것이다.

아일랜드계 미국 철학자 글래저스펠트는 구성론을 모사론과 구별하였다. "우리가 지식이라 부르는 인식적인 구조는 사실의 모사가 아니라, 순응의 결과라 해야 할 것이다."[35)]

또한 그의 친한 동료이며 물리학자, 키버네틱의 철학자인 오스트리아 태생 포어스터도 그의 '구성론 입문'에서 "지각과 인식은 구성적 활동이지, 모사적인 활동이 아니다"라고 주장하고 있다.

이들 이외에도 카르납과 호르크하이머도 인식의 방법론에서는 구성론을 취하고 있다. 이들의 구성론이 인식 방법론으로서의 반영론에 대한 대안으로 문제를 제기했다면, 그 이후 구성론의 핵심적인 논제는 구성의 타당성 문제였다. 이 문제는 구성의 결과를 절대시하는 '절대적 구성론'과 상대성을 인정하는 '에어랑겐 구성론'으로 구별하여 논의하였다.

극단적 구성론은 어떠한 절대적인 사실, 관찰자가 없는 객관적 사실을 인정하지 않는다는 점에서 극단적이다. 이러한 사실은 인식자의 '자기 경험, 자기의 역사, 자기의 발전 그리고 지각할 수 있는 자기의 신체적 가능성'의 산물이 된다. 이러한 구성적 산물을 글라저스펠트는 피아제의 '적응'이론을 받아들여 열쇠통에 적응한 열쇠로 비유하고 있다.

35) 포어스터, 글라저스펠트, 기타, 『구조주의 입문』, 29쪽.

'극단적 구성론'이 활발하게 논의된 결정적 계기는 1978년 '사실의 구성'을 주제로 한 샌프란시스코 학술회(Heinz von Foerster und Francisco Varela 주최)에서 발표한 오스트리아 출생의 통화이론학자 폴 바츨라빅(Paul Watzlawick, 1921~)의 논문 「찾아낸 사실, 그것은 얼마만큼 사실적인가」였다. 그는 여기에서 관찰자의 신체적인 그리고 정신적인 한계 내에서 개인적으로 고안(Erfindung)된 사실만을 인정하고 있다.

이에 대해 객관적 실재론은 고안이 아니라 발견(Entdeckung)이라는 견해로 구성론을 반박하고 있다.

'극단적 구성론'은 절대적인 사실, 관찰자가 없는 객관적 사실은 인정하지 않았으며, 구성된 사실의 진위 문제를 한 개인이 구상한 객관적인 사실이 아니라, 다른 개인이 구상한 사실과 비교하는 방법에서 찾았다. 이런 방법론에 끊임없이 발생하는 상대성을 극복하기 위한 대안이 '얼랭어 구조주의'(Erlanger Konstruktivismus)라 할 수 있다.

'얼랭어 구조주의'는 개별적 개인의 구성이 아니라 여러 개별적 구상의 '공통적인 일치'에 의한 구성을 주장하는 것이 특징이다. 공통적인 일치를 달성하기 위해서 학문적인 방법론을 중요시하게 된다. 이와 관련해서 '얼랭어 구조주의'를 '방법론적 구성론', 또는 마르부르크학파(Marburger Schule)라 부르기도 한다.

그러나 얼랭어학파의 여러 가지 구성론이 방법론을 발전시켜 '공동적인 일치'를 얻어냈다 해서 그것이 실재성이 있는 것인지, 아니면 또 하나의 주관적인 산물인지에 대한 새로운 상대성의 발생에 대해 분명한 논의가 요구된다.

그럼에도 인식론의 구성론은 철학 외에 다른 학문, 예를 들면 사회학의 체제이론, '논리적 입문론'(Logische Propädeutik), '수학적 구성론'(Mathematatische Methodenlehre), '구성적 대화 규칙'(Konstruktive Dialogregeln) 등에 영향을 주고 있다.

사회학자 니클라스 루만(Niklas Luhmann, 1927~1998)은 '극단적 구성론'을 사회학 체제이론에 적용하여, 사회 구성원의 통화를 통해 구성 과정의 결과로서의 실재를 규명했다. 구성 과정은 인식의 자기 고유의 조건에 기반할 뿐, 인식과 독립된 사실의 조건과는 상관이 없다. 이러한 사회체제는 자생력(Autopoiesis)을 갖게 된다.

'논리적 입문론'은 학문적 언어의 논리적 구성에 대한 규칙 문제를 논의하였다. 좀 더 구체적으로는 학문적 언어의 기본특징, 그것의 불분명성, 그로 인한 오해와 그에 대한 대안 찾기 등이다. 이 이론은 1970년대를 전후해서 캄라와 로렌센이 처음 체계화하였으며, 1983년에는 '논리적 의미론적 입문론'(투겐트하트, 울프), 2001년에는 '논리적 실용적 입문론' 또는 '방법론적 문화주의'(로렌센의 제자, 야니스)로 발전하였다.

수학적 구성론은 수학적 대상을 수학자의 직관에 의해 구성하는 방법론이다. 수학적 방법론은 네덜란드 수학자이며 철학자 라위천 브라우어르(Luitzen Egbertus Jan Brouwer, 1881~1966)에 의하면 '형식적 상징상을 만들어내는 규칙'이 된다. 이런 견해의 시원은 고대 그리스 수학자 에우독소스이며, 구성론의 원천이 되기도 한다.

그러나 구성론은 유기체와 관련한 이론에서 심각한 한계를 보이며, 인식론으로서도 역설의 함정에 빠지게 된다.

루만의 자생력 이론은 칠레의 신경생물학자 마투라나와 바레라(Humberto Maturana und Francisco Valera)의 견해를 받아들인 것이다. 그러나 루만은 유기체인 생물의 자생력을 인간 이성의 산물인 사회체제의 무기체에 유기체의 자생력을 부여하고 있다. 과연 구성론에 의해 유기체를 창출할 수 있는 것인가?

3. 악마의 순환

인식 방법론으로서 모사론(반영론)과 구성론은 위에서처럼 여러 가지로 논의되고 있지만 제한성을 피할 수 없다. 제한성을 양자 간 상호 보완을 통해 극복하고자 하나 오히려 '악마의 순환'(Circulus vitiosus) 또는 악순환의 역설에 빠지고 만다.

독일 물리학자 듈(Hans-Peter Dürr, 1929~2014)은 사실주의에 대한 설명에서 반영론의 문제에 대한 문제점을 언급하고 있다.

"우리는 자연과학의 강력한 영향을 받아 우리의 현실에 대한 지각이 현실과 일치하며, 심지어 이 현실이 물질로 되어 있어 부분으로 쪼갤 수 있는 실물로 해석하는 습관이 있다. 그러나 근래의 물리학은 우리에게 이런 견해를 심각하게 수정하도록 하는 교훈을 주고 있다. 이 교훈이 의미한 바는 표상이 객관적 현실, 물질적으로 주조된 현실에 상당히 근사하다는 데는 일리가 있지만, 절대적인 자연법칙으로는 허락될 수 없는 허위이며, 심지어 이런 표상은 진짜 현실의 본질을 깊이 있게 통찰할 수 없게 한다는 것이다"(위키피디아, 사실주의).

또한 구성론은 사실의 인식에서 편안히 잠자러 여관에 들어 갔는데 손님을 침대의 크기에 맞춰 신체의 일부를 잘라내기도 하고, 늘리기도 하는 '프로크루스트 침대'(Prokrustes Bett)와 같은 것이 아닌가?

그러나 구성론과 반영론의 본질적인 한계는 인식의 구성과 반영의 수단, 그리고 이 양자 간의 관계 문제가 해명되지 못해 역설에 빠지는 현상이다.

반영론과 구성론의 수단은 언어나 기호 또는 숫자이다. 구성론은 반영론을 통해 얻은 재료가 있어야 언어나 기호로 구성할 수 있으며, 반영론은 감각기관에 반영된 것을 언어나 기호라는 수단으로 구성해야만 반영의 결과물로 표상이 가능해진다.

모사론(반영론)과 구성론의 기본 수단인 언어와 기호는 원초적으로 이분법의 산물이며, 따라서 모사와 구성기능은 본질적으로 한계에 있다는 것을 감안하지 않으면 이론 전개의 한계와 역설이 왜 발생하는지 알 수 없을 것이다.

20세기에 명성이 높았던 언어학자 비트겐슈타인은 말년에 언어의 이런 한계를 어설프게 깨달으면서 철학을 포기하고 정원사로 변신하고 만 것이다.

3장

인간학

서양철학의 전반 내용은 존재론과 인식론 그리고 윤리학의 3대 분야로 구분하여 논의하는 것을 전통으로 삼고 있다. 고찰의 범위를 확대하여 윤리학을 비롯해 심리학과 인간사회학을 포괄하는 인간학으로 하였다.

이렇게 한 의도는 철학 이외에도 자연과학 및 사회과학 등 비판 없는 이분법적 사유에 기반한 유럽 학문 전반에서 역설이 발생할 수밖에 없다는 사실에 관심을 가졌으면 하는 바람이 있어서이다.

고찰의 범위가 넓어진 조건에서 고찰의 대상을 몇 가지 핵심적이고 중추적인 문제에 국한했으며, 고찰의 형식에서도 이분법적 파라디그마에 따른 논리 전개와 그로 인해 발생하는 역설 현상을 축소해서 살펴본다.

1절 윤리학

인간의 행동규범에 관한 윤리학은 오랜 역사 속에서 다양하고 광범위하게 이론이 전개되었다. 이론 전개를 간추려 보면, 윤리학의 성립론과 관련해서는 '타율론과 자율론', 윤리학의 규범론과 관련해서는 '서술적 윤리학과 규범적 윤리학', 윤리적 규범의 실천과 관련해서는 '목적론적 윤리학과 의무론적 윤리학', 윤리학의 대상과 관련해서는 '이론적 윤리학과 실천적 윤리학', 윤리학의 범위와 관련해서는 '일반적 윤리학과 응용 윤리학' 등을 꼽을 수 있다.

이 장에서는 윤리학의 역설 현상과 관련해서 윤리학의 핵심 분야로 구분되는 세 가지, 즉 '윤리규범의 성립론', '윤리규범의 원천론', 그리고 '윤리규범의 실천론'을 선택했다.

서양철학에서 윤리학이라는 개념은 아리스토텔레스의 저서 이름인 『윤리학』에서 연유했다. 그리스어의 윤리(Ethos)에 해당하는 라틴어는 도덕(mos, 복수형으로는 mores)이다. 희랍어의 윤리는 관습, 습관 또는 예의 등의 의미로, 라틴어의 도덕은 성격 또는 도덕이라는 의미를 지녔다.

키케로는 아리스토텔레스의 윤리학을 도덕철학으로 번역했다. 이후 윤리와 도덕의 구별이 애매하게 되었으나, 엄밀하게는 도덕은 관습적인, 구체적인 규범과 가치 확신을 의미하며, 윤리는 이러한 규범과 가치 확신에 대한 철학적 성찰이 가해진 것이라고 정리할 수 있다.

1. 윤리규범 성립론의 역설

윤리학의 성립과 관련해서는 타율성 이론(Heteronomie)과 자율성 이론(Autonomie)과의 이분법적 대립으로 전개되었다.

윤리학에서 타율성 이론은 자기가 아닌 외부의 법칙성이나 규정성, 또는 외부의 영향이나 타자의 의지를 기반으로 윤리규범의 성립을 체계화하는 이론이다. 타율성 이론은 철학, 종교학, 심리학, 정치학 등 인간의 행동과 관련된 이론 전개 과정에서 상호 침투하고 있다.

하나의 예로 종교학에서는 전 우주의 가장 심오한 본질인 신의 의지, 계명 또는 계시를 윤리규범 성립의 유일한 원천으로 간주한다. 20세기에 이 이론의 대표적 학자인 로저 레나어스(Roger Lenaers, 1925~2021)는 벨기에 출신으로 '신규범론'의 전문 신학자이며, 그의 주 저서는 『느부갓네살 왕의 꿈』(De Droom van Nebukadnezar, 2000)이다. 로마노 과르디니(Romano Guardini, 1885~1968)는 이탈리아 출신으로 20세기 가장 대표적인 가톨릭 신학자로 인정받고 있으며, 그의 주 저서는 『도덕, 도덕적 생활의 형상에 대한 명상』(1963)이다.

또 다른 예로, 심리학에서 대표적 지성의 성장 이론가인 피아제는 타율적인 규범으로 권위에 대한 복종심, 전승된 규칙과 규범을 상정하고 있다. 이와 관련된 그의 저서는 『지성의 심리학』, 『유전적 인식론』, 『어린이의 도덕적 판단』 등이다.

정치학에서는 정치체제, 이념적 신념 등이 행동규범을 규정하는 타율적 기원이라는 것을 논의한다.

다시 말하면 '타율성 이론'은 인간 밖의 절대적인 존재인 신에 대한 신앙이거나, 개인적 자유의지와 상관없는 외부적 사상 및 이념에 대한 신념을 윤리학 성립의 원천으로 삼는 이론이다. 이러한 신앙과 신념의 대상은 인간의 자율적인 감정, 의지 또는 이성과 상관없이 형성되었다는 것이 특징이다. 그러나 타율성 이론은 그 이론의 근원이 자율성의 전제 없이는 성립되지 못한다. 타율성의 타당성으로 절대성은 역사적, 사회적 조건과 관련하여 보장되지 못하기 때문에 그 이론적 한계가 일반적으로 인정되고 있다.

타율론의 기본 규범인 신앙이나 신념 등을 착안한 주체는 인간이며, 인간의 정의로운 삶과 행복을 위해 인간이 자율적으로 창안한 것이다. 타율성은 자율적인 규범을 전제하고 있으며, 이 자율성에 자의적으로 절대성을 부여한 것에 불과하다. 타율적 규범이 절대적이라면 이 규범이 역사적, 사회적, 심리적 변화의 조건에 따라 변해서는 안 되는 것이다. 그러나 역사적으로 신앙이나 신념은 시대와 문화적 환경에 따라 종류나 양식, 내용은 소멸하거나 변화된다는 사실은 누구나 알고 있는 상식이다.

신앙과 신념의 변화는 절대성의 부정일 뿐 아니라, 그 이면에는 인간 주체의 자율성이 간여하고 있다는 증좌가 된다. 절대성의 부정은 절대자가 자기도 실천할 수 없는 규범을 제시하는 데서도 나타난다. 마치 전지전능의 절대자가 자신이 들 수 없는 바위를 만들어내지 못하는 역설과 같다. 이러한 타율성의 역설을 피해 보자는 대립 이론이 자율성 이론이다. 그러나 자율성 이론도 더 심각한 역설에 빠져 있다.

자율성은 자기 자신(Autos)과 법칙(Nomos)의 합성어로 '자체입법'이라는 의미를 가졌다.

자율성의 윤리적 문제가 제기되는 첫 문헌은 고대 그리스의 소포클레스 작품, 『안티고네』에서 안티고네가 자율성 때문에 형을 받게 되는 것에서 찾는다.

"그녀의 죄악은 자기가 정한 최고 가치에 따라 자율적으로 사는 것이었다."

자율성의 이러한 문학적 소재는 근대에 와서 칸트에 의해 처음으로 윤리학적 차원에서 하나의 기본개념으로 정형화되었다. 칸트 이전 중세기에는 신학의 타율성 윤리가 지배적이었으며, 계몽기 시대에는 칸트를 위시로 흄, 장 자크 루소, 쉘링 등에 의해 자율성 이론이 압도했다. 현대에도 자율성 이론은 윤리론의 기원과 관련하여 '논의윤리학'(아펠, 하버마스 등)의 주도적 이론이 되었다.

서양철학 윤리학에서 자율론의 가장 대표적인 철학자인 칸트는 윤리규범의 기원을 자유의지의 자율적인 결정에 의한 '정언적 명령'으로 정립하고 있다.

"의지의 자율성은 의지의 성질이며, 이로 인해 의지는 자신에게 하나의 법칙이 된다. 의지의 모든 대상의 성질과는 독립적으로, 자율성의 원리는 같은 의지 내에서 의지 선택의 원칙은 동시에 일반적 법칙으로 파악될 뿐 다른 선택은 불가능한 것이다. 왜냐하면 그 원리는 정언적 명령이어야만 되는 것이며, 이 정언적 명령은 많든 적든 자율성이 요구하는 것 이외는 다른 것일 수 없기 때문이다."[36]

자율론의 모범은 칸트의 '정언적 명령' 이론이었으나, 이 이론의 보편적 타당성에 대한 회의와 관련해서 논의윤리학의 새로운 자율론이 대두하였다.

논의윤리학은 아펠이 1967년 덴마크 괴테볼크 학술회의에서 발표한 '논의공동체의 아프리오리와 윤리학의 기반'을 효시로 일컫는다. 1970년대 이후는 하버마스가 대표적인 논의윤리학 학자로 꼽힌다.

이들의 논의윤리학은 근대에 '언어를 사유의 구성적 요소'로 간주하는 헤르더, 하만, 훔볼트 등의 언어학, 19세기 후반에서 20세기에는 '통화를 진리 결정의 도구'로 간주하는 퍼스, 미드, 모리스 등의 통화론을 배경으로 하고 있다.

논의윤리학의 핵심은 윤리규범을 칸트처럼 개인이 아니라 일정한 집단이 자유의지에 따라 합리적 토론을 통해 견해의 일치를 이룬다는 것이다. 토론 참가자는 토론 규율을 승인한 자만이 가능하며, 견해가 일치된 규범은 칸트의 정언명령보다 보편적인 타당성을 갖게 된다.

"논의 원칙의 규범은 실천적 논의에 참가자로서 모든 당사자의 동의가 있을 때만 효력이 있다는 것을 말한다."[37]

이렇게 논의를 통해 얻어진 규범은 누구에게나 어떤 행위 상황에서도 보편적 타당성을 갖는다는 것이 하버마스를 비롯한 로렌스 콜버그

---

36) 칸트, 『실천이성의 비판』, 80쪽.
37) 하버마스, 『도덕의식과 통화적 행동』, 1983, 103쪽(Suhrkamp Frankfurt am Main, 1983. 103쪽).

(Lawrence Kohlberg, 1927~1987), 아펠 등 윤리학자들의 공통된 견해이다.

그러나 칸트의 '정언적 명령'이나 논의윤리학의 '보편적 타당성'의 자율성 이론은 여러 분야에서 비판받고 있으며 역설을 피하지 못하고 있다.

'논의윤리학' 자율성에 대한 비판의 요점은 사회적 관계에서 본질적인 불일치를 해결할 수 있는 규범을 논의를 통해 찾아낸다는 것은 불가능(게르하르트 쇤리히, Gerhard Schönrich, 1951~)하며, 윤리학 판단과 행동에서 중요한 작용 요인이 되는 감정적인 요인을 무시하고 있다(실라 벤하비브, Seyla Benhabib, 1950~)는 것이다.

이들보다 앞서 논의윤리학의 본질적인 약점을 에른스트 투겐다트(Ernst Tugendhat, 1930~)는 제한된 논의 참가자의 견해 일치에 '보편적 타당성'을 부여하는 자가당착에서 찾고 있다. 뿐만 아니라 하버마스의 논의를 통한 '보편적 타당성'의 규범 성립을 순환 논리 또는 '동의어 반복'이라고 비판한다. 예를 들어 노예제도에 대한 논의에서 논의 규율에 따라 어떤 규범에 대한 참가자들의 일치성을 얻기 위해서 노예는 논의에서 제외한다면 그 규범은 보편적 타당성을 가질 수 없으며, '동의어 반복'에 불과하다는 것이다.[38)]

최근에는 자율성 이론의 역설에 대해서 독일 철학자 토마스 쿠라나(Thomas Khurana, 1975~)와 멘케(Christoph Menke, 1958~)는 루소의 '법 복종 이론'과 칸트의 '정언적 명령'을 예로 들면서 '자율성 역설'을 새롭게 지적하고 있다.

---

38) 투겐다트, 『윤리학 강의』, 1993, 164쪽(Suhrkamp Frankfurt am Main 1993, 164쪽).

"자율성이 루소가 정한 방식에 따라 사람이 스스로 부여한 법칙에 복종하는 것이라면, 스스로 자율적이지 않는 법칙 부여의 행위를 전제하는 것이다. 문자 그대로 본다면 그 자율성의 이데(생각)는 그 근거를 타율성에 둔 역설이다."[39]

"자율성 사상에 대한 최근의 논의와 관련한 결정적인 문제는 자율성 사상의 핵심이 역설의 위험에 처했다는 의혹에 있다. 우리가 자율성을 칸트가 밝힌 자체입법이라는 개념으로 이해한다면, 부지중에 자율성은 독단 또는 타율성, 무법 또는 강요로 바뀔 위험에 처한다."[40]

이처럼 '정언적 명령' 또는 '보편적 타당성'이라는 자율성 이론의 역설은 "사람들이 담장을 아예 넘어갈 생각을 안 하는데, 넘어가지 말라는 담장을 세우는 격"이라는 홉스의 비유에서 잘 보여주고 있다.

'정언적 명령'이든 '보편적 타당성'의 규범이든 자율적 의지가 선택한 것이며, 따라서 이 규범은 필연적 또는 의무적으로 실천해야 한다. 자율적 의지가 스스로 내놓은 윤리 법칙을 자율적, 필연적으로 실천하는 것이라면 강요성 성격의 '정언적 명령'이나 '보편적 타당성'과 같은 규범의 설정은 사족이 되고 말 것이다.

인간은 자율을 통해 행동규범을 만들어내고 자유롭게 선택한 행동규범으로 자기 자신의 자유를 구속당하는 자가당착의 역설에 빠지게 된다.

39) 쿠라나와 멘케의 공저, 『자율성의 역설』, 아우구스트 출판, 벨르린, 2011, 멘케의 글, 「자율성과 해방」, 150쪽.
40) 동 저서 중 쿠라나의 글 「자유와 법칙」, 11쪽.

2. 윤리규범 원천론의 역설

윤리학을 인간의 사회적 행동에 관한 규범과 가치 확신에 대한 이론이라 할 때 윤리규범의 원천론은 윤리학의 중요한 원리의 하나가 된다. 서양철학의 윤리학은 윤리규범의 원천을 '선과 악'의 이분법적 대립 구도로 논의하였다(유럽 외에 중국의 공자와 맹자의 선악론도 이와 동일한 구도로 논의될 수 있다).

유럽 윤리학에서 선과 악에 대한 논의의 가장 핵심적인 테마는 선 또는 악의 근원과 그 내용이 무엇이며, 윤리규범의 원천이 되는 합리화에 대한 문제는 무엇인지로 구성된다. 이 장에서는 선 또는 악을 각각 어떻게 윤리규범의 원천으로 합리화하고 있으며, 그 결과가 어떤 역설에 봉착하는가의 고찰에 집중했다.

서양철학에서 선과 악의 기원과 내용에 대해서 외재적 또는 내재적 관점에서 논의하였다. 선에 대한 처음 논의는 호머가 서술한 아가토스(Agathos) 전사의 '유능'(Arete)을 '선'으로 삼은 데서 유래한다. 고대에서는 이와 같이 선의 근거보다는 인간 생활과 직결된 인간 생활의 보존과 진흥을 위한 선의 내용으로 유능성, 유용성, 이익성 등을 중요시하였다.

이후 선의 내용보다는 선의 근거나 원천에 대해 논의가 활발해지면서 외재적인 관점이 주류가 되었다. 플라톤은 진미와 더불어 최상의 이데아를, 기독교는 '신의 계시'를, 치첼로는 명예 등 인간의 외재적 가치를 선의 원천으로 간주했다.

근대에는 이성적 사유의 산물을 선의 내용으로 삼았다. 예를 들면 칸트는 실천이성의 산물인 '정언명령', 제러미 벤담(Jeremy Bentham, 1748~1832)은 '최대다수의 최대행복'을 추구하는 공리주의이다.

현대에는 슈바이처의 '인간 생활의 물적인, 정신적인 보존과 진흥'(문화와 윤리학), 피터 싱어(Peter Singer, 1946~)의 '우선 공리주의', 또는 논의윤리학의 '보편적 타당성' 등이 선 규범의 원천이 되었다.

이들과 달리 존 스튜어트 밀과 허버트 스펜서는 선을 이성적인 성격보다는 감정적인 성격의 행복, 기쁨, 만족 등 인간의 내재적 가치를 선의 원천으로 삼았다.

루소는 윤리규범의 원천을 인성의 선에서 찾았다. 루소의 이러한 견해는 고대 그리스로부터 근대, 심지어 현대까지도 논의되고 있는 인간의 내적 또는 외적인 선 이론의 근거가 되고 있다.

"인간은 선천적으로 선하다"는 인간의 자연 성품을 윤리규범의 원천으로 삼아, 선 사상을 기반한 가장 대표적인 윤리론을 전개했다.

루소에 의하면 인간은 원래 선한 성품을 가진 것인데 사회생활을 하면서 악하게 되었다는 것이다. 사회의 공동생활 과정에서 시기, 질투, 남의 불행을 기뻐하고, 이해관계로 충돌하는 등 악인이 되었다는 것이다. 이러한 선 이론에 대립해서 근대 이후는 악을 윤리규범의 원천으로 삼는 이론이 더 설득력을 얻고 있다. 악에 대한 논의는 악의 내용이 무엇이며, 그 원천이 무엇인가가 중심 문제이다.

악의 내용에 대해서는 결여론과 전도론으로 이분화되었다. 악은 완전한 선과 달리 무언가 결여성의 성격을 가졌다는 것이 결여 이론이다. 악은 원죄에서처럼 선의 결여 또는 선을 실행하려는 의지의 결여 등을 의미한다. 이와 달리 전도 이론은 악이 선의 질서를 뒤집어엎고 반대하는 성격을 의미한다.

악의 원천과 관련해서는 외재론과 내재론으로 구분한다. 외재적으로는 원죄, 외부적인 유혹, 자연적 또는 사회적 조건에서 찾고 있으며, 내재적으로는 인간의 본질적인 심성에서 찾는다.

내재적인 악을 윤리규범의 기원으로 간주한 근대의 대표적인 학자로는 영국의 정치 철학자 홉스와 네덜란드계 프랑스의 저술가인 마르키드 사드(Marquis de Sade, 1740~1814)를 들 수 있다.

홉스는 그의 대표 저서인 『레비아탄』(Leviathan, 1651)에서 악의 내용을 "사람은 사람에게 승냥이"이며, "한 사람은 만인을 반대하며, 만인은 한 사람을 반대"한다. "만인을 반대하는 만인의 전쟁"을 일삼는 "인간은 극단적인 의미에서 악하며 비인간"(Homo homini lupus)이라고 밝히고 있다.

홉스의 이러한 인간의 이기주의, 폭력성, 혼란성, 무법성에 기반한 윤리론은 인간의 이성 또는 선을 기반으로 하는 플라톤과 아리스토텔레스의 윤리론을 뒤엎는 것이었다.

사드는 동시대 칸트의 절대선 이론에 반해 절대악의 이론을 대립시켰다. 그는 인간의 자연성을 악으로 간주하는 사디즘의 원조이다. 사디즘은 "사람에게 굴욕감 또는 괴롭힘을 주어 쾌감과 만족감을 얻는다는 인간의 악한 성격" 또는 "쾌락으로 악을 행하는 성격"에 기반하고 있다.

사디즘은 정신의학자 리하르트 크라프트에빙 남작(Richard von Kraft-Ebing)이 개념화한 것이며, 정신의학적으로는 '성적 변이/도착'이라는 의미로 해석한다.

그의 작품인 『도덕의 불운』(1791), 소설작품 『주스티네』(1791), 『침실의 철학』(1795), 『악덕의 윤리』(1796), 『줄리엣』(1799)은 인간의 악성 또는 사탄성을 기반으로 하고 있다.

사드의 악에 대한 사상은 시몬 드 보부아르(Simone de Beauvoir) 작가와 포스트모던 철학, 프랑크푸르트학파, 심리학 등에 영향을 주었다. 작가 피에르 기요타(Pierr Guyotat)는 사드를 셰익스피어와 동격으로, 심리학자 자크 라캉(Jacques Lacan)은 칸트와 동격의 윤리학자로 보았다.

프랑크푸르트학파의 호르크하이머와 아도르노는 『계몽의 변증론』(1944)에서 칸트 이성론의 제한성을 비판하는 중요한 논거로 삼고 있다.[41)]

또한 포스트모던주의의 대표적 윤리학자로 꼽히는 폴란드계 영국 사회학자인 바우만과 레비나스의 윤리학은 인간의 이성과 합리성이 아니라 인간의 비합리성과 충동성이라는 악에 기반하고 있다.

뿐만 아니라 발전심리학자 호퍼(Hoppe)는 악의 윤리성에 기반하여 발전심리학을 전개하고 있음을 보여주고 있다.

"'거짓을 할 수 있는 능력이 추상 능력의 지표'이며, 진화생물학은 '거짓과 사기행위가 의식, 지성 그리고 도덕성 발전에 커다란 진화압력을 행사한다"는 것이다.[42)]

악을 원천으로 하는 윤리학 등이 성행하자 오스트리아 철학자이며 사회생물학자인 프란츠 부케티츠(Franz M. Wuketits, 1955~2018)는 20세기 학문 세계는 '악의 호경기'라고 진단했다.

---

41) 『계몽의 변증론』, 부록 II, Juliette, oder Aufklärung und Moral 참고.
42) FR 30.12. 2004, Nr.305, 헤릿 호퍼(Gerrit Hoppe), Jg. 1974.

"수천 년 동안 인간은 자기의 행동을 윤리적 계율로 조정하고자 노력하고 있다. 하지만 근소한 성과만 이뤘다. 악의 호경기다. 우리 인간은 천사가 아니다. 어떤 윤리도 전쟁과 폭력, 모살과 살해, 폭행과 고문을 없애지 못했다. 공격은 악의 살아있는 표현으로 우리의 일상적인 현상에 속한다. 우리 실존의 이런 이면에 대해서 일정한 매혹까지 자아내는 상황을 부인할 수 없다."[43)]

이처럼 20세기 '악의 호경기'는 유럽의 윤리학뿐 아니라 문학작품, 심리학, 사회학 등 광범위하게 대세를 이뤘다.

선과 악을 윤리규범의 원천으로 가정하고 오랜 기간 많은 학자가 다양하게 논의하고 있으나, 스스로 역설에 빠지고 있는 처지를 깨닫지 못하고 있다. 윤리규범의 원천을 선으로 하든, 악으로 하든 역설 현상은 과거의 역사적 사실이나 현재의 논의에서도 피할 수 없다는 사실을 어렵지 않게 찾아볼 수 있다.

네로의 스승 세네카는 그 시대 가장 현명한 현자였으며, 선과 도덕의 최고 모범이었다. 세네카는 네로에게 최선의 교육을 주었으며, 그 당시 정치적 영향력이 막강했던 세네카의 지원 없이 네로는 황제가 될 수 없을 정도였다. 그러나 네로는 황제의 권력으로 그의 선한 은사를 자살로 몰고 갔다. 인간의 내재적인 선은 인간의 다른 내재적인 악 앞에 아무런 윤리적 규범 역할을 하지 못한 것이다.

또 다른 예는 '루소의 역설'이다. 루소는 인간의 성품은 자연상태에서는 선하나, 사회생활을 통해 악성을 갖게 되었다고 했다. 인간은 다시 자연으로 돌아갈 수 없으니 사회계약을 통해 인간의 선을 해친 사

43) 부케티츠, 『왜 악이 우리를 매혹시키는가』(Hirzel, Stuttgart/Leipzig 1999).

회정치 관계에서 찾아야 한다는 역설에 빠지게 된다.[44]

루소의 사회계약을 통한 평등과 자유사상은 1789년 프랑스혁명의 이념이 되었다. 그러나 그의 이념은 수백 년이 지난 오늘날에도 여전히 실현되지 못하고, 오히려 '루소의 역설'만 확인해 주었을 뿐이다.

이처럼 선에 대립해서 악을 윤리규범의 원천으로 삼는 경우도 역설을 피하지 못하고 있다. 오늘날 악을 윤리규범의 원천으로 삼는 이론들은 새로운 출구를 찾기보다는 '옥시모론'(모순화법) 또는 '네오로기'(신조어)의 역설에 빠져 있다.

예를 들면 다음과 같은 것들이다.

- 좋은 거짓.
- 거짓은 발명을 가능케 한다.
- 악은 인간의 최선의 힘이다.
- 악은 선이다.
- 악이 사람들을 결합시킨다.
- 약한 것이 강한 것이다.

이와 같은 역설의 표본을 사회학자 프리드리히 아우구스트 폰 하이에크(Friedrich August von Hayek, 1899~1992)는 네덜란드계 영국 의사이며 사회 이론가인 베르나르 맨더빌(Bernard Mandeville, 1670~1733)의 작품 『벌의 우화』(Fable of Bees)에서 다음과 같은 역설을 피력했다.

"다만 도덕으로는 멀리 가지 못한다. 누구든 황금시대가 돌아올 것이라고 기대한다면, 아마 그때는 다람쥐를 먹어야 한다는 것을 잊지

44) 루소, 『인간 불평등의 원천과 기반에 대한 논의』(1755)와 『사회계약 또는 일반 국가권력의 기본 규칙』 참고.

말아야 할 것이다."

하이에크는 이를 '맨더빌 역설'이라 지칭하면서 이 역설에 자기 자신도 동조하고 있다.

"개인적인 도덕(넉넉함과 평화 애호)은 사회의 발전과 번영을 위해서 사치, 낭비, 전쟁 그리고 착취보다 쓸모가 훨씬 적다."[45]

이상에서 밝힌 바와 같이 윤리규범의 원천을 선이나 악의 이분법적인 이론 전개로 따지고 보면 이론의 한계를 넘어 역설에 빠지고 있다는 것을 알 수 있다.

3. 윤리규범 실천론의 역설

윤리학에서 윤리규범의 실천 문제는 윤리규범 이론과 더불어 쌍벽을 이루는 중추적인 문제 중의 하나다. 윤리규범이 이론적으로 아무리 훌륭하다 해도 그것이 실제 행동으로 실천되지 않는다면 윤리학의 존재 자체가 의미 없는 것으로 되기 때문이다.

유럽 윤리학에서 윤리규범의 실천 문제와 관련해서는 목적론적 윤리학(Teleologische Ethik)과 의무론적 윤리학(Deontologische Ethik)으로 이분법화하여 논의하는 것이 일반적이다.

이런 논의의 대표적 학자는 찰리 던바 브로드(Charlie Dunbar, Broad, 1887~1971)와 윌리엄 프랑케나(William K. Frankena, 1908~1994)이다.

45) 하이에크, 베르나르 맨더빌 박사, '지도자에 관한 강의', 125~141쪽.

예외적으로 베버는 신념윤리와 책임윤리(Gesinnungsethik und Verantwortungsethiken)로도 이분법하고 있다.

목적론적 윤리학은 윤리도덕적 행위를 실천하기 위해서는 행위의 목적이나 목표를 설정해야 한다는 것이다. 윤리 행위의 목적 설정의 근거를 내재적으로 또는 외재적으로 찾느냐에 따라 다시 '존재-목적론적 윤리론' 또는 '결과-목적론적 윤리론'으로 이분화된다.

'존재-목적론적 윤리론'은 인간 행위의 목적 설정 근거를 인간의 자연성과 본성에서 찾는 경우이다. 대표적인 학자는 아리스토텔레스였다. 인간은 이성을 가진 생명체이며, 스스로 목표를 세울 수 있기 때문에 윤리적 행동이 가능하다고 고찰한 것이다.

전통적으로 아리스토텔레스의 윤리론을 '목적론적 윤리론'이라고 하나, 윤리규범의 실천 결과를 중요시하는 경향 때문에 '목적론적 윤리론'보다는 '결과적 윤리론'에 가깝다고 한다.

이와 대립된 '의무론적 윤리론'은 인간이 윤리규범을 실행할 수밖에 없는 의무성이나 당위성을 규명하는 이론이다. '의무론적 윤리론'의 의무의 개념은 그리스어의 '투 데온'(꼭 해야 한다)에 연원을 두고 있다. 이에 따라 의무론적 윤리학을 '졸렌의 윤리학'이라고도 한다. 졸렌은 '해야 한다'는 의미의 독일어 'Sollen'에서 유래한 것이다.

의무론적 윤리론은 의무적으로 실행할 행위 양식과 버려야 할 행위 양식을 확정하는 것이 이론 전개의 출발점이다. 행위의 결과에 주목하여 주로 긍정적이면 이를 실현하고, 부정적이면 단념시키는 '결과주의' 윤리학과는 달리 행위 이전에 당위의 행위 양식을 결정하는 이론이다. 이 당위성은 윤리규범의 보편성과 객관성에 기반하여 이를 실천하는 행위의 절대성, 의무성에 방점을 두고 있다.

의무론적 윤리론은 '행동-의무론적 이론'과 '규칙-의무론적 이론'으로 구분한다.

'행동-의무론적 이론'은 인간의 도덕적 행위를 판단할 때 특수한 행위 방식을 일정한 행위 상황과 연관시키는 경우이다(사르트르). 이와 달리 '규칙-의무론적 이론'은 어떤 상황의 고려 없이 일정한 행동 양식을 규정하는 이론이다(칸트).

위에서 고찰한 윤리규범의 실천 문제와 관련된 이론 전개에서 '목적론적, 결과론적 윤리론'이든 '의무론적 윤리론'이든 역설 현상을 피할 수 없다.

이처럼 목적론적 또는 결과론적 윤리론의 역설뿐 아니라 의무론적 윤리론도 역설 현상을 피하지 못한다. 이에 대한 저명한 학자들로는 네이글(Thomas Nagel, 1937~), 알렉산더(Larry Alexander, 1953~), 셰플러(Samuel Scheffler, 1951~)등이다.

대표적 학자인 셰플러는 '의무론적 윤리론'의 역설에 대해 다음과 같이 언급했다.

"행동 주체와 관련된 금지는 그 금지가 그와 똑같은 수많은 금지의 위반을 최소화하는데 기여하게 될 그런 환경에서도 때때로 허락되지 않고 있다. 도덕적으로 반대되는 행동이 비교적 반대되는 행동의 전체 숫자를 최소화하는 효과를 가져오며, 어떤 다른 도덕적으로 관련 있는 결과를 초래하지 않음에도 그런 행동을 금지한다는 것이 어떻게 합리적일 수가 있는가?"[46]

46) 사무엘 셰플러, 결과주의의 거절, 옥스퍼드대학 프레스, 뉴욕, 1982, 133~134쪽.

셰플러의 견해를 참작하여 '의무론적 윤리론'의 역설에 관한 구체적인 사례를 몇 가지 정리해 볼 수 있다.

- 신의 계시나 규정적 명령은 절대로 "거짓말하지 말라"이다. 한 남자가 자기 부인과 그 부인의 부모 형제를 살해하고자 그들을 찾고 있다. 그 부인의 친구는 이들이 숨어있는 곳을 알면서도 이들의 생명을 구하기 위해 자기 생명의 위험을 무릅쓰고 엉뚱한 곳을 가리키는 거짓말을 하게 된다.
- 푸치니 작품의 토스카의 경우이다. 유명한 소프라노 가수 토스카는 자기 애인 마리오 카바라도시의 친구 안젤로티가 정치 활동을 하다가 경찰에 쫓겨 애인의 집에 은신해 있는 것을 알지만 경찰의 취조에 모른다고 거짓말을 한다. 이 거짓말로 결국은 세 사람이 다 죽게 되는 비극이 발생하게 된다.
- 윤리규범의 실천에서 "살인하지 말라"는 의무론적 규정이다.

이 문제와 관련해서 논의된 예는 '전차 문제'(Trolley Problem)이다. 전차나 기차가 선로를 이탈해 다른 선로로 잘못 가는 바람에 수많은 사람이 죽음에 처할 위험이 있을 때, 이 이탈 지점에 서 있는 사람을 선로로 밀어 전차 또는 기차를 멈추게 한다. 한 사람의 희생을 통해 수많은 사람의 생명을 구한다는 것이다.

이 예는 칼 엔기쉬(Karl Engisch, 1899~1990), 필립 풋(Philippa Foot, 1920~2010), 톰슨(Judith Jarvis Thomson, 1929~)에 의해 자주 언급되었다.

이러한 견해를 요약하면 '의무론적 윤리론'은 의무규범의 절대성과 의무규범이 행해지는 곳의 상대성과의 괴리에서 역설은 일어날 수밖에 없다고 진단할 수 있다.

이외에도 역사적으로 끊임없이 대두되고 있는 폭군의 대량살상과 이를 자행하는 한 사람의 폭군도 살해하지 말아야 한다는 의무론적 역설을 어떻게 할 것인가? 이에 대한 해결시도의 대표적인 이론이 20세기 후반에 등장한 '논의윤리학'(Diskursethik)이라 할 수 있다. 그러나 이 이론도 역설의 늪에 빠지고 있다.

'논의윤리학'은 1967년 아펠의 '통화협동체의 선험성'과 1973년 하버마스의 '진리의 합의이론'에서 비롯되었다. 이들은 규범의 의무적인 실천의 근거를 선험적 이성에서 찾는 칸트와 달리 논의를 통한 합의에서 찾고 있다. 합의는 아리스토텔레스의 논증 이론, 헤르더, 하만, 훔볼트, 퍼스, 미드, 모리스 등의 '진리를 결정하는 도구'로서의 통화이론에 근거해 이룰 수 있다는 것이다. 그러나 합의가 의무성의 타당성을 갖기 위해서는 보편성을 가져야 한다. 통화이론에 따라 합의가 이뤄졌다고 해도 이 합의는 부분적인 보편성만 갖게 된다. 왜냐하면 통화이론은 논의를 통해 합의를 도출하기 위해서는 논의의 규칙이 불가피하다. 논의 규칙은 합의를 목적으로 하기 때문에 합의의 반대요인이 되는 참여 대상을 제외하게 된다. 따라서 논의를 통한 합의는 근본적으로 제한성을 가질 수밖에 없다. 제한성을 가진 합의가 보편성을 가질 수는 없는 것이다.

규범적 의무와 보편성 이분법에서 '논의윤리학'의 합의는 무의미해지며 '의무론적 역설'은 해결될 수 없다. 그럼에도 논의윤리학은 칸트 윤리학의 이성 위주의 형식주의(Formalismus)적 성격이 아니라 인간간의 절차주의(Prozeduralismus)적 성격으로 사회, 정치, 경제 등 사회과학 전반의 인간 행위 문제를 정립할 수 있는 이론으로 구사되고 있다.

논의윤리학은 의회민주주의 나라에서 수인과 교도소가 늘어나는 역설 현상을 설명할 수도 해결할 수도 없다는 것을 이제 고백할 때가 된 것이다.

2절 심리학

심리학은 근대 자연과학의 발전과 더불어 확립된 새로운 학문이다. 그리스철학 이후 근대에 이르기까지 인간의 심리적 요인들은 독자적인 학문 영역으로서가 아니라 철학에서 부수적으로 논의되었을 뿐 근대까지는 독자적으로 심리학이 존재하지 않았다.

근대에 확립된 독립된 학문으로서의 심리학은 두 가지 측면에서 딜레마의 역설에서 헤어나지 못하고 있다.

첫째는 인문과학인 철학에서 분리하여 독자 과학으로의 정당화 논의와 관련되어 있다.

심리학은 인간의 심리를 대상으로 삼는 인문과학이면서 자연과학적 방법론을 배합하는 데서 심리학의 근원적 역설이 발생한다.

둘째는 자기 독자성의 과시로 심리치료에서 이분법성의 역설에 부딪히게 된다.

심리학은 인간의 심리 과정과 행동을 연구 대상으로 삼는다는 점에서 인간학의 한 영역에 포함되었다.

1. 심리학의 근원적 역설

심리학을 철학에서 분리하여 독자적인 학문으로 확립하려는 선구자는 쾨니히스베르크 대학교 철학과 칸트의 후임인 요한 헤르바르트였다. 그의 뜻을 받아 구스타프 페히너와 빌헬름 분트가 심리학을 하나의 독자적인 학문으로 확립하였다.

18세기 전반 헤르바르트에 의해 심리학이 새로운 학문 분야로 처음 제기되었을 때 재래의 철학적 방법론과 새로운 자연과학적 방법론 간의 시비가 격돌했다. 칸트와 딜타이는 재래의 철학적 방법론을 고수하고자 했으며, 울프는 양자를 배합하고자 했다. 그러나 라이프니츠, 분트, 페히너 등은 자연과학적, 실험적 방법론을 적극적으로 관철했다.

1879년 '종족 심리학의 공동설립자'인 분트와 '범심리적 세계관'의 저자 페히너가 함께 설립한 사설 '실험심리학 연구소'는 1883년 라이프치히 대학교 연구소라는 공공연구소로 전환되면서 심리학은 하나의 독자성을 가진 과학으로 인정받는 계기가 되었다.

1816년 훔볼트는 처음으로 심리학 교과서를 만들어 강의를 함으로서 심리학의 시조가 되었다. 그 이후 수많은 학자에 의해 심리학의 연구 영역과 방법론이 다양해졌으며, 학문적 정착 지역도 유럽을 넘어 미국, 캐나다, 중국, 일본 그리고 동구 사회주의 나라 등 세계 전반에 정착되었다.

유럽 심리학의 대표적인 학자들로는 레흐너(Gustav Theodor Rechner), 헤르바르트(Johann Friedrich Herbart), 뮌스터베르크(Hugo Münsterberg), 홀(Granville Stanley Hall), 분트(Wilhelm

Wundt), 프로이드(Sigmund Freud), 왓슨(John Watson), 스키너(Burrhus Frederic Skinner), 포거스(Carl Fogers), 매슬로우(Abraham Maslow), 브로드벤트(Donal Broadbent), 나이서(Ulrie Neisser), 라캉(Jacques Lacan) 등이다.

미국에서는 제임스(William James)의 「심리학 원리」(Principles of Psychology, 1890)의 발표로 심리학이 세계적으로 인정받는 중요한 계기가 되었다. 그의 영향과 더불어 미국과 기타 지역에서 많은 심리학자가 활동했다. 그중 중요한 학자들로는 모토라(Yujiro Motora), 듀이(John Dewey), 쿠오(Zin-Yang Kuo), 루나(A.R. Luna), 잘킨드(Aron Zalkind), 쉬케드로비츠키(Georgy Schedrovitsky), 비고츠키(Lev Vigotsky), 루빈스타인(S.L. Rubinstein), 테플로우(B.M. Teplow), 레온티예프(An Leontjew), 루루아(A.R. Lurua) 등을 꼽을 수 있다.

심리학은 연구 대상에 따라 다음과 같이 분류한다.

인식적인 활동의 대상으로는 지각(인식)심리학, 감정심리학, 사고심리학, 결정/의지심리학(행동심리학), 언어심리학 등으로, 행동의 역동적인 부분을 대상으로는 기억/습득심리학, 동인심리학, 정서심리학 등으로 분류한다. 그 외 심리학의 일반적 원리를 밝히는 심리학의 기반, 심리학의 기초원리, 심리의 특수 측면을 대상으로 하는 생리적 심리학, 발전심리학, 차별/개성심리학, 문화심리학, 사회심리학 등이 있다.

심리학은 목적과 방법론에 따라 다음과 같이 분류된다.

기초심리학의 심리 현상은 일반 법칙의 탐구를 목적으로 하며, 대부분 일반심리학 분야가 여기에 속한다.

응용심리학의 심리 현상은 비정상 문제의 해결이나 개선을 목적으로 하며, 기억심리학, 언어(인지)심리학 등 일반심리학의 일부와 실험심리학과 인간성심리학, 임상심리학 등을 포괄한다. 응용심리학에는 심리진단학, 임상심리학, 노동과 경제심리학, 교육심리학 등이 있다.

미국의 심리학은 일반심리학의 이론심리학보다는 심층심리학에 기반한 심리치료, 교육, 군사적, 탐정적 활용에 중점을 둔 것이 특징이다.

이처럼 심리학은 철학으로부터 독립하여 독자적인 학문으로 확립되었을 뿐 아니라, 학문적으로나 사회적으로 영향력 있는 학문 분야가 되었다. 그러나 심리학은 갈수록 근원적 역설이 드러나고 있다.

심리학의 이러한 역설을 고찰하기 위해 심리학의 근원적 특징과 다양한 이론 전개 과정의 문제점을 살펴볼 필요가 있다.

심리학의 근원적 특징은 심리학이 철학에서 분리하기 위해 학문의 대상을 이성이 아니라 심리로 본 것이다. 심리학의 어원이면서 학문적 대상인 프쉬케(Psyche)는 고대 그리스어이며 입김, 원자, 생명, 마음(심리), 정신, 기분 등을 의미한다. 심리학이라는 학문적 개념으로 '심리'라는 단어가 잘 번역되었는지 문제가 제기되기도 하지만, 인간의식의 구성요소를 크게 이성, 의지, 감정이나 감성, 마음으로 구별한다면 이중 마음이 심리에 가장 근사한 개념이라고 할 수 있다.

심리학은 인간 행위의 심리적 근원을 관찰과 실험에 기반한 서술적 통계학이나 추계학(확률론-Stochastik), 수학적 체계분석 등의 자연과학적 그리고 사회문화적 방법론, 그 외 부분적으로 이해, 내관 등의 인문학적 방법론을 구사했다.

이러한 방법론은 논리적, 사변적 또는 형이상학적 방법론을 구사하는 철학에 대한 자기 정체성의 확보가 되기도 했다.

심리학은 자기 정체성의 기본을 자연과학적 방법론에 기반했다. 자연과학적 방법론을 적용한 심리학은 생리적 심리학(분트), 뇌심리학, 생리심리학(제임스), 심리생리적 기능주의, 정서이론, 프로이트의 분석이나 심층심리학 등이다. 이외에도 생물학적 심리학, 행동주의심리학, 인지주의 심리학, 발전심리학, 전체성심리학, 형태심리학도 이에 해당된다.

여러 갈래의 심리학이 자연과학적 방법론을 구사하고 있으나, 자연과학적 방법론의 한계만 두드러질 뿐이다.

DNA의 발견자인 영국의 신경학자 프란시스 크릭(Francis Crick, 1916~2004)은 1970년대 말 의식의 수수께끼를 자연과학적 방법으로 풀 수 있다고 주장했지만, 그 뒤 20여 년의 연구에도 아무런 성과를 얻지 못했다고 그의 동료인 미국의 신경학자 크리스토프 코흐(Christof Koch, 1956~)와 더불어 시인하고 있다. 2003년 크릭이 사망하기 1년 전, 뉴욕의 신경학자인 올리버 색스(Oliver Sacks, 1933~2015)도 "신경심리학은 대단한 어떤 것이긴 하지만, 심리는 불문에 부치고 있다"고 심경생리학의 한계를 토로했다.

신경학자들이 신경 활동 과정을 아무리 정밀하게 분석하여도 인간 경험의 주체가 되는 심리는 전혀 밝혀지지 않는다는 것이다. "뇌수 활동 과정에서 적색으로부터 붉음의 경험이 어떻게 나타나는지 지금까지 아무도 납득할 만한 설명을 하지 못하고 있다"는 것이다. 그러자 심리학은 자연과학적 방법 대신 사회학적 또는 문화적 방법론으로 출구를 찾으려고 했다.

이외에도 프랑크푸르트학파의 프롬(Erich Fromm), 포스트모던의 라캉(Lacan 학파), 개별적으로는 지젝(Slavoj Zizek), 설리번(Harry Stuck Sullivan) 등이다.

그러나 이러한 새로운 복합적 심리학은 이론 전개의 대상을 심리학의 핵인 심리를 정신 또는 의식으로 전환하고 있으며, 다른 한편으로는 사회과학적인 또는 문화과학적인 방법론에 치우치는 현상이 나타나고 있다. 그렇다고 이 방법론으로 의식이나 심리를 해명할 수 있는 길이 열리는 것은 아니다.

사회문화적 방법을 적용한 심리학은 인간의식의 사회적, 문화적 활동의 산물에서 심리를 해명하려는 이론이다. 결과적으로 심리학은 철학으로부터 독자성을 확보하기 위하여 과학적 방법론을 자기의 학문적 방법론으로 도입했으나, 인간 행위의 심리적 근원을 밝혀야 할 자기의 학문적인 사명은 수행하지 못한 채 철학적 방법론 대신 또 다른 자연과학이나 사회과학의 방법론에 종속되고 말았다.

예를 들어 생물학적 심리학은 생존, 성생활과 자손 번식, 유전자와 감수성 등 생물학적 본능 현상을 생물학적 방법론으로 의식을 다루면서 심리 현상은 부속적으로 고찰하는 것이다. 신경작용이나 호르몬 분비 현상 또는 사회문화적 심리학은 인간의식의 사회적 또는 문화적 활동 결과를 과학적으로 정리하는 것이다. 이러한 학문은 심리학의 심리를 주축으로 한 이론이 아니고, 심리를 그것도 의식이나 정신의 부수적 현상으로만 고찰하는 데 그치고 있다. 이러한 상황에서 심리학의 정체성이 확립될 수 없는 일이다.

심리학의 자기 정체성 상실은 심리학의 근원적 역설과 다를 바 없다. 심리학이 자기의 정체성을 확립하기 위해서는 자기의 이론대상인 의식이나 심리를 해명하고 체계화할 수 있는 자기 자신의 방법론을 확립해야 할 것이다. 철학적, 자연과학적 또는 사회과학적 방법론과는 다른 독자성을 갖출 때 비로소 가능할 것이다.

심리학이 자기의 근원적 역설을 언젠가 극복할 수 있을지는 의문이다.

2. 심리치료의 역설

심리학은 다른 인문사회과학과 달리 자연과학적 방법론을 도입했다. 심리의 병적인 상태를 치료하는 실천적 차원의 문제에서 심리학이 중대한 과제로 제기되었다.

심리치료와 관련된 이론의 치료 효과는 심리학 전반의 과학성 및 정체성을 확인하는 숙명적인 잣대가 된 것이다. 심리치료를 가장 주동적으로 대응하는 심리학은 신경심리학과 심층심리학이다. 심리치료 이론과 방법은 정신발전, 정신치료, 교육, 사회 전반적 활동, 군사적 활용 등에도 응용되고 있다.

그러나 심리치료를 위한 가장 선진적인 심리 분과인 신경심리학과 심층심리학은 이론적인 면에서나 실재 치료 효과에서도 여러 가지 딜레마의 역설 현상으로 그 평가가 치명적이다. 이러한 현상을 간략하게 정리해 본다.

가. 신경심리학의 치료

신경심리학은 독일의 심리학의 창시자들인 헤르만 폰 페르디난트(Hermann von Helmholtz, 1821~1894), 페히너, 분트 등이 심리학 초창기부터 제창한 이론이다.

신경심리학의 설립 조건은 19세기 후반 해부학, 생리학, 신경학, 뇌 연구, 실험심리학의 발전이었다. 신경심리학은 1913년 캐나다 출신 심리학자 오슬러(Sir William Osler, 1849~1919)의 존 홉킨스 개업 병원에 강의를 개설하는 계기가 되었다.

그 이후 세계 1차 대전과 2차 대전으로 소강상태에 빠졌다가 2차 대전 이후 미국과 영국에서 다시 활성화되었으며, 독일에서는 1986년 『신경심리학협회』(Die Gesellschaft für Neuropsychologie/GNP)를 건설하는 기회가 되었다.

신경심리학의 연구 대상은 지각, 인식, 사유, 느낌, 행동, 배우기, 기억 등이었다. 이론적 배경은 해부학, 생물학, 생물리학, 인지학, 언어학, 약학, 생리학 등이다. 신경심리학의 기본내용은 중추신경 체계의 생리적 과정과 심리학 과정과의 관계 문제이다. 이 관계에 대한 부분적 연구이론은 약학심리학, 임상 신경심리학, 신경심리 분석, 신경화학심리학이다.

신경심리학의 연구 대상은 뇌의 기능과 뇌의 손상기능이다. 뇌의 손상이나 병환에 의한 심리적 장애를 치료하기도 한다. 신경심리학 대상 뇌의 기능은 사유능력, 주의력, 기억력, 언어능력, 개성, 행위변화, 정서장애, 지각장애 등이다. 연구의 중요 수단은 뇌영상 장비, 전자기자극, 약학적 물질, 여러 가지 IT 장비, 실험도구 등이다.

심리치료와 관련하여 이렇게 많은 신경심리학자의 연구와 활동에도 불구하고 그 평가는 냉혹하다.

신경심리학이 독자적인 학문으로 확립된 지 150여 년의 역사가 흘러간 지금 심리치료 문제는 거의 파산 상태에 이른 것 같다. 신경심리학은 1950년대 이후 신경과 뇌 연구를 통해 지각, 기억, 정서 등의 심리 활동을 전기작용표준으로 복사시킬 수 있다는 신경정신학이나 신경생리학의 수준에도 도달하지 못했다는 것이 학계의 정평이다.

독일의 잡지 슈피겔(Spiegel 16/2005)은 타임지 소식을 인용해 2003년 『미국정신분석협회』(American Psychoanalytic Association) 회원들이 진료한 환자 수는 5000명 수준에 불과하다고 했다.

신경심리학은 기본문제를 뇌와 심리 간의 관계로 설정했으며, 지그문트 프로이트(Sigmund Freud, 1856~1939)는 심리적 과정을 뇌 신경조직에 전기적 그리고 생물화학적 관계를 반영할 수 있을 것으로 기대했다. 그러나 성공하지 못했다. 그 당시 약품이나 실험기구의 발달을 고려할 수 있으나 오늘날 컴퓨터 단층촬영(Computertomograf)이나 EEG 등의 발전된 기기에도 더 이상 진전이 없다.

심지어 프랑스 심리분석학의 최 고참자 안드레 그린(Andre Green, 1927~2012)은 "심리분석은 학문도 아니며 학문이 되려고 아예 시도해서도 안 된다"고 경고하고 있다.[47]

나. 심층심리학의 치료

심층심리학은 무의식의 정신적 과정에 기반해서 인간의 행위와 경험

---

47) 독일 주간지, 슈피겔, 2005. 16.

을 해명하려는 일종의 심리학이다. 심층심리학의 기본원리는 심리의 심층(정신의 무의식 영역)이 정신의 의식 영역에 강력한 영향을 준다는 것이다. 심리치료도 중요한 부분을 차지한다.

심층심리학은 프로이트의 '심리분석', 융의 '분석적 심리학'과 아들러의 '개인심리학'을 통합하고 있다. 이들의 기본적 차이는 무의식의 동력에 있다. 무의식의 동력을 프로이트는 성적 욕구(리비도)로, 융은 일반 충동에너지로, 아들러는 권력 욕구로 간주했다.

심층심리학은 스위스 정신과 의사 오이겐 블로일러(Eugen Bleuler, 1857~1939)가 처음 사용했으나 프로이트가 1913년 의식심리학과 구별하기 위해 심층심리학을 공식화했다.

심층심리학은 창시자인 프로이트가 1939년 사망한 이후 미국으로 망명한 그의 제자들에 의해 미국에서 심리 학계의 지배적인 위치를 차지했다.

1940년대~50년대 미국에서는 병을 유발한 무의식 속의 기억을 대화를 통해 의식 세계로 끌어올려 치료하는 '대화치료'의 심리분석 의료원이 안경 상점의 수만큼 번창했다. 심리분석학자가 아니면 정신학 교수가 될 수가 없을 정도로 심층심리학의 인기는 대단했다고 한다.

프로이트는 분석심리학을 창립하면서 뇌신경학과 심리분석학을 결합하면 과학적인 심리학을 확립할 수 있으며, 심리치료에서도 큰 성과가 있을 것이라고 낙관했다.

그러나 오늘날 어떠한가? 심층심리학에 의한 치료는 큰 성과를 내지 못했으며, 그 과학성은 점점 회의적이 되었다. 심지어 심리분석은 협잡행위(Scharlatanerie)라고까지 모멸당하는 처지에 몰리게 되었다.

1952년 영국의 심리학자 한스 아이젠크(Hans Eysenck, 1916~1997)는 심리분석 치료가 환자의 치료를 오히려 방해한다는 연구결과를 내놓았으며, 의학 노벨상 수상자인 브라질계 영국인인 피터 메더워 (Peter Medawa, 1915~1987)는 1970년대 심리분석은 "100년에 걸친 가장 무시무시한 도박사기"라고 '프로이트 부끄럽게 하기'(Freud-Bashing)에 가담했다.

프로이트는 『심리학 구상』(1895)에서 '동력', '배제', '방어' 등을 '혁명적 아이디어'라고 했다. 방어는 고통스럽거나 정서적으로 불쾌한 기억을 의식에서 배제한다는 것이다. 방어나 배제는 주체적인 활동이다. 프로이트는 이 주체를 '나'(Ichs)로 상정하고 있다. 그러나 인간에게 정신이나 의식 활동의 주체는 이성이며, 이성은 의식과 무의식의 이분법에서 의식의 기능에 속한다는 것이 일반적으로 상식적인 견해일 것이다.

그럼에도 심층심리학을 비롯한 모든 종류의 심리학은 심리를 이성에 대립시켜 이성을 심리학과 심리치료론에서 아예 경원시하고 있다. 때문에 '무의식'이 의식을 지배한다는 발상이 가능해진다. 프로이트는 무의식을 검은 대륙을 상징해서 '내적인 아프리카'라고 했다.

신경심리학은 아프리카가 세계를 지배하든지, 다시 이성의 품으로 복귀하든지 진퇴양난의 역설에서 빠져나와야 한다.

3절 인간학적 사회론

인간은 '사회적 동물'이다. 따라서 인간학과 사회학은 밀접한 관계에 있다. 인간학적 사회론은 인간학과 밀접한 관계에 있는 사회학적 문제를 철학적 인간학을 기반으로 논의하는 것이다.

인간학과 사회학적 문제가 불가분의 관계에 있는 테마 중에서 가장 핵심적이라고 생각되는 다음 세 가지를 선택했다.

• 무엇이 사람들의 연결을 가능케 하는가?(사회 형성론)

• 무엇이 사회질서를 유지시키는가?(사회 유지론)

• 무엇이 사회의 발전을 가능케 하는가?(사회 발전론)

서양철학에서 근본적으로 인간의 기본성격과 사회적 성격이라는 이분법적 구도로 논의되고 있는 것들이다. 그러나 인간학적 사회론은 이러한 이분법적 논의에서 그 한계와 역설을 드러내고 있다.

1. 사회 형성론의 역설

사회 형성론은 사회를 형성하는 주체인 인간을 빼놓고는 진행될 수 없다. 인간의 기본성격을 연구 대상으로 하는 철학적 인간학을 필수적으로 요구하게 된다.

인간을 대상으로 하는 인간학 고찰의 대상과 방법론에 따라 생물학적 인간학, 교육학적 인간학, 키버네틱 인간학, 사이버 인간학 등과 자연과학적 인간학, 철학적 인간학, 사회학적 인간학, 마르크스유물론적 인간학, 역사적 인간학, 신학적 인간학, 산업인간학, 정신과학적 인간학 등으로 구분할 수 있다.

독일에서의 철학적 인간학은 20세기 초에서 1970년대까지 실존철학, 비판철학과 더불어 3대 철학 조류의 하나였다.

1세대 대표적 철학자로 셸러, 플레스너, 엘리아스, 겔렌 (Arnold Gehlen, 1904~1976), 클라센(Dieter Claessens, 1921~1997) 등을 꼽는다. 2세대 대표적인 철학자는 성찰적 인간학의 린데만(Gesa Lindemann, 1956~)이다.

사회 형성 문제를 맨 먼저 논의한 학자는 플레스너(Helmuth Plessner, 1892~1985)였다. 그의 초창기 이론은 쉴러와의 표절 갈등, 히틀러의 유대인 탄압으로 인한 망명 생활 등으로 큰 주목을 받지 못했다. 그러나 2차 대전 후 독일에 귀국하여 펼친 학문 활동의 결과물을 1981~1985년대에 10권의 전집으로 발간하였다. 그의 저작은 "20세기 가장 많이 논의된 사유단서"가 되었다.

그의 사후 21세기에도 '사유단서' 이론은 독일의 젊은 세대 사회철학자들, 예를 들면 레페니스(Wolf Lepenies, 1941~), 조아스(Hans Joas, 1948~), 호네트(Axel Honneth, 1949~) 등에게 영향을 주고 있다.

플레스너는 사회 형성의 기반을 '탈중심적 위치성'이라는 인간의 성격에서 찾고 있다. 이 이론은 그의 대표 저작인 『유기체의 단계와 인간』(1928)에서 논하고 있다.

'위치성'이란 자기 영역과 주위 영역 간의 '경계실현'의 자연적 성질이다. '위치성'은 동물을 비롯해 모든 인간에게 공통적으로 있는 요소이다. 동물과 인간의 근본적 차이는 동물은 '중심성'인 반면에 인간은 '탈중심성'이라는데 있다.

동물의 중심성은 '여기, 지금'에만 집착하는 자기 중심성이다.

인간의 탈중심성은 다음과 같다.

- 이처럼 인간의 삶이란 중심화를 깨뜨릴 수 없지만 동시에 벗어날 수 있는 탈중심적이다. 탈중심성은 환경에 대한 정면 대응이라는 인간의 특징적 형식이다.[48)]
- 탈중심성은 (동물과 달리) 인간이 자기만의 집착에서 탈출할 수 있는 성질이며, 자기 자신뿐 아니라 타자도 대상화하여 성찰적 관계를 가능케 한다. 이러한 성찰적 관계 설정은 생물적 뿌리에서 자의식의 형성으로 발전하게 된다.

이처럼 플레스너는 인간 자의식의 형성에 기반하여 상호 교류하는 '상호주체 관계'(Intersubjektivität)의 성립에서 사회 형성의 기본요인을 찾았다. 그와 동시대의 철학적 인간학 사회학자인 노베르트 엘리아

48) 플레스너, 『유기체의 단계와 인간』, 291쪽(Berlin/Newyork, de Gruyter 1975).

스(Norbert Elias)는 플레스너의 견해를 비판적으로 보완했다. 플레스너의 '탈중심주의' 대신에 '자기 자신으로부터 거리 두기'와 위치성 대신에 사회화 과정의 요구 및 요구의 실현 능력을 제기한 것이다.

인간은 "사고의 기억 도구에 기반하여 상징의 도움으로 순간적인 상황, 자기의 욕정, 감정으로부터 거리를 두며, 과거와 미래의 사건에 숙고한다. 이런 방식으로 인간은 자기 자신과 자기의 행동을 성찰적으로 객관화하고 자기 자신의 영상을 만들며, 자신의 정체성을 의식하는 가능성을 갖게 된다."[49]

이러한 인간의 본질을 안전하게 실현하기 위해 사회 형성을 요구하게 된다는 것이다. "인간은 그 본질에 의하면 충동과 욕구에서 불확실하기 때문에 사회화 과정에서 비로소 행동과 추동 생활의 방향 설정과 안정이 발생할 수 있다"는 것이다.[50]

엘리아스는 한 걸음 더 나아가 인간의 '배움의 능력'에 착안하여 사회 형성 문제뿐 아니라 인간의 사회적 공동생활의 행동방식도 설명했다.

"인간의 공동생활 양식과 방식은 사회 형성의 형식이나 사람들 사이의 통화 형식도 유적 인간에게(인류라 할 때 유자, 개인이 아니라는 의미) 생리적으로 주어진 상황에 의해 특별한 방식으로 제약된다. 그럼에도 이 구조의 심리적 조정기능은 개인적 배움 과정을 통해 변화할 수 있는 상태에 있으며, 이 배움 과정은 생물학적 메커니즘으로부터 상대적으로 자율적인 개별 학습 과정을 통해 변화할 수 있다."[51]

---

49) 노베르트 엘리아스, Readertext 2, 『개인들의 사회』 251쪽. Frankfurt am Main, 1994.
50) 엘리아스, 과정사회학과 형상사회학의 인간상에 대하여.
51) 엘리아스, Text 1, 117쪽, Text 2, 260쪽.

이러한 철학적 인간학에 의한 사회 형성론은 사회 형성의 주체인 인간의 성격에 대한 이분법적 이해의 역설에 부딪히게 된다.

현재 독일의 대표적 인간학 사회학자인 린데만(Lindemanm)은 플레스너의 '탈중심적 위치성'에 기반한 사회 형성론의 제한성을 비판하면서 '인간학적 역설'을 제기하였다. '인간학적 역설'은 플레스너와 엘리아스뿐 아니라 철학적 인간학에 기반한 사회 형성론의 부당성을 지적한 것이다. 린데만은 이 부당성을 '이중적 우발성' 이론으로 뒷받침하고 있다.[52]

'이중적 우발성' 이론은 "인간은 무엇인가"와 "개별적 인간은 누구인가"라는 이중적 물음과 이 물음의 대답 내용이 '우발성'에 의해 결정된다는 이론이다.

린데만은 "인간은 무엇인가"하는 인간의 본질은 태어나면서부터 자연적으로 확정된 것이 아니라, 언제나 구체적인 사회적 과정에서 규정된다는 것이다. "개별적 인간이 누구인가"하는 물음에 대한 대답은 "인간은 유존재가 아니며, 이중적 우발성이라는 의미에서 개체 존재나 사회성에 대한 암호로서 역사적으로 다양성을 갖는 것으로 파악하는 것이다(위 논문 참고).

린데만의 이러한 '이중적 우연성' 이론은 철학적 인간학에 의한 사회 형성론의 전개에서 인간의 자연성이 아니라 인간의 사회성을 강조한 것이다. 린데만은 철학적 인간학을 살리려다 철학적 인간학의 정체성을 사회학에 상실시키는 꼴이 되었다. 그 결론은 자기가 제기한 '인간학적 역설'보다 더 심각한 역설에 빠지고 있는 것이다.

---

52) 「이중적 우연성과 성찰적 인간학」이라는 제목으로 『사회학 잡지』(Zeitschrift für Soziologie), 1999년. 3호에 발표.

2. 사회 유지론의 역설

사회를 형성한 다음, 사회를 어떻게 통합하고 운영하며 안전하게 유지할 것인가에 대한 논의는 사회학 기본분야의 하나이다.

이 문제를 체계적으로 논의한 이론은 사회학과 인간학을 결합한 '사회학적 인간론'이 대표적이다.

사회학적 인간론의 창시자는 미국의 사회학자이며 철학자인 조지 하버트 미드였다. 미드(George Herbert Mead, 1863~1931)는 그의 저서 『사회적 행동주의자 입장에서의 정신, 자신 그리고 사회』(1934)에서 사회의 통합과 유지에 관하여 체계화했다.

이 저서는 시카고대학교에서 미드가 강의한 「사회적 심리학」 강의록(1900~1930)을 그의 제자 모리스가 정리하여 『사회적 행동주의자 입장에서의 정신, 자신 그리고 사회』라는 제목으로 1934년 출판한 것이다.

미드의 '사회학적 인간학'은 20세기 프랑스의 '역사적 인간학'(푸코, 드뢰즈, 아감베), 그리고 독일의 철학적 인간학(셸러, 플레스너, 겔렌)과 더불어 인간학의 '삼총사'로 불린다. 독일 건축 사회학자 하이케 델리츠(Heike Delitz, 1974~)는 '세 개의 함축성 있는 인간학'이라고 했다.

미드의 사회학적 인간학은 20세기 후반 이후 유럽과 미국에서 가장 영향력 있는 사회 이론으로 인정되고 있다. 미드 이론의 영향을 받은 쟁쟁한 학자들에 의해 증명되었다.

예를 들면 블르머, 바츨라빅, 루만, 하버마스, 이들 외에도 세대격의 학자로는 호네트와 조아스, 러쉬와 메르텐 등이다.

미드의 사회학적 인간학의 중심 내용은 소통의 주체와 객체, 소통의 가능 근거와 방법, 소통의 목적 등을 체계화하고 있으며, 그의 제자와 그의 영향을 받은 학자들은 미드의 이론을 부분적으로 수정하거나 보충하고 있다.

미드에 의하면 인간 자체는 기능적으로 상호작용하는 '주체아'(I)와 '객체아'(me)로 구성되어 있다.

"주체아는 다른 주체아의 행동에 대한 유기체의 반응이다, 객체아는 주체아 자신이 수용하는 다른 객체아들의 행동의 조직된 집체이다. 다른 객체아의 행동들은 조직된 객체아를 형성한다. 그리고 여기에 인간 자체는 주체아로서 반응한다."[53]

주체아 이전 자아의 본질은 인간의 창조성과 자발성이며 생물학적인 소질은 욕구이다.

이러한 '주체아'와 '객체아'와의 관계에서 인간의 의식, 자의식과 정체성이 형성되며, 객체아와 '일반화된 타자'와의 사이에서 사회적 가치, 규범 등이 형성된다.

객체아와 일반화된 타자 사이의 소통수단은 언어와 상징이다. 미드는 인간이 중추신경의 발전으로 언어와 상징을 창조하여 이를 소통의 수단으로 응용할 수 있는 능력을 가진 '상징응용의 동물'로 파악했다. 소통의 수단으로 상징 외에 거동/제스처, 표정술, 몸짓, 신호 등도 있다. 상징과 제스처는 그 생산자와 수용자가 같은 자극에 같은 반응을 일으킬 때 '의미 있는 상징' 또는 '의미 있는 제스처'가 된다.

53) 미드, 『정신, 정체성 그리고 사회』, 218쪽, Suhrkamp, Frankfurt am Main 1968, 원래 시카고 1934년 판, Mind, Self, and Society를 독일어판 Geist, Identität, Gesellschaft로 출판.

이러한 소통 이론에 기반하여 사회의 통합과 유지를 위해 필요불가결한 사회적 가치와 규범의 형성론을 정립한 것이다. 소통 이론은 그의 제자 부르머를 비롯해서 그 외 루크만, 루만 및 하버마스에 의해 소통수단, 소통과정, 소통목적, 소통의의, 소통유형 등의 보충으로 더욱 풍부해졌다.

미드 제자인 브루머는 사회의 구성을 사회적 환경과 인간으로 규정하고, '상징적 상호작용'의 소통을 통해 인간은 '의미'를 창조하며 자기의 환경을 구성한다는 것이다.

미국의 애리조나대학의 사회학 교수 애슐리 크로스맨(Ashley Crossman)은 '일반화된 타자'(Generalized Other)는 "하나의 사회집단의 조직된 그리고 일반화된 태도"이며, 공동체와 공동체 성원을 컨트롤하는 주된 수단이 된다고 간주했다.

사회학자 루만은 사회 구성을 '사회체계'(das soziale System)와 주위환경(Umwelt)으로 이분화하였으며, 소통의 작동으로 사회체계를 산출하고 유지하며, 역사를 건설하고 재생산한다는 것이다. 소통의 성격을 골라낸 정보, 전달 그리고 이해의 통일체로 간주했다.

하버마스는 사회의 구성을 '체계'(System)와 '일상 세계'(Lebenswelt)로 간주하고, 합리적 소통을 강조했으며, 소통의 의의를 사회 구성원들의 '이해'와 '인정'을 통한 사회의 안정과 유지의 기반으로 여겼다.

이처럼 미드를 비롯한 사회학적 인간학과 소통 이론의 중심 내용은 인간의 소통능력으로 사회의 운영, 통합, 유지를 해결하기 위한 사회적 가치, 규범, 체제 등을 정립할 수 있다는 것이다. 그러나 20세기 후반 이러한 쟁쟁한 학자들에 의한 인간학적 사회 이론에 의한 사회 유지론은 심각한 역설을 피하지 못하고 있다.

사회학적 인간론에 의한 사회 유지론의 핵심인 소통 이론에 대해서 하버마스의 동료였던 알브레이트 웰머(Albrecht Wellmer, 1933~2018)와 에른스트 투겐다트(Ernst Tugendhat, 1930~2021)는 "이상적인 소통상황의 토론 윤리적 구성"은 "한낱 환상에 불과하다"고 소통 이론을 근원적으로 비판하고 있다. 이보다 사회 유지론의 근원적 제한성은 자기 정체성의 역설에 있다.

사회 유지론의 존재 이유는 사회의 안정적 유지를 어렵게 하는 요인이나 조건을 전제하기 때문에 가능하다. 그러나 지금까지의 사회 유지론은 이 전제를 완전히 무시하고 있다. 한 사회는 통합되고 안정되기만 하는 것이 아니라, 일상적으로 갈등, 대립, 알력 또는 죽고 살기식 물리적 투쟁까지도 벌어진다. 사회의 안정적 유지는 이런 현상들에 대한 대책 없이는 불가능하다는 것은 명백하다.

그러나 사회 유지론은 계급사회에서 불가피한 이익집단 간 계층과 계급 간 대립을 초월한 사회적 규범 또는 가치의 창출만을 시도하고 있다. 1960년대 독일에서 기존의 사회를 유지하려는 것이 아니라 사회를 변혁하려는 학생운동이 심화되었을 때 하버마스는 아무런 이론적 대책 없이 학생들과 모멸적인 갈등에 빠졌다.

소통론을 매개로 한 사회 유지론은 사회 변혁 세력의 근원을 어디에서 찾을 것인가?

인간의 본성에서 찾을 것인가?

인간은 사회 유지 능력과 사회 변혁 능력을 공유하는 역설에 빠진다.

아니면 사회적 조건에서 찾을 것인가?

사회적 조건은 자연적 산물이거나 역설적 인간의 산물이 된다.

3. 사회 발전론의 역설

서양철학에서 인간학을 기반으로 한 사회 발전론을 전개한 대표적인 학자들은 사회물리학의 콩트, 공산주의의 마르크스-엥겔스, 사회다윈주의의 스펜서, 합리주의적 사회 철학의 베버 등을 꼽을 수 있다.

이들 중 마르크스-엥겔스의 마르크스주의를 제외하고는 사회 발전을 인간의 일부 성격과 기능을 매개로 서술하고 있다. 공통적인 특징은 사회 발전론에서 가장 핵심이 되는 발전 동력에 대한 고찰이 결여된 것이다. 마르크스주의는 사회 발전의 동력을 핵심으로 논하고 있으며, 이에 따라 이론의 포괄 범위가 종합적이며 가장 체계적으로 정립되었다고 할 수 있다. 때문에 서양철학의 사회 발전론은 마르크스주의 위주로 고찰할 때 그 한계와 역설 현상이 가장 높은 차원에서 밝혀질 수 있을 것이다.

사회학의 창시자로 불리는 프랑스 사회 철학자 콩트는 『실증철학강의』인 그의 저서에서 인간 정신의 발전단계를 매개로 사회 발전을 고찰하고 있다. 인간 정신의 발전단계를 유아적 종교 단계, 청년적 형이상학 단계, 남성적 실증적 과학 단계로 구분했으며, 이에 따라 중세 이전 신학적 사회, 중세의 형이상학적 사회 그리고 19세기 이후를 실증적 사회로 단계적 발전을 주장했다.

콩트는 그의 사회학을 '사회물리학'이라 했으나 나중에 사회학으로 바꿨다.

사회다윈주의자인 영국의 사회학자 스펜서를 비롯해 사회인간학 창시자 에드워드 버넷 타일러(Edward Burnett Tylor, 1832~1917), 미국의 인간학 학자 루이스 헨리 모건(Lewis Henry Morgan, 1818~1881) 등은 영국의 진화론자 찰스 다윈(Charles Darwin, 1809~1882)의 생물 진화론의 영향을 받은 사회 철학자들이다.

사회 발전론의 근간은 사회도 자연 세계에서 유기적 생명체처럼 자연도태, 약육강식의 법칙(Survival of the fittest)에 의해 진화해 간다는 것이다.

그러나 사회다윈주의의 사회 발전론은 사회 발전의 비유기적 물질적 조건, 사회의 주체인 인간의 지성적 문화적 요인에 대해서는 소홀히 하고 있다. 뿐만 아니라 제국주의 국가의 식민지 국가들에 대한 약육강식을 정당화하는 수탈이론으로 비판받고 있다.

독일의 합리주의 사회학자 막스 베버는 사회 발전의 동기를 인간의 윤리성에서 찾고 있다. 그의 저서 『프로테스탄트 윤리와 자본주의 정신』(1904/5)에서 자본주의의 발전 요인을 인간의 종교적(프로테스탄트)인 금욕과 절약에서 윤리성을 찾고 있다.

사회 발전을 위한 인간의 행동에서 목적합리적인 물질적 이해, 가치합리적인 관념적 이해를 그의 주저인 『경제와 사회』에서 강조하고 있다. 사회적 행위의 동기에 대한 정신적 요인의 강조는 마르크스주의의 생산력 발전이론과 사회체제의 단계적 발전이론에 맞서고자 하는 것으로 평가된다.

그러나 이들 이론은 사회 발전의 조건적 요인, 사회변화 발전의 현상 서술에 치우치고 있을 뿐, 사회 발전의 절대적 조건인 인간적 물질적 발전 동력에 대해서는 소홀히 하고 있어 사회 발전의 체계적인 이론이라 할 수 없다.

이들과 달리 마르크스주의는 사회 발전의 동력인 생산력과 생산 관계, 사회의 계급 구성과 사회체제, 사회의 발전단계와 발전 방향 등을 종합적으로 체계화하고 있다. 마르크스와 엥겔스의 마르크스주의 이론은 레닌에 의해 더 풍부해져 '마르크스-레닌주의'가 되었다.

생산력은 사물적 대상 요인과 주체적인 인간적 요인의 양자를 포괄하며, 이 양자 간의 상호작용의 체계로 논의된다. 사물적 대상 요인은 기계, 기자재 등의 노동수단과 생산원료, 공장건물, 부지 등의 생산 수단 들이다. 주체적인 인간적 요인은 육체와 정신의 노동이며, 노동조직력, 과학기술력, 도덕적 문화적 힘이다.

생산력 발전이 사회 발전의 원천과 기준, 추동력이 되며, 생산관계와 생산방식의 규정 요인이 된다. 생산 수단에 대한 소유 관계와 생산물에 대한 분배방식에 의해 사회 구성원들의 사회적 관계, 즉 계급이 형성된다.[54]

생산력과 생산관계는 생산방식을 결정하며, 생산방식의 변화 발전은 사회변화 발전의 단계와 방향을 규정하게 된다. 마르크스주의는 생산방식의 변화 발전(유물변증법적 사관)에 따라 인류사회의 전반적인 발전단계를 원시공동체적, 아시아 전제적, 봉건적, 자본주의적, 사회주의/공산주의 사회로 정립한다.[55]

---

54) 레닌전집 29, 410쪽.
55) 마르크스-엥겔스 전집 13, 8쪽 참조.

그러나 마르크스-레닌주의의 사회 발전론은 그 이론적 토대인 '인간과 생산력 발전'의 이분법 논의에서 제한성과 역설을 피하지 못하고 있다. 제한성과 역설이 지난 세기 1990년대 소련 사회주의를 비롯한 동유럽 사회주의 진영의 붕괴로 이어졌다고 볼 수 있다.

마르크스-레닌주의의 이론은 생산력 발전에서 인간적 요인과 물질적 요인과의 관계에 대한 유물 변증법적 역설에 빠지고 있다.

"인간은 자기 생활의 사회적 생산에서, 일정한, 필연적인, 그들의 의지로부터 독립된 관계에 있게 된다. 이 관계는 그들의 물질적 생산력의 일정한 발전단계에 상응한다."[56]

마르크스주의의 대표적인 철학용어사전은 인간의 본질에 대해서 다음과 같이 요약하고 있다.

"그럼에도 인간이 무엇이며 인간이 자기의 개성을 얼마큼 개발할 수 있으며, 창조적이고 도덕적인 인격체로 발전시킬 수 있는 것은 소망과 의지에 달려 있는 것이 아니라, 최종적으로는 객관적, 사회적, 경제적, 정치적, 물질적 삶에 의해 결정된다."[57]

마르크스주의의 인간 본질과 발전에 대한 견해는 외부의 물질적 조건이 결정한다는 마르크스주의 철학의 기본원리에서 비롯된 것이다. 그러나 인간의 발전이 물질적 발전에 의해서 결정된다면 인간의 창조성은 기대할 수 없게 된다.

1990년대 유럽 사회주의 진영의 몰락은 무엇보다 사회주의 건설 주역들의 창조력 발전의 미비로 인해 생산력 발전의 정체와 후퇴에서 찾을 수밖에 없다. 마르크스주의 사회 발전 이론이 한편으로는 물질적

56) 마르크스-엥겔스 전집 13권, 8쪽, 정치경제학 비판 서문.
57) 철학용어사전 2권, 709쪽.

조건을 발전시켜 가는 인간의 창조력을 강조하면서, 다른 편으로는 인간 창조력의 발전 조건으로 물질적 발전을 앞세우는 자가당착의 역설에 빠져 있는 것이다.

이러한 역설은 마르크스-레닌주의는 의식과 물질이라는 철학의 기본문제 설정과 이 이분법의 모순 관계를 물질 위주의 유물변증법으로 해결하려는 방도의 좌절이 사회 발전론에서도 나타난 것이라고 할 수 있다.

의식과 물질로 이분화되지 않은 새로운 인간관의 수립에 관심을 가지지 않을 수 없다.

제3부

역설의 극복 시도 이론들

서양철학은 20세기에 들어서 철학의 이원론적인 논리에 대한 회의가 분명해지자 이 한계의 근원을 이성의 한계에서 찾고 있다. 이성의 한계를 극복해 보려는 새로운 이론들은 그 한계의 극복 방식에 따라 다음과 같이 세 부류로 구분된다.

첫째는 이분법을 초월적 사변적 방법으로 극복해 보려는 시도

둘째는 이분법을 다양한 학술의 결합 방식으로 이분법의 변형을 통한 극복 시도

셋째는 이분법을 이분법의 근원인 이성 자체의 대안, 부분 또는 전반적 부정을 통한 극복 시도

그러나 20세기와 21세기에 새로 등장한 새 이론들도 이성과 이분법성, 이원론과의 관계, 이로 인한 서양철학의 한계 또는 역설의 근원에 대해 착안하지 못한 채 스스로도 역설에서 자유롭지 못하다.

1장

사변론

서양철학에는 초창기 그리스철학으로부터 이성을 초월하려는 초월론적 이론이 여러 가지로 대두하여, 역사적 조건에 따라 침윤하면서 계승되고 있다.

형이상학(Metaphysik), 비교(Esoterik), 내밀론(Okkultismus), 신비학(Mystik), 계시론(Offenbarung, Apokalypse) 또는 알레테이아(Aletheia) 등이다.

이러한 초월론적 이론들은 20세기에 이성의 한계 문제가 심각하게 대두하자 이에 대한 출구 이론으로 새롭게 정립된 대표적인 이론으로 신형이상학(Neue Metaphysik), 신에소테릭 (Esoteric), 신알레테이아론(Aletheia) 등이 주목받고 있다. 그러나 이 이론들도 이성의 근원인 이분법성을 착안하지 못한 결과 스스로 이성의 한계에 갇힌 포로가 되고 말았다.

1절 초월주의(Transcendentalism)

재래 형이상학은 형이상학의 원조인 아리스토텔레스에서는 '제1철학', 16세기 이후부터는 '존재론'이라 별칭하기도 했지만, 형이상학의 기본 문제는 존재와 존재자의 관계에 대한 해명에 있다. 이 관계의 해명 과정에서 보조적인 문제들이 여러 가지 이분법적 테제를 통하여 논의되었다. 존재의 원천으로 '존재와 무존재', 존재의 양상으로 '현실성과 가능성', '자유와 필연성', '개별과 일반', '부분과 전체', '본질과 현상', 존재의 성격으로 '정신과 자연 또는 육체', '마음과 육체', '의식과 물질' 등이다.

제II장에서 밝힌 형이상학의 이러한 이분법적 문제 설정의 이론 전개에서 발생하는 제한성과 역설 현상을 초월적 이론으로 극복하고자 한 새로운 이론이 20세기에 신형이상학으로 대두했다 할 수 있다.

신형이상학은 존재와 존재자와의 관계에서 존재자 위주와 존재 위주의 두 부류로 구별해 볼 수 있다. 존재자 위주의 대표적 신형이상학 학자는 화이트헤드(Alfred North Whitehead, 1861~1947)와 하르트만이며, 존재 위주의 신형이상학 학자는 하이데거이다.

화이트헤드는 저명한 철학 저서인 『과학과 근대세계』(1926), 『과정과 현실』(1929), 『아이디어의 모험』(1933)에서 형이상학적 유기체 이론을 전개했다.

그는 현실(존재자 세계)을 유기체의 성질로 파악했다. 유기체의 성질을 유기성, 연관성, 통합성, 비이분법성, 과정성을 가졌다고 정의했다. 따라서 데카르트의 물질과 정신의 이분법성, 칸트의 주체와 객체, 과학과 종교의 이분법성은 성립될 수 없다는 것이다. 유기성은 부분과 전체가 하나로 통일체를 이룬다. 이것을 기반으로 서양철학의 이분법성을 사변적으로 극복하고자 한 것이다. 그러나 유기성은 그와 대립된 비유기성이라는 이분법적 사유의 산물이다. 과연 생명 없는 자연과 생명 있는 자연, "과학의 추상과 예술, 도덕, 종교의 추상과의 조화"를 주장하는 이론 전개가 가능할 수 있겠는가?

20세기 신형이상학의 또 다른 대표 철학자는 독일 출신의 하르트만(Nicolai Hartmann, 1882~1950)이다. 형이상학과 관련한 그의 대표 저서는 『인식의 형이상학 특징』(1921), 『존재론의 새로운 길』(1942), 『존재론』(4권, 1935~1950)이다.

하르트만은 재래 서양철학 이분법성을 형이상학의 기본적 이분법적 테마를 하나로 통일시키는 '새로운 형이상학'으로 극복하고자 했다. 우선 존재론의 기본테제인 존재와 존재자의 이분법을 부정한다. 존재세계 '최후'의 근거는 정의될 수 없기 때문에 인정하지 않는다. 존재자의 최후 근거를 정의하기 위해서는 다른 존재자를 끌어들여야 하는데 이것은 무한 순환론에 빠지기 때문에 정의가 불가능하며, 따라서 존재

자의 최후 근거로서의 존재는 성립되지 않는다는 것이다.[1]

때문에 존재 세계는 존재자들만 인정되는 것이다. 존재자를 세 가지 형상으로 구별하여 논의해 왔다.

하나는 현존재(Dasein)와 기연(Sosein)의 '존재상황'(Seinsmomente)이다. 현존재와 기연은 두 존재자가 아니고, 하나의 존재자의 두 상황에 불과하다.[2]

다른 하나는 사실성(Realität)과 이념성(Idealität)의 '존재방식'(Seinsweisen)이다. 이념성은 비대상적인 존재자로 구조 또는 법칙성으로 사실적 존재자에 내포되어 있다. 따라서 존재방식은 둘이 아니라 하나이다.

또 다른 하나는 가능성(Möglichkeit)과 현실성(Wirklichkeit)의 존재양식(Seinsmodi)이다. 하나의 사물과 발생은 모든 요인이 함께하면 필연적으로 이뤄진다. 가능성과 현실성은 필연성(Notwendigkeit)에서 둘이 아니라 하나가 된다.

하르트만은 이런 입장에서 헤겔의 전체는 '위로부터' 바라보는 정신적 경향성이며, 마르크스의 전체는 '밑으로부터' 바라보는 경제적 사물이다. 이것은 하나라는 전체가 아니라, 부분의 전체에 불과하다고 비판한 것이다. 그러나 하르트만의 필연성 이론도 일면성을 면치 못한다. 존재 세계에는 사물과 사건이 이뤄지는 필연성만 있는 것이 아니라, 사물과 사건이 성립되지 못하는 필연성도 있다. 이 이질적인 필연성을 뒷받침할 또 다른 필연성이 요구된다.

하르트만의 형이상학 이론은 그의 생존 시에는 분석철학과 실존철

---

1) 하르트만, 『존재론』 1권, 존재의 기초 닦기, 43쪽.
2) 하르트만, 『존재의 기초 닦기』, 86쪽.

학에 밀려 큰 영향력이 없었다. 21세기에 들어서 이탈리아 철학자 폴리(Roberto Poli)와 스코그나미글리오(Carlo Scognamigrio), 캐나다 철학자 트렘블레이(Frederic Tremblay)에 의해 다시 주목받고 있다.

하르트만과 거의 동시대이면서 20세기 전반 유럽 철학계에서 가장 주목받는 철학자는 하이데거였다. 그도 하르트만과 같이 재래 서양철학의 이분법성을 극복하기 위해 신형이상학을 제시했다. 그의 신형이상학은 어떤 형이상학보다 이분법적 테제 설정에 대해서 가장 광범위하게 그리고 체계적으로 정립했다고 할 수 있다.

하이데거의 형이상학과 관련된 주요 저서는 『존재와 시간』(1927), 『형이상학의 기본개념』(1929/1930), 『숲길들』(1935~1946) 등이다.

하이데거는 근대 이후 형이상학에서 데카르트의 '생각하는 나'(cogito)라는 존재자를 인식 주체로, 육체와 정신의 이분법, 칸트의 이성을 가진 존재자의 '지각과 이해'(Verstand) 또는 '이성'(Vernunft)의 이분법, 후설의 '초월적인 나'(Das transzendentale Ich)를 인식 주체로 하는 주관주의와 객관주의 등에서 이분법적 테제 설정의 문제점에 주목했다. 또한 이분법적 문제 설정의 근원을 재래철학의 '존재자'(Seiende)를 중심으로 고찰하였다. 이에 따라 인간의 '현존재'(Dasein)를 인식의 주체로 인식 대상을 전립(vor-stellen)하는 이분법적 대립 구도로 파악했다. 그의 저서 『존재와 시간』에서 '근본 존재론'(Fundamentalontologie 참고)의 대립 구도 이론 전개는 '숲길'의 미로에 빠지게 된다는 것이다.

하이데거는 미로의 필연성을 '존재자'를 기반으로 하는 근본존재론에서 확인했으며, 그 출로를 '존재자'가 아닌 '존재'(Sein)에 기반한 신형이상학으로의 전환(Kehre)에서 찾았다.

존재자를 중심에 둔 전통 형이상학에서의 존재는 하나의 존재자로 인식의 대상이 되며, 존재는 일정한 관점에서 부분적으로만 인식되었다. 그러나 존재를 중심에 둔 새로운 형이상학에서는 존재의 개현(열어서 나타냄, Entbergung 또는 Erschlossenheit)에 의해 인식이 성립된다. 이 '존재의 계시' 사상은 플라톤의 '알레테이아'(Aletheia) 이론을 도입한 것이며, 이를 통해 비이분법적인 새로운 존재론과 인식론을 시도한 것이다.

현존재가 존재를 하나의 존재자로 대상화했을 때는 '존재의 의미'라든가 '존재의 초월적인 해석 지평(시간성)' 등이 존재 인식의 내용이 되었다. 이것은 재래 전통적인 이성 중심의 인식론의 산물이다. 그러나 존재가 자기 자신을 은폐하지 않고 열어 놓음으로써 세계는 '의미 전체'로서 인간에게 빛어지는 완전한 인식이 가능하게 된 것이다.

하이데거는 전통 서양철학이 오랫동안 '존재망각'(Seinsvergessenheit)의 철학을 해 왔기 때문에 철학의 오류가 발생한 것으로 진단했다. 그는 분명한 표현을 하지 않고 있지만 서양철학 역설의 근거를 논의했다고 할 수 있다.

그러나 하이데거는 존재를 되찾아 신형이상학을 정립하여 재래 서양철학의 미로에서 출로를 개척하고자 했으나, '철학의 종말'(Das Ende der Philosophie), '사유의 포기'(Die Aufgabe des Denkens,)를 언급할 수밖에 없었다.

이렇게 된 근거를 두 가지에서 찾아볼 수 있다.

하나는 존재의 존재방식은 은폐지만 열어젖혀 나타내기도 한다. '존재의 숙명'(Seinsgeschick)이기 때문에 인간의 인식 성립은 존재가 스스로 열어젖히는 때를 기다려야 가능하게 된다. 이에 대해 하이데거와 절친한 관계에 있었던 푀겔러(Otto Pöggeler, 1928~2014) 교수는 다음과 같이 언급했다.

"은폐는 당연히 존재의 어떤 구체적인 다른 규정이 아니라(모든 것은 정신이다), 자신을 은폐하는 것은 존재가 자기를 드러냈다는 사실이다."[3)]

푀겔러 교수는 헤겔, 후설, 하이데거의 전문가이며, 특히 하이데거와는 20년(1957~1976) 가까이 편지를 왕래할 정도로 절친한 관계였다. 하이데거를 가장 잘 이해하는 철학자로 알려져 있다.

그러나 이와 같은 존재의 은폐와 계시 이론은 '철학의 종말'로 이끌어 갈 수 있다. 동양에서는 하이데거의 존재와 같은 도 또는 중도를 인간 현존재가 니르바나, 참선, 좌망 등 적극적인 방법과 비교할 때 설득력이 약하다. 또 다른 하나는 존재와 언어와의 관계 문제다. 하이데거는 언어를 '존재의 집'이라고 했다. 존재는 언어의 집에서 산다는 의미로 그렇다는 것이다.[4)] 그러나 이러한 견해는 언어의 태생적 성격과 한계성을 인지하지 못하고 있다는 것을 고백하는 것이다.

그는 인간이 필요해서 창조된 언어의 근원적인 성격에 대한 언급 없이 인간과의 관계를 사회나 도덕에 어그러진 행동으로 나타나게 된다고 언급하고 있다.

"언어가 말하는 것이지, 인간이 하는 것이 아니다. 인간은 그가 익숙

3) 오토 푀겔러, 하이데거, 『사유의 길』, 1994, 98쪽.
4) 하이데거 전집 5, 320쪽. 숲길(Holzwege), 참조.

하게 언어에 일치할 때, 그때만 말하는 것이다."[5)]

존재가 언어의 집에서 사는 것이 아니라, 언어의 감옥에 갇혀 자기를 은폐하게 된 것이다. 언어의 이분법적 성격과 그 한계가 숙명적일 수밖에 없는 언어의 감옥을 어떻게 탈출하느냐에 대한 문제의식이 요구되는 지점이다.

5) 하이데거 전서, 10권, 143쪽.

2절 에소테릭(Esoterik)

서양철학이나 유럽 문화권에서는 합리적, 경험론적 방법론을 구사하는 학문과 이러한 방법론을 반대하거나 비판하는 비학문 또는 '초월적인 학문'이 병립되어 왔다. 초월적 학문은 '내밀학'(Esoterik), '은비학'(Okkultismus), '신비학'(Mystik), '점성학'(Astrologie) 등으로 정립되었다.

은비학은 라틴어의 감춰진(okkultus)에서, 신비학은 그리스어의 비밀스러운 또는 입과 눈을 닫는다(mystikos)에서 유래했으며, 심령과 신과의 관계 문제를 다룬다. 점성학은 심령과 우주 법칙과의 관계에서 인간의 운명을 점치는 호로스코프가 주된 과제다.

이들은 공통적으로 인간의 이성 대신에 심령을 기반으로 신이나 '우주적 법칙'과의 관계 문제를 논의의 대상으로 삼으며 심령과 우주 법칙은 내적으로 통일되어 있다고 전제한다. 심령과 대상들이 이성이나 경험적 방법으로는 잘 파악되지 않는다는 점에서 내밀, 은비, 신비의 이름이 붙여지게 되었다.

내밀학은 고대 그리스철학 초기에 등장했으나 20세기에 학문으로서의 지위를 유일하게 인정받게 되었다. 아이러니하게도 20세기 이성의 이분법성에 기반한 전통 철학에 대한 회의의 상승과 과학 일반의 불확실성에 대한 논의가 활발해지는 상황에서 전통적 이성 철학에 대립하는 내밀학에 대한 학문적 관심의 고양과 관련이 있다.

초감각적인 존재, 비밀스러운 존재, 감춰진 존재와 이에 대한 영혼이나 심령과의 관계 문제가 기본내용이다. 이들 관계는 통일적으로 연관되어 있으며, 이 연관 문제는 재래철학의 이성에 의한 분석적 방법론이 아니라 심령에 의한 직접 체험의 방법론을 구사하는 것이 특징이다. 에소테릭의 이론 전개는 시대에 따라 대상, 주체, 방법 등의 내용에서 달라지기도 했으며, 비밀학과 신비학을 흡수하기도 했다.

에소테릭의 체계화는 피타고라스학파로 알려져 있다. 이 학파의 원조는 기원전 5세기의 수학자, 철학자, 천문학자인 피타고라스였다. 그가 에소테릭을 체계화했으나 그 자신은 저서를 남기지 않았고 제자들이 전수해서 알려졌다. 시대적 배경과 전수자들에 의해 많이 보충되었다.

피타고라스의 에소테릭론은 심령과 수, 이 두 관계와 이 두 관계를 연결하는 방법론으로 도덕적 수양이 기본내용이다. 다시 말하면 에소테릭의 대상을 완전 수(일체, 조화)로 상정했으며, 이 관계의 인식 방법은 심령의 도덕적 수양이다.

심령은 육체와 달리 영원히 죽지 않으며, 별자리 순환처럼 보다 높은 화신의 수준에 이르면 재생은 중단되고 심령은 육체로부터 영원히 해방된다. 이 경지에 이르면 조화롭게 질서 잡힌 일체성과 이를 상징하는 숫자의 의미를 알게 되며 천체의 화음(Himmelsharmonie)을 들을 수 있게 된다.

수는 모든 사물의 본질이다. 수 10은 우주의 존재와 생성을 상징한다. 10은 1+2+3+4이며, 기학학적으로는 정삼각형을 구성한다. 다수를 통일하여 완전한 수가 된다. 완전한 수는 6이며, 조화롭게 질서 잡힌 일체성을 갖게 된다.

이외에도 피타고라스는 수를 통해 많은 것을 상징하고 있다. 홀수는 기하학적으로 정사각형이며, 오른쪽, 한계, 남성, 정지, 빛, 선을 상징하고 짝수는 기하학적으로 직삼각형이며, 왼쪽, 무한, 다수, 여성, 운동, 어둠, 악 등을 상징한다.

심령이 완전한 수를 깨닫는 경지에 이르기 위해서는 도덕적으로 흠없는 삶을 영위해야 한다. 심령이 완전한 수(비밀지식)를 깨닫는 경지는 주기적인 심령의 화생(化生)이다.

이 주기는 완전한 수 6의 세곱(6×6×6)인 216년이다.

피타고라스의 에소테릭은 20세기 후반 중세와 근대에 풍미한 신비학과 내밀학의 일부를 흡수하여, 근대의 이성 중심의 학문과 대립된 새로운 에소테릭으로 인정을 받게 되었다.

신비학은 기독교적 신이 대상이며 인간의 심령을 주체로 한다는 것에서는 기독교 신학과 동일하다. 신비학과 신학의 기본적인 차이는 신과 심령 간의 관계 설정에 있다. 신학은 신과 인간의 관계를 합리적, 이론적 방법으로 정립하고자 한다면, 신비학은 과학적으로 객관화할 수 없는 '신비'한 방법을 구상한다. 신비학에는 '유대의 '샤바트 신비학'(Schabat-Mystik), 신지학(Gnostik), 기독교적 신비학이 포함된다. 이들 간의 차이는 대상과 주체 간의 관계 설정에 있다.

샤바트 신비학은 인간 주체가 일상적인 나를 극복하면 엑스타제 상태에서 신을 만나게 된다는 것이다. 기원후 2-3세기 신지학은 인간의 심령이 물질적인 세계에의 집착을 단절할 때 나사렛 예수가 '완전한 신'의 자식임을 알게 된다고 한다. 기독교 신비학의 대표적 이론가인 마이스터 에크하르트(Meister Eckhart, 1260~1328)는 산상 설교에서 '순수한 마음'을 가질 때 심령 속에서 신이 탄생한다는 견해였다. 그러나 신비학은 중세기 이후 스콜라 신학의 지배적인 영향으로 유명무실해지고 말았다.

내밀학은 16세기 아리스토텔레스 자연철학에서처럼 감각할 수 있는 사물의 질(색깔, 맛 등)이 아니라, 감각으로 인식할 수 없는 질, 점성술, 연금술, 마술 등을 학술의 대상으로 삼았다. 18~19세기에는 이성 중심의 계몽사상에 대립하여 합리적으로 설명할 수 없는 '내밀의 힘'(마그네티즘, 전기, 별의 영향, 특수식물의 치료력 등)이 주대상이었다. 내밀학의 대상은 물질적인 것이었으며, 비물질적인 신을 대상으로 하는 신비학과는 구별되었다.

근대 이후 내밀학의 이론적 대상이 과학적으로 밝혀지고 있으나, 그보다 우월한 인식 수단을 내놓을 수 없게 되자 신비학과 에소테릭을 자기 이론체계에 끌어들였다.

대표적인 이론가는 헬레나 블라바츠키(Helena Blavastsky, 1831~1891)였다. 그녀는 헨리 스틸 올콧(Henry Steel Olcott), 윌리엄 콴 판사(William Quan Judge)와 함께 1875년 뉴욕에 『신지학 협회』(The Theosophical Society)를 창립하여 내밀적 현상과 작용력을 탐구하며 종교와 철학, 자연과학의 비교연구를 하였다. 뉴욕 외에 영국,

독일, 인도에 지부를 설립하여 활동하였다.

블라바츠키는 『아이시스 공개』(Isis Unveiled, 1877)인 그의 저서에서 내밀학에 유대교의 카발라(Kabbala) 사상, 신지학, 연금술, 신플라톤주의, 신비학, 유럽적 에소테릭과 불교적 요인까지 통합하여 서술했다. 그럼에도 하나의 독자적인 학술로는 인정받지 못했다.

블라바츠키보다 더 체계화하여 '유럽 에소테릭'이라는 하나의 독자적인 학술이론으로 인정받게 한 학자는 프랑스의 앙투안 파이브레(Antoine Faivre, 1934~)였다. 그는 파리 소르본대학에 개설된 에소테릭 전문 강좌를 1979년부터 2001년까지 담당했다. 이를 계기로 암스테르담대학교, 영국의 엑스터(Exter)대학교, 바티칸대학 등에도 에소테릭 전문 강좌가 개설되었다.

영국의 에소테릭 학자인 프랜시스 예테스(Frances A Yates, 1899~1981)는 그녀의 저서 『조르다노 브루노와 헤르메틱 전통』(Giordano Bruno and the Hermetic Tradition, 1964)에서 '예테스 파라디그마'(Yates-Paradigma)를 정립했다. 그러나 이것으로는 에스테틱을 하나의 독자적 학문으로 인정받을 만큼 체계화하지 못했다.

파이브레는 1992년 그의 대표적 저서 『에소테릭』(LÉsoterisme)을 출판했다. 이 저서는 내밀학, 일루미니즘, 기독교적 신지학과 자연철학을 포괄하면서 에소테릭을 새롭게 정립한 것이다. 새로운 에소테릭 이론 정립에 중대한 영향을 준 학자는 1970년대 중반 이후 친분관계에 있는 이슬람과 일루미네이션 학자인 헨리 코빈(Henry Corbin, 1903~1978)과 샤머니즘 학자인 미르체아 엘리아데(Mircea Eliade, 1907~1986)였다.

이들의 핵심이론은 창조적 상상력과 상징성이었으며, 파이브레의 에소테릭 이론의 근간인 '사유형식'(forme de pensee)의 기본이 되었다. 이에 대해서 파이브레는 2006년 모니카 노이게바우어-볼크(Monika Neugebauer-Wölk, in: Zeitenblick 5, 2006) 교수와의 대화에서 밝혔다. 에소테릭의 전문학자인 헨리 코빈과 질베르 뒤랑(Gir-bert Durant, 1921~2012)도 적극 인정했다.

이 '사유형식'의 주요 내용은 4개의 기본요소와 2개의 부수 요소로 구성되어 있다. 4개의 요소는 에소테릭의 대상에 해당하는 '상응'과 '자연의 생기'이며, 에소테릭의 방법론에 해당하는 상상과 명상 그리고 연금술적 변환이다. 그 외 2개의 부수적 요소는 '공통분모'와 스승에서 제자로 이어지는 '전승'이다.

상응은 보이는 현실의 세계와 보이지 않는 상징의 세계는 상호 연결되어 있다는 것이다. 인간의 심리와 육체의 현상과 자연현상과의 상응, 카발라 이론에서처럼 게시된 문서와 자연현상과의 상응이다. 그는 '우주적 관계의 원리'라고도 했다. '자연의 생기'는 물질적 현실을 바탕으로 정신적인 성질에 내포되어 있다는 것이다.

상상과 명상은 보이지 않는 세계와 연결을 가능케 해주는 창조적이며 참여적인 사유형식의 요소이다. '변환'은 연을 금으로 바꾸는 연금술처럼, '심령적인 구원의 길'을 따라 '제2의 탄생' 또는 '참된 인간'으로 변환시키는 것이다.

에소테릭 이론은 21세기에도 유럽 철학계에서 주목받고 있다. 근거는 에소테릭의 비이분법적 '사유형식'에서 서양철학 정통 주류의 이분법적 한계를 극복할 수 있는 출로에 대한 기대와 관련이 있어 보인다.

파이브레는 『에소테릭 개요』(2001)인 그의 저서에서 에소테릭은 '아날로그 사유'이며, 아리스토텔레스의 논리나 합리적 환원주의와는 다르다는 것을 일관되게 주장하고 있다.

이처럼 파이브레는 에소테릭 이론 전개의 대상을 '우주적 관계의 원리'로 전제하고, 이에 대한 인식 방법을 상상과 명상, 이 목적을 참된 인간으로의 변환 등을 포괄하여 어느 학자들보다 에스테틱을 체계화했다 할 수 있다. 그 결과 에소테릭의 대립 견해인 엑소테릭(Exoterik)과의 차이도 분명하게 했다 할 수 있다.

에소테릭의 대립 이론인 엑소테릭은 외부세계의 관찰과 분석을 통해 얻은 지식으로 객관적이며, 전반적 타당성을 가졌으며 누구에게나 접근이 가능하다. 그러나 에소테릭처럼 피상적이고 심층적이며 보이지 않는 경과에 대해서는 파악하지 못하는 한계를 지니고 있다는 것이다.

파이브레의 에소테릭 이론은 한계를 벗어나지 못하고 있다.

상상과 명상의 주체는 무엇이며, 상상과 명상의 수단은 언어가 아닌 무엇인지, 만약에 상상과 명상의 수단이 언어라면 이분법적 사유의 포로가 되지 않고 '참된 인간으로의 전환'이 가능하겠는지?

2020년대에도 이와 같은 문제 제기에 대한 논의와 더불어, 에소테릭에 대한 새로운 이론 정립은 나타나지 않은 것 같다.

3절 알레테이아(Aletheia)

서양철학 인식론의 주류는 인식의 주체가 이성이며, 인식의 진리 탐구 수단은 언어였다. 인식의 양상으로는 구성론과 반영론이다. 이와 대립된 인식론은 플라톤이 제기한 알레테이아(Aletheia)론과 이 이론의 영향을 받은 기독교 신학과 일반 종교학의 계시론이라고 할 수 있다.

그리스신화에서 알레테이아는 '진리의 여신'이다. 진리를 의미하기도 한다. 인식론적으로는 논리적 분석적 방법과는 다른 차원의 인식 방법론이라는 측면이 더 합당할 수 있다.

유럽의 알레테이아론과 유사한 이론은 동양의 불가와 도가에서 찾아볼 수 있다. 이 양자는 공통성과 더불어 차이점도 있다. 공통성에서 특히 주목되는 것은 유럽과 동양의 이분법적 철학에 오랜 역사 기간 압도당해 왔으며, 여기에 결정적인 원인이 있겠지만 자기의 발전 가능성을 충분히 발휘하지 못한 것으로 보인다.

이 장에서는 유럽의 알레테이아와 더불어 동양의 '깨달음'에 대해서 고찰해본다. 더불어 비이분법성 철학의 가능성을 제기할 수 있다면 큰 의의가 있을 것 같다.

유럽의 알레테이아론은 고대 그리스철학의 초창기부터 대두했으나, 인식론 형성의 주요 요인으로 삼은 철학자는 플라톤이었다. 그 후 플라톤의 이 사상은 기독교 신학에서 신(God) 인식의 기본원리로 오늘날까지 많은 논쟁의 대상이 되고 있다. 철학계에서는 거의 잊힌 테마였다가 20세기 초 하이데거의 기초존재론에서 재현되었다. 그 이후 철학계에서는 거의 논의의 진전이 없었다.

플라톤은 언어를 매개로 한 일반 인식과 이데아의 알레테이아(열어 냄)에 의한 인식을 구별하고 있다. 언어를 매개로 한 인식 과정에서 '7번째 서환'의 원을 예를 들면서 5단계로 나누었다. 첫 단계는 원이라는 대상의 표시(단어), 두 번째 단계는 그 단어(원)로 표시된 대상의 정의, 세 번째 단계는 이 대상(원)의 감각적 지각, 네 번째 단계는 지각된 대상(원)의 개념적 인식, 다섯 번째는 순수이성 인식이다.

그러나 알레테이아는 완전히 다른 차원의 인식 방법론이다. 어원적으로 '감춰지다'(lethe)를 부정(A)해 연다는 합성어로 활용한 것이다.

알레테이아는 인식 주체의 표식이나 언어라는 수단을 통한 단계적인 인식이 아니라, 인식 대상이 '자기를 드러내 보임'으로 성립되는 인식이다. 플라톤은 '동굴비유'에서 인간의 일상적인 인식 수준이 어떤 상태이며, 최상의 인식 수준이 무엇이며, 어떻게 그 수준에 도달하게 되는가를 서술하고 있다. 언어를 수단으로 한 5단계의 인식은 동굴 속에 감금된 수인 상태에서의 인식 수준이라면 알레테이아는 동굴을 벗어난 햇빛이 있는 상태에서 이뤄진 최고 상태의 수준이라고 할 수 있다.

플라톤에게 최고의 이데아는 '선'이다. 선 이데아는 존재론적으로나 인식론적으로나 '유일자'이며, '근원원리', '최고원리'이다. 그 성격과 내용은 영원, 불변하며, 나눌 수 없다. 지각할 수 있는 모든 사물로부터 독립적이다. 감춰진 최고의 이데아는 인간에게 그 자신을 열어줄 때만 인식이 가능하게 된다.

플라톤의 알레테이아 이론은 2000년 이상 동굴 속에 감금되어 있다가 20세기 초 독일의 철학자 하이데거에 의해 회상(Anamnesis)식으로 재현되었다. 플라톤은 이데아의 알레테이아를 영혼이 육체에 들어오기 이전에 하늘 위에서 보았던 이데아(세계)를 아남네시스(회상)하는 것으로도 표현했다.

하이데거는 플라톤의 알레테이아론을 회상했다고나 할까, 자신의 존재론에서 플라톤의 알레테이아론을 그대로 적용했다. 플라톤은 '자신을 드러냄'의 주체를 '이데아'로 했다면, 하이데거는 '존재'로 대신한 것이 다를 뿐이다. 하이데거는 궁극적 진리의 '자기 드러냄'을 '존재의 밝힘'(Lichtung des Seins) 또는 '존재의 열려 있음'(Offenheit des Seins)으로 표현하기도 한다.

이데아나 존재 등 절대 진리의 인식은 '자신을 드러냄'을 통해서만 가능하다는 플라톤의 알레테이아론은 기독교 신학의 계시론으로 전수되었다. 계시(Apokalypse)의 어원은 '없앤다'(Apo)와 '감춰져 있다'(Kalyptein)의 합성어이며, 계시는 신학적으로 "신이 직접 자기를 드러낸다"는 신시와 같은 의미로 해석된다.

계시론은 신학에서 신의 존재 양상을 이론화하기 위한 필수적인 이론적 수단이다. 주로 계시의 양식을 논한다. 말씀계시, 행위계시, 표명계시, 구원계시, 원계시, 시대적 계시(판넨벨그의 5번의 시대적 계시)

등이다.

계시의 양식 외에 계시 주체(이데아, 신, 존재 등)의 근원, 새로운 계시 주체 발생의 가능성, 계시 수용자의 수동성 등의 문제들은 고찰되지 않고 있다.

계시의 양식 중에서도 말씀 양식에 대한 해석학적 이해 문제가 근현대 신학, 특히 신교 신학이 주류를 이루고 있다. 이름 있는 대부분의 신학자들은 이 계통의 학자들이란 데서 알 수 있다.

예를 들면 슐라이어마허(Friedrich Schleiermacher, 1768~1834), 틸리히(Paul Tillich, 1886~1965), 바르트(Karl Barth, 1886~1968), 불트만(Rudorf Bultmann, 1884~1976), 판넨베르크(Wolfhart Pannenberg, 1928~2014), 몰트만(Jürgen Moltmann, 1926~) 등이다.

유럽의 알레테이아와 아포칼립스이론은 자기 자신을 드러내는 주체가 존재냐 이데아냐 또는 신이냐의 차이만 있을 뿐, 인간은 드러냄을 받아들이는 수동적인 입장으로만 논의되었다. 인식의 주체인 인간이 왜 '동굴의 수인'(플라톤)이 되었는지, 왜 '존재망각'(하이데거) 속에 빠지게 되었는지, 신의 계시는 어떤 인간적인, 사회적인, 역사적인 조건을 요구하는 것인지에 대해서는 아무런 문제 제기를 하지 않고 있다.

감춰진 것과 드러냄의 이분법에서 일방적으로 드러냄만을 강조할 뿐 감춰진 근거는 고려하지 않고 있는 것이다. 그 결과 인식 주체는 알레테이아와 계시 과정에서 수동의 위치에 방치되고 말았다.

그러나 동양의 불교철학(불가)과 도교철학(도가)은 이러한 서양철학이나 신학에 대해 완전히 대조적인 면을 보이고 있다. 불가의 최고 진리인 법성과 도가의 최고 진리인 도는 자기를 열어 보임으로써 인식되는 것이 아니라, 인식 주체의 인식 조건에 의해서만 가능해진다. 인식 조건은 인식 주체의 주동적인 수양에 의한 '깨달음'의 경지이다.

이에 대해서는 다음 장의 통합론에서 다시 언급할 예정이다.

2장

학제 간 협동론

서양 철학계는 그동안 이분법적 사유에 기반한 이론 전개의 한계를 극복하기 위해 '학술 간 협동론'을 활발히 전개하였다. 학술 간 협동의 목적, 성격, 결과에 따라서 다음의 세 가지로 구별한다.

- 여러 학술의 기본적인 공통원리를 찾는 '합동론'(Consilience)
- 여러 학술을 관통하는 원리를 찾는 '통합론'(Integrale Theorie)
- 2개의 학술을 결합하여 제3자를 찾아내는 '삼분법론'(Trialismus/Triade)

유럽 철학계에서 이 이론들은 21세기에도 주목받고 있다. 그러나 자기가 기반하고 있는 이분법적 사유의 한계를 인식하지 못한 채 새로운 이론으로 논의되고 있다.

1절 합동론(Concilience)

'학술 간 협동론'의 하나로 20세기에 대두한 이론이 '합동론'(合動論)이다. 합동론은 인문과학과 자연과학이 '같이 뛰면서' 합동하여 이분법을 극복해 보자는 이론이라고 할 수 있다.

합동론을 순수이론적인 이론과 합동적인 기술의 산물인 로봇론으로 나눠 거론해 볼 수 있다. 로봇론은 이론적 합동력 성격보다는 기술공학적 합동력적인 성격이라는 데 차이가 있다. 로봇론은 이분법적인 사유에 기반한 어떠한 학술의 합동으로도 그 한계를 피할 수 없다는 하나의 좋은 예가 될 수 있다.

서양철학에서 자연과학적 이론과 인문학적 이론을 합동하여 새로운 이론을 창출한 학자는 사회생물학자인 에드워드 윌슨이다. 『합동, 지식의 통일』(1998)이 발표되면서 합동이론은 주목을 끌었다.

합동론이라는 새로운 개념을 처음 만들어낸 학자는 영국의 철학자이며 광물학자인 윌리엄 휴얼(William Whewell, 1794~1866)이다. 합동이라는 개념은 라틴어의 Con(함께)과 Salire(뛴다)를 조합하여 만들어냈다.

한국 학계에서는 휴얼의 '합동론'을 최재천 교수가 '통섭론'으로 번역하여 통용되고 있는 것 같다. 그러나 휴얼의 '함께 뛴다'는 원개념에 충실하게 일단은 '합동론'으로 하면 어떨까 한다. 휴얼은 여러 학술이론이 귀납법에 따라 여러 학술에 공통적인 원리를 찾아낸다는 방법론에 무게를 두었다면, 원효의 통섭론처럼 여러 학문에 관통된 원리를 찾아 낸다는 목적론과는 다르기 때문이다.

합동론의 이론화와 학문적 성과를 낸 학자들은 윌슨을 비롯하여 그레고리 배이트슨(Gregory Bateson, 1904~1980)이며, 이들의 견해에 적극 동조한 학자들은 제럴드 홀톤(Geeald James Holton, 1922~), 헤리스 존스 피터(Harries-Jones Peter, 1937~), 프리초프 카프라(Fritjof Capra, 1939~) 등이다. 이들은 자연과학과 인문학의 공통기반을 마음(정신)에서 찾으며, 생물학과 철학의 각각 다른 귀납적 방법으로 이 공통원리를 논증하고 있다.

윌슨은 원래 곤충생물학자였으며, 스노우(C.P. Snow, 1905~1980)의 『두 문화와 과학혁명』(1959)의 영향을 받아 개미의 집단적/사회적 행동 양식과 인간의 사회적 행동 사이의 공통성의 기반과 원리를 연구하면서 합동이론을 처음으로 등장시켰다. 윌슨은 진화생물학의 '후성유전학'(Epigenetic)을 기반으로 생물학의 자연과학과 인문학을 연결하는 공통기반의 요인이 되는 유전적 규칙성(epigenetic rules)을 찾아냈다. 유전적 규칙성은 '유전자와 문화를 연결해주는 정신발단'을 설명해 주는 근거가 되었다.

정신의 발단이 물질적인 유전자의 규칙성으로 밝혀짐으로써 정신과 문화가 관념적일 뿐 아니라 물질적 요인의 공유가 사실적으로 증명된 것이다. 이러한 생물학적 성과는 전통철학에서 관념 아니면 물질이라는 이분법성을 극복할 수 있는 학문적 성과를 이룬 것이다.

윌슨이 생물학을 발판으로 자연과학과 인문학을 일관하는 공통원리를 찾았다면, 키버네틱 학자인 그레고리 베이트슨은 인문학과 자연과학을 일관하는 공통원리를 확인했다.

베이트슨은 '사이버네틱 인식론'에 기초해서 '사이버네틱 체계'를 갖춘 '마음의 생태학'(Ecology of mind)을 정립하였다. "사이버네틱 체계는 정보가 연속적으로 전향되면서 순환하는 회귀적 회로"이며, 차이와 감지, 처리, 반응으로 끊임없이 조절되는 역동적 체계이다. 이러한 사이버네틱 체계가 '마음'이며, 자연계는 뉴턴적 기계적 물리법칙이 지배하는 것이 아니라 바로 이런 '마음'으로 관통되어 있다는 것이다.

베이트슨은 자연에 대한 뉴턴적 기계적 물리법칙을 적용하는 게 아니라, 탈뉴턴적 자연과학으로 자연계도 마음과 같은 현상을 지니고 있다고 새롭게 정립했다. 정신과 육체, 자연과 문화 등 인식의 주체나 인식의 대상에 대한 이분법을 극복하고자 한 것이다.

이에 대해 미국인 물리학자 프리초프 카프라는 "사이버네틱 원리에 기초를 둔 마음의 개념은 정신과 육체의 데카르트적인 이분법을 극복하기 위한 과학에서 이뤄진 최초의 성공적 시도"[6]라고 평가했다.

윌슨과 베이트슨은 두 가지 면에서 '합동론'에 충실한 측면이 있다. 첫째는 진리 탐구의 방법론으로 생물학과 인문학이 '같이 뛰었'으며, 생물학과 인문학을 통일하는 바탕(마음)을 찾아낸 것이다. 고대 그리스 이오니아 출신 철학자 탈레스가 물이라는 단일 물질로 세계 전반의

6) 카프라, 『생명의 거미줄』(The Web of Life), 1996, 번역본/1998, 82쪽.

성립을 일률적으로 설명할 수 있었던 마법처럼, 합동론도 학문의 마법이 될 수 있다는 것이다.

"세계는 질서정연하며 몇몇 자연법칙들로 설명될 수 있다는 믿음, 즉 '이오니아의 마법'(Ionian Enchantment)에 대한 깊은 확신이 지식의 통일을 위한 탐험가에게 필요한 덕목이다."

윌슨은 '합동론'의 학문적 성과에 대해 커다란 의의를 부여하고 있다. 그러나 과연 '합동론'이 세계를 설명할 수 있는 '이오니아의 마법'이 될 수 있을 것인가?

우선 '합동론'의 방법론은 귀납법을 선호하고 있다. 그러나 귀납법은 연역법 없이는 성립될 수 없다. 윌슨 합동론의 중심 개념인 '마음'은 귀납법적 사유의 산물이 아니고 연역법적 사유의 산물이다. 귀납법과 연역법은 변증법적 관계에 있으며, 한없는 순환론의 역설에 빠질 수밖에 없다.

유럽뿐 아니라 동양의 철학과 인문학에서 밝히고자 한 마음의 정체는 학술적 합동을 통해서도 밝혀질 수 없다는 것이다. 다만 물질세계와 정신세계를 통섭하는 원리라는 가설일 뿐, 더군다나 세계를 설명할 수 있는 '이오니아의 마법'도 될 수 없다.

'학술적 합동론'에 의한 인간 최고 지능의 산물은 로봇이라고 할 수 있다. 만약에 학술적 합동론을 통해 인간의 마음, 아니면 인간 이상의 마음을 가진 로봇을 만들어낼 수 있다면 그때는 '이오니아의 마법'도 가능할 수 있다.

로봇은 기계학, 전자기술학, 인공적 지능/신경정보학, 생물학적 키베르네틱스 등의 '학술적 합동'으로 제작된 지능적인 기계적 기구이다.

로봇이라는 개념은 체코슬로바키아 극작가인 차펙(Carel Capek, 1890~1938)이 그의 희극작품인 『RUR』(Rosumss Universal Robots, 1020)에서 체코 언어인 노동 또는 강제노동이라는 뜻을 가진 로보타를 인조인간의 의미로 처음 사용하였다.

로봇은 구성 방식과 사용 목적에 따라 여러 종류로 분류된다. 구성 방식에 따라서는 보행로봇, 인지로봇, 자동이동 로봇, 휴머노이드 등이 있으며, 사용 목적에 따라서는 산업적, 의학적, 서비스, 탐사, 사회적 로봇, 인간로봇 등으로 구별된다. 이중 가장 지능적인 로봇은 휴머노이드 또는 '인간로봇'(Personal Robot, PR)를 꼽는다. 일반 로봇은 물론 로봇의 대표격인 '인간로봇'도 이분법적 사유의 제한성을 보여준다는 것이다.

'인간로봇'의 구성은 플라스틱, (강)철, 작동기, 센서 등의 제품이다. 플라스틱은 석유 또는 석탄에서, (강)철은 광석에서 선별작업을 통해 만들어낸 것이다. 작동기는 에너지를 물리적 운동으로 전환해 동작과 동작의 제어를 가능케 하는 기계장치이다. 기계장치에 의해 신축, 굴신, 선회 등의 효과를 가져온다.

로봇의 핵심 부분은 센서이다. 센서는 느낌이나 지각을 의미하는 라틴어에서 유래하였다. 생물체와 같은 감지를 통해 물리적, 화학적 성질을 파악해 내는 기계장치로 검정기(Detektor)라고도 한다. 센서의 종류로는 기능성, 디지털, 분자식 센서가 있다.

로봇의 기능을 종합적으로 보면 자동적, 독립적, 자립적인 동작으로 생명을 가진 인간의 여러 가지 기능을 수행할 수 있다. 주위 환경의 인식, 정보의 저축, 언어이해, 획득한 경험에 기반한 행동 수행 등이다.

최근 가장 지능이 높은 인간로봇으로 일본 혼다의 '아시모'(2000), 독일의 '보조로봇 친구'(Assistentroboter Friend, 2015), 미국의 휴모노이드 '한'(Humonoid Han, 2015), 중국 상해의 '양양'(Android-Dame Yangyang, 2015) 등을 꼽을 수 있다.

로봇의 생명공학 성과를 결합하면 로봇의 기능은 더욱 향상되어 갈 것이다. 생명공학은 미생물학, 생명화학, 분자생물학, 유전학, 생물정보학 등의 합동성(Interdisziplinäre)이다. 최근 연구가 심화된 생명공학 핵심분야는 유전자학, 크로네, 세포융합 등이다. 그러나 아직까지 유전자나 세포를 비롯해 생명을 인공적으로 만들어내는 학문은 없다.

과연 분별과 분석의 이분법적 사유에 기반하여 부분을 조합하는 합동론적인 인간 최대의 지능으로 생명력 있는 유기체로서의 로봇 창출이 가능하겠는가?

유기적 생명체는 세포로 구성되나, 로봇은 전자 부품으로 구성된다. 유기적 생명체는 번식, 유전, 성장, 영양섭취, 신진대사, 감각/지각, 동작 등의 성질과 기능을 가졌다. 그러나 로봇은 이러한 성질과 기능 중에서 동작, 지각 정도만 가졌을 뿐이다. 유기적 생명체 중에서 특수한 유기체인 인간은 일반 유기체가 가진 성질과 기능 이외에도 감정, 언어, 경험의 창조적 축적 등의 또 다른 기능도 가지고 있다.

로봇을 철학적 사유의 성격과 관련하여 고찰한다면 '부분과 전체'의 모자이크식 파라디그마에 속한다고 할 수 있다. 부분은 이것이냐 저것이냐의 이분법적 선택의 산물이며, 이러한 부분들이 종합으로 구성된 전체, 전체는 곧 하나의 독자적인 개체로서의 로봇으로 제작되는 것이다.

그러나 유기적 생명체는 이분법적 사유의 조작에 의한 제작은 불가능하다. 유기적 생명체는 처음부터 전체와 부분의 분간 이전의, 분간이 불가능한 (유전자) 세포에서 비롯된 것이다. 유기적 생명체는 세포의 신진대사를 통한 성장 과정이 필수적이나, 로봇은 처음부터 하나의 완성체로 제작된다.

이렇게 제작된 로봇은 어디까지나 기계적 속성을 벗어날 수 없으며, 제작자의 종속적 수단의 지위를 벗어날 수 없다. 이분법적 사유로는 유기적 생명체를 만들어낼 수 없으며, 다만 유기적 생명체에 대한 부분적 설명만이 가능하다는 것을 보여줄 뿐이다.

종합하자면 '합동론'은 이질적인 학술의 합동으로 공통적인 기반을 찾아낼 수 있으나 그것은 이분법적 설명을 위한 하나의 근거를 '구성'한 것에 불과하다. 또 다른 하나는 이분법적 사유에 기반한 이론과 기술에 기초한 부분 물품들을 아무리 종합한들 마음과 감정을 가진 하나의 유기체를 만들어낼 수 없다는 것이 분명한 것이다.

2절 통합론(Integrale Theorie)

'학술 간 협동론'의 또 따른 이론은 통합론이라 할 수 있다. 통합론은 심리학, 철학, 사회학뿐 아니라 동양의 '지혜철학'까지 여러 학술을 통합할 수 있는 원리를 제시하여 서양철학의 이분법을 극복하고자 한 이론이다

통합론의 가장 체계적인 학자는 켄 윌버(Ken Wilber, 1949~)라고 할 수 있다. 그는 아서 케스틀러(Arthur Koestler, 1905~1983)의 홀론(Holon)론, 스리 오르빈도(Sri Aurobindo, 1872~1950)의 '통합적 요가'(Integral Yoga) 또는 '통합적 배단타'(Integral Vedanta), 스위스의 장 게서(Jan Gebser, 1905~1973)의 학제 간 협동이론 등을 참작하여 '통합론'을 제시했다. 그는 통합론에 근거하여 '만사의 이론'으로, 이보다 더 포괄적인 '새 영원 철학'(Philosophia Perennis)으로 발전시키고 있다.

통합론의 기반이론은 홀론이었다. '홀론'은 전체를 의미하는 홀로스(Holos)와 부분을 의미하는 온(On)의 합성어이다. 홀론은 전체와 부분을 포괄하며 전체와 부분의 관계는 위계적 구조로 되어 있으며, 일정

한 규칙과 유연한 전략으로 정의되고 있다.

'홀론론의 아버지'라 부르는 헝가리 출신의 저술가인 아서 케스틀러(Arther Koestler)는 이러한 홀론을 존재론에 적용하여 '물질, 에너지, 이데 또는 과정에 상관없이 모든 현실은 홀론으로 구성되었다"[7]고 피력했다.

그의 대표 저서 『기계 속의 유령』(Ghost in the Mashine, 1967)에서 홀론론을 처음 전개했으며, 통합적 이론의 선구자가 되었다.

윌버는 케스틀러의 홀론론을 받아들여 모든 학문의 방법론적 기반, 또는 통합론의 기본 뼈대인 '아칼론'(통합비전-AQAL)을 체계화하였다.

윌버는 그의 저서 『성/섹스, 환경, 영성』(Sex, Ecology, Spirituality, 1995)의 제1부에서 아칼론(AQAL)을 제시하고 있다. 여기서 AQ는 전체 4분면(All Quadrant) 그리고 AL은 전체 레벨(All Levels)의 약자이다. 전 4분면은 개별과 집단, 내면과 외면을 의미하며, 전 레벨은 평면적인 그리고 수직적인 발전을 의미한다. 아칼은 의식의 발전 수준과 상태, 기타 양상까지 포괄한다.

윌버는 '아칼론'이 사실에 접근하는 가장 포괄적인 방법이며, '메타이론'이라고 간주했다. 아칼론에 기반한 그의 통합론은 서양철학 이분법을 극복하고, 나아가서 21세기 '우리 시대의 고난'을 헤쳐갈 방안을 제시하고자 한 것이다.

윌버의 통합론을 가장 종합적으로 잘 이해하고 있는 네덜란드의 종교 심리학자 비서(Frank Visser, 1958~)는 '켄 윌버, 정렬의 사

7) 케스틀러, 『에로스, 코스모스, 로고』(Eros, Kosmos, Logos) 36쪽. The Spirit of Evolution , Shambara 1995.

상'(Thought of Passion, 2002)이라는 저서의 서문에서 다음과 같이 언급하고 있다.

"통합이라는 단어가 의미하는 바는 광범위, 포괄적, 부차화하지 않으며 포용하기다. 통합기조는 어떤 대상을 탐구할 때 모든 영역에서 전망, 양식, 방법론의 최대 가능한 수량을 하나의 일관된 견해로 인입(引入)하는 것이다."[8)]

윌버의 통합론은 이 단계에서 심리학, 철학, 사회학, 신비학 등 달리 말하면 '감각과 정신' 또는 '과학과 종교'를 결합했으며, 사업, 정치, 학문 등을 통합하는 '만사의 이론'(Theory of Everything)으로 발전시켰다.

윌버는 '만사의 이론'에 머무르지 않고 동양의 철학까지 통합하여 '새 영원 철학'이라는 새로운 비전의 통합론을 시도했다. 인도의 철학자 오르빈도의 이론을 참작한 것으로 보인다.

"신성은 그의 본질에서 무한정하며 그의 현현도 가지가지로 무한정하다. 그렇다면 존재나 그의 성격에 대한 우리의 완벽한 통합은 어떤 류의 하나의 현실화만으로는 불가능하며, 신성 경험의 서로 다른 가닥들을 결합해야 할 것이다. 그의 절대성에 이르기까지 단선의 정체성 추구만으로는 도달할 수 없을 것이다. 무한의 많은 견해와 입장들을 화합해야 한다. 다중 형식의 다이내믹한 경험을 겪은 통합적 의식은 우리 성격의 완전한 전환을 위해서 본질적이다."[9)]

윌버는 요가학자 오르빈도뿐 아니라 대승불교와 나가르주나(Nagarjuna) 등의 영향을 받아 '통합적 영성'(Integral Spirituality) 이

8) 프랑크 비서, 켄 윌버, 정렬의 사상, 2002.
9) 스리 오르빈도, 『요가의 종합』, 114쪽.

론을 발전시켰다. 그는 특히 '통합적 영성'에 도달하는 방법론에 주목했다. 그 방법론으로 '통합적 명상(meditation)' 이론에 따라 요가, 묵상 등을 중요시하고 있다. 이렇게 하여 포스트 포스트모던적, 포스트 형이상학적, 포스트 전통성의 영성적이며 비이원론주의의 이론인 '새 영원한 철학'의 탄생이 가능해진 것이다.

윌버의 '통합론'은 21세기 초반 세계철학의 기초사상으로 인정받았으며, 그는 '3000년대의 선구 사상가'로, 현재 미국에서 가장 영향력 있는 철학자의 한 사람으로 알려지게 되었다. 그의 20여 권의 방대한 저서가 세계 30여 개의 언어로 번역되었다는 것만으로도 충분히 짐작할 수 있다.

그의 통합론도 몇 가지 본질적인 제한성에서는 헤어나지 못하고 있으나, 새로운 비전을 주는 것도 있다.

우선 서양철학에서 이분법이 발생하는 근원에 대해 관심을 돌리지 않고, 이분법의 극복을 일자택일의 파라디그마로 간단히 처리하고 있다. 정신과 물질의 이분법을 영성에 절대성을 부여하여 물질을 정신에 흡수 통일시키는 방식이다.

그다음 그의 통합론의 절정은 서양철학과 동양철학을 통합할 수 있는 기초원리로 '통합적 영성'의 체현이다. 체현의 방도로 불가의 요가 이론을 도입한 것이다. 그러나 불가와 도가는 통합적 영성의 체현 방도로써 요가와 차원이 다른 방도에 대해서는 주목하지 못한 것 같다.

모든 비이분법적 진리의 근원인 '진짜로 신비한 영성'의 본질은 무엇이며, 이 영성을 어떻게 체현할 수 있는지도 불분명하다. 그러면서도 인도의 요가사상을 도입하여 영성의 고도화를 제안하고 있다.

월버는 서양철학의 이분법성을 동양의 영성철학을 도입하여 극복하며, 동서양철학의 통합을 통해 새로운 철학의 수립을 시도하는 것 같다. 그러나 그는 이분법적 사유를 극복하고자 한 불가의 명상과 요가의 방법 외에 불가의 니르바나(Nirvana) 또는 도가의 좌망사상에 대해서는 낯설어하는 것 같다.

월버의 통합론은 '통합 영성론'과 불가나 도가의 인식 주체와의 관계에서 다음과 같이 간략하게 정리해 볼 수 있다.

'통합적 영성'을 상정했으며, 최고 인식 주체로서의 통합적 영성은 동양의 요가를 통해서 도달할 수 있는 것으로 고찰했다. 그러나 월버의 이론으로는 이분법성에 기반한 여러 학문과 학설을 통합하는 통섭론의 '통합적 영성'은 불가능하다. 이와 달리 불가와 도가에서는 이분법적 사유를 완전히 무화(無化)한 니르바나와 좌망이라는 더 높은 차원의 방도를 제시한 것이다.

앞으로 철학의 세기적 과제는 이데아, 신, 존재, 도, 법신 등 일종의 구성 개념인 인식 대상의 해석론이 아니라, 매듭, 맥, 도축, 핵심 등으로 인식 대상의 전환과 이에 걸맞은 인식의 주체와 인식의 방도에 대한 이론 전개가 아닐까 생각한다.

3절 삼분법론(Trialismus)

삼분법론적 이론은 고대 그리스철학에서 시작했다. 중세, 근대, 현대까지도 신학 이외에는 큰 주목을 받지 못했다. 그러나 20세기에 들어서 사정이 달라졌다. 이분법적 이론 전개의 제한성이 20세기에 뚜렷해지자 그에 대한 대안이나 출구의 욕구가 작용한 것이 아닌가 생각된다.

'삼분법론'은 라틴어의 '삼분원리'가 어원이다(영어로 Tripartite, 독일어로 Dreiteilungsprinzip). 세 가지를 '포괄한다'는 것을 의미한다. 이분법을 기초로 하며, 이분법적 어떤 대립물을 어떻게 통합해서 제3자를 구성하는가에 따라 여러 가지 삼분법론적 학설들이 등장하고 있다.

'삼분법론'의 이론 전개는 고대 그리스철학에서는 세계의 구성을 자연(Physis), 심정(Seele), 정신(Geist)의 삼분원리, 로마시대에는 이성(Ratio), 지성(Intellectus), 물질(Materia)의 삼분원리가 기본이다. 그와 비슷하게 고대 동양철학에서부터 '천(天)·지(地)·인(人)' 삼분원리를 기본으로 한 삼분법론이 동양 문화권에서는 하나의 규범적인 성격을 갖게 되었다.

유럽에서 고대 그리스와 로마식의 삼원론적 학술은 교부 신학과 중세 스콜라 신학에서 '삼위일체론', 근대 이후는 '제3자론', 19세기 중반 이후는 '3세계론' 등의 다른 양상으로 전개되었다. '3세계론'이 20세기에는 이분법적 사유 파라다이그마를 염두에 두고 이를 극복하려는 대안 학술로 그 위상을 달리하고자 했다.

교부철학 이후 기독교 신학의 '삼위일체론'은 신학 성립의 핵심적인 이론이 되었다. 일반적으로 신학과 종교학은 신과 인간의 이분법에 기반하고 있다. 그러나 신학에서만큼은 신(성부)과 성자(인간)의 이분원리에 성신이라는 제삼원리를 첨가하여 삼분법론의 일종으로 '삼위일체론'을 도입했다.

신과 인간의 이분법에 기반해 성부와 성신으로 이분(二分)하고 여기에 인간, 성자를 가해서 삼원론으로 구성했다고 할 수 있다. '삼위일체론'은 존재론적으로 엄밀한 의미에서 신과 인간의 이원론이라 할 수 있다.

근대 이후 '제삼자론'은 존재론의 이분법적인 쌍 개념을 초월한 제삼자를 상정하여 쌍 개념과 결합한 '중립적 일원주의'라는 삼분법론이 풍미했다. 이때 기반한 쌍 개념은 이분법적 주류인 존재론의 '물질과 정신', '육체와 정신', '사물 자체와 현상', '유기적 존재와 비유기적 존재', '객체와 주체' 등이었다. 쌍 개념에 기반하여 삼분법론을 제기한 학자로 근대는 스피노자, 현대는 제임스, 퍼얼스, 러셀, 루이스 등을 예로 들 수 있다.

스피노자는 물질, 정신 그리고 이들의 '제한적인 실체'가 아닌 '무조건적, 무한한 본질로서의 실체' 또는 '자기 존재의 근원이 자기 자신에게 있다(causa sui)는 신'을 내세워 삼원론을 주장했다. 미국의 수학자이며 철학자인 찰스 샌더스 퍼스는 존재 세계와 인간의 의식을 삼분법으로 정리하고 있다. 즉 존재 세계는 제1차성(firstness)으로 '다른 사물과 관계가 없는 사물의 존재', 제2차성(secondness)으로 '여기 현재 존재자' 그리고 제3차성 (thirdness)으로 '사물의 배후에 있는 원리, 현상과 연관된 합법칙성'으로 포괄한다. 의식계는 '퀄리아(Qualia)', '현상적인 의식', '정신적인 상태의 주관적인 경험 내용'의 세 가지를 포괄하고 있다.

이들 이외에도 영국의 수학자이며 이론물리학자인 로저 펜로즈(Sir Roger Penrose)는 '플라톤적 수학적 세계', '물질적 세계', '의식적 인간적 정신의 세계'(로고스를 인식할 수 있는 원리적 가능력)라는 또 다른 삼분법론을, 논리실증주의자인 러셀, 미국의 실재론자 윌리엄 재임스, 카르납 등은 정신과 물질 그리고 중립적 재료의 삼분법을 제시하기도 한다.

이러한 수많은 삼분법론적 논의와 달리 일반적인 서양철학의 '이분법론'을 극복하려는 의도로 정립된 '삼분법론'은 칼 포퍼의 '3세계론'이라 할 수 있다.

칼 포퍼는 수학자이며 철학자인 프레게의 '3세계' 이론과 신경학자인 존 에클스의 '교차작용주의'를 결합하여 '세계론'을 이론화하였다.

프레게는 독일의 논리학자, 수학자, 철학자이다. 『사상』(Der Gedanke, 1918)의 그의 저서에서 존재 세계 전반을 '객관적 물질적인 사물의 세계', '인간의 의식 세계', '객관적인 사유 내용'이라는 세 개의 세계를 주장하고 있다.

"외부의 사물도 아니고 표상도 아닌 제3의 영역이 인정되어야 한다. 그 안에 속하는 것은 감각으로 인식될 수 없다는 생각과 일치한다. 지각될 수 없는 영상과 일치하며, 담당자가 없다는 것에서는 사물과 일치하나 운반자가 필요하지 않다는 것이다."[10]

프레게는 앨런 호지킨(1914~1998)과 앤드루 헉슬리(1917~2012)와 더불어 1963년 노벨 생리학, 의학상을 수상했다.

오스트레일리아 출신 신경생물학자인 에클스는 의식의 구조를 '물질적인 뇌', '비물질적인 의식', '뇌와 의식이 상호작용하며 합치는 지점'(좌뇌의 일정한 부위)의 세 부분으로 해명하는 삼분법론을 정립했다.

뇌와 의식이 상호작용하는 지점에 대한 견해는 독일의 양자물리학자이며 철학자인 마게난(Henry Margenan, 1901~1997)도 뒷받침했다.

칼 포퍼는 프레게의 견해를 참작하여 '객관적 정신의 이론에 관하여'(On the Theory of the objective Mind, 1973)에서 '3세계론'을 정립하였으며, 수년 후에는 에클스와 공동 저작 『자신과 자기 뇌』(The Self and its Brain)에서 다시 한번 더 논의했다.

"우리는 3개의 세계 또는 우주를 구별해 볼 수 있다. 첫째는 물리적 대상들이나 물리적 상태의 세계, 둘째는 의식의 상태나 정신 상태의 세계, 또는 아마도 행동 의향의 세계, 그리고 셋째는 이론의 객관적 내용, 특별히 과학과 시적 사상, 예술작품의 세계이다."[11]

---

10) 프레게, 『사상, 논리적 연구』, 43~44쪽(Vandenhoeck & Ruprecht 1966).
11) 포퍼와 에클스 공저, 『자신과 자기 뇌』, 106쪽.

칼 포퍼는 에클스와의 공저에서 프레게의 이론을 기반으로 '3세계론'을 더 발전시켰다.

세계 2(개별적인 지각과 의식)는 세계 1(물질적인 세계)과 세계 3(정신적인 문화적인 내용, 책, 이론, 사상)을 중개하여 3세계에서 일치한다. 건축전문가의 의식(세계 2)이 집 설계(세계 3)를 하며, 하나의 구체적인 집(세계 1)을 만들어낸다. 완성된 집, 세계 2는 세계 1과 세계 3을 포괄하게 된다.

이상 포퍼의 '3세계론'과 여러 가지 삼분법론이 대두하여 이분법론의 대안으로 논의되었다.

그러나 '3세계론'을 포함한 삼분법론은 결국 이분법론으로 회귀했다고 할 것이다

삼분법론의 필수적인 구성 부분은 물질도 아니며 의식도 아닌 제3자의 출현으로만 가능하다. 이 제3자는 전술한 삼분법론에서 대개 실체, 성신, 쿠발리아, 이론 예술적인 산물 등을 상정했다. 그러나 인간 의식의 산물인 제3자(세계)를 하나의 독자적인 세계로 인정할 수 있겠는가 하는 것이다.

제3자는 의식이나 정신의 이분법적 사유 활동 산물 중 하나일 뿐이다. 또한 제3자는 의식 활동의 결과물이라는 의식 자체와 관념적인 상태에서는 구별되나, 그 존재가치로 물질화하자면 다시 의식과 결합해야 하는 숙명이다. 의식의 산물인 집 설계, 자동차 설계, 예술작품 등의 제3세계는 또다시 인간의식이 개입하지 않고는 자기실현이 불가능한 가상의 세계에 불과하다. 때문에 '3세계론'은 '현실적인 세계'와 '추상적인 세계'의 제2세계로 환원할 수 있다.

그런가 하면 3세계론은 '4세계론'으로 전환해도 무리가 없는 고무줄 이론이 될 수 있다.

웰몬드(Welmond) 이름으로 작성된 "듀켐과 프레게를 비롯한 포퍼의 3세계 이론의 비판"(2009)에서 3세계론 대신에 '4세계론'을 전개했다.

웰몬드는 두 가지 실체(물질적/비물질적)와 두 가지 주체 관계(주체 독립적/주체 의존적)를 조합하여 4개의 세계를 만들어내고 있다.

1세계, 물질적 주체 의존적 세계(내부세계, 사상, 정서, 노력)

2세계, 물질적 주체 독립적 세계(외부세계, 색깔, 소리)

3세계, 비물질적 주체 의존적 세계(주체적 정신)

4세계, 비물질적 주체 독립적 세계(개인적 육체, 집체적 문화)

이러한 견해들을 종합해 볼 때 3세계론이든 4세계론이든 물질과 의식의 이분법에서 발생하는 상호전환의 역설을 해결하는 것이 아니며, 그 역설을 무시한 채 이분법론의 변형만 사변하고 있을 뿐이다.

3장

반이성주의

서양철학은 이분법적 철학의 한계와 역설을 서양철학이 기반하고 있는 이성에서 찾고, 20세기에는 이성과 관련하여 세 가지의 대책 방안이 이론화되었다고 정리할 수 있다.

첫째는 인간 지성의 중심에 합리적 이성 대신 의지 또는 감정으로 대치하는 반합리주의(Antirationalismus)

둘째는 합리적 이성의 부분적 비판과 재정립하려는 비판이론(Kritische Theorie)

셋째는 합리적 이성의 전반적 부정과 해체하려는 해체주의 (Dekonstruktivismus)

그러나 이 세 가지 대책 방안도 이성의 근원적 이분법적 성격에 대해서는 논의하지 못한 채, 스스로 역설의 함정에 빠지고 마는 이론 전개의 결말을 보이고 있다.

1절 반합리주의

서양철학의 이론 전개는 인간의 이성을 기반으로 한 합리주의, 인간의 이성과 대립되는 감정이나 의지를 근간으로 한 반합리주의, 인간 밖의 추상물을 근간으로 한 비합리주의로 구분된다.

반합리주의의 독일어는 비합리주의(Irrationalismus)로 표현되어 반합리주의(Antirationalismus)와 비합리주의(Nonratioalismus)를 포괄한다. 반합리주의와 비합리주의는 내용 면에서 구별이 분명하다. 반합리주의는 인간의 이성 대신에 의지나 감정을 근간으로 하고, 비합리주의는 합리주의의 이성이 구상한 추상적인 산물을 근간으로 삼는다.

20세기에 합리주의의 제한성과 역설 현상을 극복하고자 한 가장 강력한 도전이론 중의 하나가 반합리주의라고 할 수 있다. 19세기 후반 이후 반이성주의적 철학을 전개한 대표적 학자는 쇼펜하우어와 그의 영향을 크게 받은 니체였다. 반합리주의는 19세기 후반에 쇼펜하우어와 니체가 주도했으며, 20세기 전반 철학계의 실존철학과 생철학, 미학, 윤리학, 포스트모던 등 철학계 이외에도 심리학, 사회학, 신학 등에도 그 영향력이 미쳤다.

19세기 전반 풍미했던 반이성주의를 반합리주의로 전환한 철학자는 쇼펜하우어였다.

쇼펜하우어는 플라톤, 칸트, 헤겔 등의 합리주의를 천착하고, 하만, 야코비, 셸링, 신학의 슐라이어마허, 키르케고르 등의 반이성주의를 참작하여 그의 반합리주의를 정립했다. 그리고 합리주의의 주류에 속하는 플라톤, 칸트, 헤겔 등의 영향을 천착하면서 이들과 정반대되는 이론을 정립한 것이다.

그는 박사 논문 『충족 근거 공리의 4가지 뿌리』에서 칸트의 인식론을 부분적으로 비판하고, 헤겔의 이론체계를 전반적으로 비판했다. 나아가서 그의 주 저서 『의지와 표상으로의 세계』에서 합리주의의 대안으로 이성 대신 의지를 기반으로 한 반합리주의를 이론화했다. 『의지와 표상으로서의 세계』(1819)의 저서에서는 인간의 삶을 포함한 모든 존재(세계) 근원과 인식의 주체를 이성이 아니라, '물자체로서 의지'라고 정립했다.

"의지는 물자체, 내적인 내용, 세계의 본질성이며, 삶, 볼 수 있는 세계, 그러나 현상은 다만 의지의 거울이기 때문에 이들은 마치 신체의 그림자처럼 의지와 분리되지 못하고 따라다닐 것이다. 의지가 거기 있으면 삶도, 세계도 거기 있을 것이다."[12)]

쇼펜하우어는 합리주의가 기반한 이성 대신에 이에 대립된 인간의 의지를 기반으로 한 합리주의의 제한성을 어떻게 극복하고자 했는지를 다음과 같이 밝혔다.

의지는 '물자체' 및 '세계의 내적 본질'로서 존재론적으로 유기적이든

12) 쇼펜하우어, 『의지와 표상으로서의 세계』, 347쪽(C. Bertelsmann/Gütersloh, 1958).

지 비유기적이든지 자연의 모든 현상을 야기하는 원인이며, 자극, 계기 등의 작용 근원이다. 인식론적으로는 이념을 거쳐 '표상'을 산출한다. 이념은 의지가 자기를 객체화하는 첫 단계에서 주객관적 관계를 제시하며, 표상은 이념의 주객관적 관계를 선험적으로 주어진 시공과 인과성의 형식으로 의지가 자기를 객체화하는 현상이다. 표상은 의지와 연관이 없는 상상이나 환상과는 다르며, 의지의 관찰자라는 주체 없이 피관찰자라는 객체는 존재하지 않는다. 따라서 "세계는 나의 표상이다. 이것은 모든 살아 있고, 인식하는 존재와의 관계에 유효한 진리이다."[13]

칸트는 인식할 수 없다는 '사물 자체'를 쇼펜하우어는 의지가 스스로 자신을 직관한 본질로, 플라톤의 존재론적 '이념'은 표상 단계 이전에서 의지가 자기를 현현하는 형식으로 전용하여 자기의 반합리주의적 인식론을 정립하고 있다. 합리주의의 '서술적이며 규범적인 세계 해명'을 거부하고 본질의 관조, 신앙, 직관, 직접 경험 등을 이성보다 인식기능이 훨씬 높은 세계 해명의 대안으로 삼고 있는 것이다.

이러한 반합리주의는 쇼펜하우어의 동시대는 물론 그 이후에도 많은 철학자, 특히 세계의 문학가와 예술인에게 영향을 주었으며 좋은 호응을 받았다. 앙리 베르그송, 니체, 아인슈타인, 리하르트 바그너, 레오 톨스토이, 토마스 만, 헤르만 헤세 등이다. 그런가 하면 쇼펜하우어는 합리주의자들을 비판하는 과정에서 그 당시 합리주의의 대가로 인정받고 있었던 헤겔에 대해서는 '야바위꾼'(Scharlatanerei)이라고까지 험담을 서슴지 않았다.

---

13) 쇼펜하우어, 『의지와 표상으로서의 세계』, §1, 29쪽.

또한 이성의 산물에 대해서는 비판하면서도 이분법성의 뿌리인 이성과 언어의 근원적 성격을 의식하지 못해, 자기 자신이 이분법의 함정에 빠지는 과오를 범하고 있다. 그는 이성을 '비합리적인 세계 의지의 시녀'로 규정하면서도 합리주의의 근간인 이성의 전유물인 이분법성은 견강부회(牽强附會)하고 있다.

인식론 전개의 본질적인 형식인 주관과 객관의 이분법을 의지로부터 연유한 '표상의 형식'으로 간주하고 있다. "우선 인식은 표상의 형식에 결부되어 있는 지각이며, 바로 주체와 객체로 분열한다."[14]

쇼펜하우어 이분법의 연유에 대한 잘못된 이해는 그의 불교철학 니르바나 이론의 이해에서도 과오를 범하게 된다. 니르바나는 언어적 이분법 사유의 부정(불립문자)을 통해 이분화된 개념 세계의 인식론적 무화(無化)를 밝히는 것인데 존재론적 무세계(無世界論)로 이해하면서 삶이 죽음으로의 이행이라는 잘못된 해석에서 오류가 분명해진다.

쇼펜하우어에 이어 가장 뚜렷한 반합리주의 사상가는 그의 영향을 강하게 받은 독일의 반합리주의 철학자 니체였다.

니체는 고전 문헌가로 시작하여 철학자로 인정받았다. 이미 20대부터 괄목할 만한 저술 활동을 시작했으며, 그의 저술은 이론적, 체계적이지 않고, 잠언적 단편형식 또는 감동적인 산문 스타일이 특징적이다.

니체의 철학적 저술로는 『교육자로서의 쇼펜하우어』와 『바이로이트의 리하르트 바그너』(반시대적 고찰의 4개 논문 중 2부분, 1874), 『차라투스트라는 이렇게 말했다』(1883~1885), 『잡신들의 여명』

---

14) 쇼펜하우어, 『의지와 표상으로서의 세계』, §1, 236~237쪽.

(1886~1888), 『선과 악의 피안』(1886), 『도덕계보』(1887), 『이 사람을 보라』(1888), 『디오니소스-디티람벤』(1889) 등이다.

니체의 사상 형성에 가장 많은 영향을 준 철학자는 헤라클레이토스와 쇼펜하우어이며, 그다음은 자연과학자 다윈과 작곡가이며 저자인 리하르트 바그너, 철학자 폴 레 등이었다. 니체는 철학서들을 원본으로 읽지 않고, 주로 해설서를 통해 철학 사상을 습득했다고 한다.

철학적 사유의 근간을 이성에 대립된 의지 또는 감정에 두었으며, 그의 사상적 흐름도 이론적 체계보다는 산문적이라는 것에서도 그의 반합리주의는 잘 드러나고 있다.

"의식, 이성, 지성은 다만 피상적인 것이며, 의지의 봉사자이다. 본능이 모든 종류의 지성 중에서 가장 지성적이다"(니체, 선과 악의 피안).

"나는 모든 체계론자들을 불신하며 그들이 가는 길을 같이 가지 않는다. 체계로의 의지는 정직성의 부족함이다"(니체, 잡신들의 여명).

이처럼 니체의 사상적 흐름은 철학을 기반으로 이성을 반대하고, 이에 따라 논리적, 체계적 이론 전개를 거부했다는 점에서 쇼펜하우어와 마찬가지로 반합리주의의 대열에 섰음은 분명하다. 그러나 그가 전개한 반합리주의의 사상 흐름은 근본적으로 합리주의의 이분법적 사상 흐름을 벗어나지 못한 자가당착에 빠지고 있다는 것을 알 수 있다.

니체는 철학의 기반을 쇼펜하우어 영향을 받아 쇼펜하우어의 '생에의 의지' 대신에 '권력에의 의지'에 두었다. 그는 전근대를 퇴폐하게 한 '모든 가치의 가치전환'을 시도했다. 말하자면 재래의 형이상학을 부정하고 반합리주의를 성립하는 것이었다.

그는 가치전환의 모델을 '주인도덕'과 '노예도덕'의 구별에서 찾았으며, 이 사유의 흐름을 '초인간'(Übermensch)과 '인간말종'(Mißratener), '최후인간'(Der letzte Mensch)의 관계로 정립했으며, '주인도덕'과 '노예도덕'에서 설명을 보충하고 있다.

니체는 그의 주저 『자라투스트라는 이렇게 말했다』에서 '초인간론'을 논의했다. 합리주의를 비판하기 위해 합리주의의 구성요인이며 산물인 이성, 지성, 의식, 신, 노예윤리 등을 '낡은 가치'라고 규정했다. 이러한 낡은 가치의 체현자를 인간말종 또는 실패자(Mißratener)라고 명명했다. 이와 반대로 본능성, 전망적, 주인윤리 등은 '주인의식'이며 '새로운 가치'라고 규정했다. 가치의 체현자는 낡은 가치의 '인간말종'과 새 가치의 체현자를 '초인간'이라고 불렀다.

이와 관련하여 니체는 주인도덕과 노예도덕의 구별을 그의 저작 『도덕계보』에서 다음과 같이 서술하고 있다.

"주인도덕은 자기 자신과 자기 삶에 '예'라고 말할 수 있으며, 다른 사람을 나쁘게 깎아서 볼 줄 아는 주인들의 태도일 것이다. 노예도덕은 불쌍한 사람들, 가난한 사람들, 힘없는 사람들, 천한 사람들, 병든 사람들, 흉측한 사람들을 대하는 태도이다"(니체, KSA 5, S. 267).

니체의 핵심 사상은 다윈의 약자도태이론에 충실하게 '초인'이 '인간말종'들을 '함마'로 내리쳐 굴복시키거나 제거하는 것, 이것이 '모든 가치의 전환'(Umwertung aller Werte), 합리주의의 반합리주의의 전환으로 요약 해석할 수 있다.

니체는 합리주의에 기반한 형이상학의 낡은 집에서 주인이었던 플라톤의 이데아, 기독교의 신, 헤겔의 절대정신을 쫓아내고, 자신의 '초인간'을 내세우는 것으로 반합리주의를 정당화하는 역설에 빠지고 있는 것은 아닌가?

누이동생 엘리자베스를 포함해 여러 사람이 주장한 것처럼 독일 히틀러 나치 정권이 니체의 '초인'사상을 수용하여 불구자를 '사회의 기생충'(인간말종)이라면서 약 12만 명을 학살했다면, 잘못된 철학적 이분법 해결의 역사적 예가 될 것이다.

2절 비판이론

비판이론은 프랑크푸르트 소재 '사회연구소'의 설립자이며 주도적 역할을 한 사회 철학자 막스 호르크하이머(Max Horkheimer, 1895~1973)의 1937년 논문 「전통적인 그리고 비판적인 이론」이 효시이다. 동료 사회 철학자 아도르노와 더불어 여러 사회연구소 성원들의 견해를 참작하여 더욱 발전시켰다. 이와 연관하여 간단히 '비판이론'이라고 하지만 사회연구소의 소재지 이름을 따 '프랑크푸르트 학파의 비판이론' (Die Kritische Theorie der Frankfurter Schule)이라고도 한다.

'사회연구소'는 호르크하이머와 아도르노의 주도하에 1923년에 설립되었으며, 다양한 분야의 학자들이 참여했다.

예를 들면 사회학자 마르쿠제(Herbert Marcuse), 루카스(Georg Lukacs, 1885~1971), 로웬탈(Leo Löwenthal, 1900~1940), 심리학자 프롬, 문화이론가 베냐민(Walter Benjamin, 1892~1940), 법학 및 사회학자 키르히하이머(Otto Kirchheimer, 1905~1965), 경제학 및 사회학자 폴록(Friedrich Pollock, 1894~1970) 등이다.

이들은 1세대에 속하며 2세대로는 사회 철학자 하버마스를 비롯해 넥트(Oskar Negt), 슈미트(Alfred Schmidt), 렌크(Kurt Lenk) 등이며, 3세대로는 하버마스의 제자 호네트, 뷔르거(Peter Bürger), 오페(Claus Offe), 멘케 등이다.

이 연구소 성원들의 학문적 스펙트럼은 헤겔의 변증법철학, 마르크스의 사회경제학, 프로이트의 분석심리학, 예술론, 그 외 실증주의, 베버의 자본주의 시장경제론 등 광범위했다. 1937년부터 『사회연구 잡지』를, 1942년부터는 『철학과 사회과학 연구』로 이름을 바꿔 기관지를 출판하고 있다.

비판이론은 호르크하이머의 '전통적인 그리고 비판적인 이론'에 이어 미국 망명 기간(1939~1944) 아도르노와 공동연구성과인 '계몽의 변증법'(Dialektik der Aufklärung, 1944), 호르크하이머의 '도구적 이성의 비판'(Zur Kritik der instrumentalen Vernunft, 1967, 원본은 이성의 상실(Eclipse of Reason, 1947), 아도르노의 '부정적 변증법'(Negative Dialektik, 1966)에서 단계적으로 심화되어 전개된 이론이다.

비판이론의 기본내용은 '계몽의 변증법'과 '도구적 이성의 비판'에서 '자연과 자연정복의 변증법', '신화와 계몽의 변증법' 그리고 '합리성과 사회적 현실의 변증법'을 이성의 비판을 기반으로 해명하고 있으며, 변증법적 문제의 극복 방안을 '부정적 변증법'에서 모색하고 있다.

비판이론은 체계적으로 논의되지 않고 '계몽의 변증법'과 '도구적 이성의 비판'에서 개별 문제별 논문(프라그멘테)을 종합하는 식으로 서술되어 있다. 비판이론의 가장 핵심적인 문제로는 '도구적 이성'의 변증법적 성격과 사회현상과의 변증법적 관계에 비중을 두었다.

칸트의 '이성비판'처럼 이성의 인식론적 한계라든가, 마르크스주의의 '정치경제학 비판'처럼 생산관계의 비판이라든가, 실증주의처럼 사회현상의 피상적 서술이 아니라, '철학의 근본 입장'을 이성의 도구적 성격으로 비판하고 있다.

인간은 자기 역사의 시작에서부터 도구적 이성을 통해 자연을 지배하거나 정복했으며, 특히 계몽기 이후 유럽의 산업화 과정에서 도구적 이성은 자연과 사회의 다양한 사물 현상을 유용성과 효율성에 따라 지배한 것이다. 그 결과 인간과 자연 및 문화산업에서 변증법적 모순이 심화되었다는 진단이다.

도구적 이성은 자연과 사회의 다양한 사물 현상을 유용성이나 효율성에 따라 지배하여 인간의 '주관적 주체'에 복종시키며, 동시에 '주관적 주체'를 '물화'하거나 '소외화'의 '자기부정'이라는 모순 현상을 일으킨다. 이것은 곧 "이성의 탈진이며 개성의 탈진과 같은 것이다."

이러한 도구적 이성으로 길들여진 자본주의 사회시민 인간상을 3000년 전의 자기부정적인 '오디세우스'에 비유하고 있다.

『오디세우스』는 일리아스의 작가이기도 한 고대 그리스의 작가 호메로스 서사시의 작품 이름이다. 오디세우스는 트로이전쟁에서 승리한 영웅이면서 제왕이 되었다. 그가 제왕이 되기 위해서는 전쟁이 끝난 뒤 조국으로 돌아가기 위해 10년에 걸쳐 이중, 삼중의 험난한 항해를 이겨내야 했다.

오디세우스가 지나가야 할 섬에는 마녀 사이렌이 요란한 노래를 불러 배를 침몰시키려 하고, 이 섬을 무사히 통과해도 좁은 해안 한쪽에는 사람을 잡아먹는 여섯 개의 머리가 달린 괴물(스킬라)과 요란한 파도를 일으키는 또 다른 괴물을 빠져나가야 하는 항해였다.

이런 상황에서 오디세우스는 돛대에 자기를 묶으라고 명한다. 오디세우스 제왕의 지위 획득은 자기 속박과 많은 부하의 희생이라는 '도구적 이성'의 변증법적 작용의 상징이 된다.

'도구적 이성'의 변증법적 모순은 자본주의 사회에서 자연을 정복하고, 미신을 극복해 살아가려는 시민을 계몽의 이름으로 파시스트의 자발적인 희생물로 만들어냈다. "계몽은 매 걸음마다 신화에 더 깊숙이 연류되고 있다."[15)]

이상과 같은 논의를 토대로 비판이론의 핵심적 내용은 '도구적 이성'과 후기(독점)자본주의와의 관계에서 다음과 같이 요약할 수 있다.

• 자연에 대한 지배와 인간에 대한 인간의 제도화된 지배
• 계몽된 문명의 야만적 사회로 복귀
• 보편적인 자기 파괴 과정 현상

비판이론은 20세기 사회에 대한 이러한 부정적인 진단에도 불구하고, 대책과 대안에 대해 일관성 있는 논의가 지속되지 못했다. 다만 아도르노는 '부정적 변증법'에서 '이성의 운명'을 이분법의 화합에서 찾고자 했다.

아도르노는 전통철학의 이분법 결합을 비판하고 자기의 견해를 내놓았다.

전통철학의 이론 전개에서 이성에 기초한 사유의 목적을 '정신과 자연', '주체와 객체', '존재와 사유' 등의 이분법을 개념에 의한 화해와 일

15) 전집 5권, 피셔 출판사, 1987, 34쪽.

치를 추구한 것으로 진단했다. 일치 추구는 '절대적으로 화합할 수 없는 대립물'을 개념의 '일치로의 의지'가 억지로 성립시킨 것에 불과한 것이라고 비판했다.

이에 대한 그의 대안은 "……개념을 통한 진리가 자기의 추상적인 범위를 넘어서 적중되는 것은 개념에 의해 억압된 것, 무시된 것 그리고 방기된 것이 아닌, 어떤 다른 무대에서 일어날 수 없다. 인식의 유토피는(무개념과 개념) 이 양자를 같은 것으로 보지 않고, 무개념을 개념화하는 것이리라."[16]

또 "원래 말로 되지 않는 것을 말로 하는 것"을 철학이 영원히 노력해야 할 과제라고도 하였다. 그러나 아도르노는 언어와 이성의 이분법성을 심도 있게 파악하지 못했기 때문에, '개념화되지 않은 대상'을 개념화한다는 자가당착에 빠지게 된 것이다. 전통철학의 비판에서 대립개념의 결합 문제를 논할 것이 아니라, 이분법의 근원과 그 한계에 천착했어야 하는 것이 아닌가, 하는 생각이 든다.

'도구성 이성'도 이성의 효율성과 비효율성을 구별하고 대립시키는 '이성의 운명'과 관련된 산물인데도, 효율성과 비효율성의 어떤 결합만으로 도구성 이성의 역설을 해결할 수 있을까?(이 문제해결을 아도르노가 미학이론에서 시도했을 것이라는 견해도 있지만.)

프랑크푸르트학파의 비판이론에 대해 학파 내외 학자들, 기타 학생운동가들의 비판은 가혹했다. 1973년생 작가인 알렉산더 캠만은 독일의 주간 신문인 '디 차이트(die Zeit)' 기고문에서 아도르노와 '사회연구소' 동료였던 마르쿠세의 비평을 인용, "프랑크푸르트학파의 회원들은

16) 아도르노, 『부정적 변증법』, 19쪽(Suhrksmp 출판사 Frankfurt am Main 1966).

침몰하는 호화호텔에 살면서, 베란다에 앉아 아페리티를 마시며 세상의 번민을 관찰하는 꼴이다"[17]라고 했다.

1960년대 학생운동이 한참일 때 아도르노가 '부정적 변증법'과 예술론에 몰두하자 학생운동가들의 비판이 신랄했다. 마르쿠세의 불만은 자본주의 사회에서 노동의 구조적 변동의 분석과 사회운동이 사회실천 운동과 거리가 먼 이론 활동에 대한 것이었다. 이런 불만은 불미스러운 사건을 유발하기도 했다. 1969년 4월 아도르노 강의시간에 여학생 세 명이 강단에 올라와 웃옷을 벗고 키스하자는, 소위 '젖가슴 암살'을 연출한 것이다. 그 후 스위스의 체르마트(Zermatt) 등산 중에 아도르노가 심장마비로 세상을 떠나게 되었다(그 당시 언론은 그의 사인과 강단 사건을 연결하기도 했다).

그러나 다른 각도에서 보면 아도르노 철학 핵심이론인 '이성의 도구성'에서 이성의 한계에 대한 문제 제기는 했지만 그 해결 방안을 찾지 못한 것은 서양철학 한계의 또 하나의 증거라고 할 수 있겠다. 만약에 아도르노가 자신에게 불만이 많은 학생에게 "당신들의 학생운동이 이분법적 이성의 산물인 물질 위주의 도구성이 아니라, 이성과 육체가 결합된 인간 위주의 운동을 전개해 보라"고 했다면 어떠했을까?

그 이후 호르크하이머와 아도르노 이성비판과 이성의 도구성 이론은 프랑크푸르트학파의 제2대, 제3대에 의해 더 이상 진전되지 못했다. 제2세대의 하버마스는 이성의 '소통적 합리성(이성)'과 사회적 소통기능 문제(소통적 행위의 이론/Theorie des kommunikativen Handels, 1981), 제3세대의 악셀 호네트(Axel Honneth, 1949~)는 이

17) 더 차이트(Die Zeit), 2019. 12. 31.

성 자체의 고유한 성격 문제가 아니라 '이성의 병리'(2007)에서 이성의 현상적 문제에 관심을 두는 정도다.

따라서 프랑크푸르트학파도 이성의 한계성과 역설을 인지하기는 했지만, 이성의 근원적 이분법성에까지는 파고들지 못한 상태에 머물고 말았다고 할 수 있다.

3절 해체주의

서양철학의 한계와 역설을 해결하기 위해 지금까지는 마지막 이론이 포스트모던주의의 '해체주의'라고 할 수 있다. 해체주의는 유럽 합리주의의 근원 자체, 즉 이성의 완전 부정 이론이며, 서양철학의 '교각살우(矯角殺牛)' 이론으로 평가받을 수 있다.

포스트모던 논의는 1870년대 영국의 화가 체프만이 프랑스의 인상주의와 구별해서 '그림 그리기의 포스트모던 스타일'이라고 한 것에서 비롯되었다고 한다. 그 이후 1975년 찰스 젠크스(Charles Jencks, 1939~2019)의 '포스트모던 건축의 상승'(The Rise of Postmodern) 등으로 포스트모던 논의는 주로 문학, 예술, 건축 분야에 한정되어 있었다.

철학과 사회학 분야 이론으로 정립된 건 1960년대로부터 1980년대에 이르는 기간에 정립되었으며, 저명한 학자로는 프랑스의 라캉, 바르트(Roland Barthes, 1915~1980), 리오타르(Jean-Francois Lyotard, 1924~1998), 푸코, 들뢰즈(Gilles Deleuze, 1925~1995), 데리다 등이다.

포스트모던주의는 1980년대와 1990년대에는 철학계에서뿐만 아니라 인문사회과학 전반에서 가장 주목받는 이론으로 회자되었다. 그러나 1990년대에 정점을 찍고 점차 침체에 빠져들었다.

포스트모던주의는 모던주의 이후라는 뜻으로, 근대 계몽주의 또는 이성에 기반한 철학, 사회과학, 문학, 예술, 건축을 비롯한 인문과학 전반을 혁파하고 그 대안을 찾자는 이론이다.

이 이론의 주류는 유럽 전통철학의 주류였던 이성의 합리성에 기반한 철학 이론을 그와 대립된 이론으로 대체하고자 한 이론 조류였다. 이러한 이론 전개의 기반은 새로운 이론에 속하는 구조주의 및 탈구조주의였다.

포스트모던주의는 모던주의의 기본성격인 보편타당성, 객관성, 체계성, 전체성, 통일성, 일률성, 주체성, 계속성, 진보성 등을 추구하는 것으로 규정했다. 포스트모던은 이러한 모던주의의 성격과 대립적인 성격, 즉 감정성, 불가량성, 비중심성, 다양성, 차이성, 상대성, 상호전환성, 비지속(非持續) 단절성 등을 이론 추구의 내용으로 삼고 있다.

모던과 포스트모던과의 구별을 이 이론의 대표적 이론가인 리오타르는 '큰 이야기'와 '작은 이야기'로 분류하여 설명하고 있다.

'큰 이야기' 또는 '메타 이야기'에는 근대주의의 계몽이론, 형이상학/관념론, 역사주의의 과학적 지식 등을 모던으로 간주하고, 이에 반대해서 '작은 이야기'에는 특별히 심오한 정당성과 체계성을 찾을 필요가 없는 '역사와 이야기 형식의 전통적인 지식' 또는 '이야기식 지식'(Narratives Wissen) 등을 포스트모던으로 간주했다.

그 근거는 '큰 이야기'는 어떤 일반적이고 규정성 있는 과학적 합리성을 정당화할 수 없는 이론이기 때문에 배격하고, 그 대안으로 '작은 이야기'를 새로운 이론인 포스트모던으로 삼는다는 것이다.[18)]

이러한 포스트모던주의와 리오타르의 견해는 자가당착에 빠지게 된다.

우선 리오타르는 '큰 이야기'와 '작은 이야기'로 이분화하고, '작은 이야기'를 택해 논리를 전개했다. 그러나 '큰 이야기' 없는 '작은 이야기'가 가능한 것인지, 숲은 인정하지 않고 숲속의 나무만 이야기하는 것이 가능한 것인지 자가당착에 빠진 것이라 할 수 있다.

포스트모던주의는 이분법에서 한편을 택하고 다른 편은 해체하는 리오타르의 방식이 일반적이었다. 이와 병행해서 이분법의 양자 자체 또는 이분법의 근원 자체를 해체하려는 이론도 출현했다. 이 이론이 '해체이론'(Dekonstruktivismus)이며, 그 대표주자는 프랑스의 포스트모던주의자 자크 데리다이다.

데리다는 '해체이론'을 1960년대에 창시했으며, 주로 그라마톨로지(De la grammatologie, 1967)에서 '음성과 현상'(La voix et le phenomene, 1967), 문자와 차이(L'ecriture et la difference, Editions du Seuil, 1967), 논문 「디페랑스」(Différance, 1968) 등을 발표했다.

데리다의 해체이론은 포스트모던주의의 대표적인 이론으로 20세기 후반 유럽과 미국에서 철학계뿐 아니라 법학, 역사학, 사회학, 언어학, 문학예술, 건축 등의 분야에서 선풍을 일으켰다.

데리다의 철학적 원천은 루이 알트세르의 구조주의, 후설의 현상학, 하이데거의 형이상학 등이었으며, 그의 중심 사상인 해체주의는 주로

---

18) 리오타르, 『포스트모던 조건』"(La Condition post moderne, 1979).

언어학자인 페르디낭 드 소쉬르와 요제프 비트겐슈타인의 언어이론에 근거했다.

데리다는 소쉬르가 논의한 언어구조의 이분법성과 비트겐슈타인의 언어와 사유의 이분법성에서 서양철학의 기본 특징을 찾았으며, 서양철학을 비롯한 근대학문의 제한성과 극복을 이 이분법성의 해체에서 찾았다. 데리다의 이분법성에 대한 착안은 '비판이론'이 스쳐버린 중요한 한계의 하나를 찾은 것이었다.

소쉬르는 20세기 언어 학계에서 세계적으로 영향력이 큰 구조주의 언어학자였다. 그는 '일반 언어학 강의'(1916)에서 언어의 기본구조를 이분법적인 통일성으로 파악했다. 이분법성이라는 개념을 쓰지 않고 '구분'(difference)이라는 개념을 사용했다.

언어는 '표시된 것'(signife/Signifikat)과 '표시하는 것'(signifiant/Signifikant)으로 구분(difference)된다. '표시된 것'은 정신적인 측면이며, '표시하는 것'은 음성적인 측면이다. 이 두 측면은 종이의 앞뒤 양면과 같이 서로 다르면서도 하나로 통일되어 있다.[19]

데리다가 소쉬르의 언어구조 이론에서 주목한 것은 '서로 다른 것' 또는 구별이라는 의미의 '차이'(difference)가 아닌, 구별을 넘어 의미하는 '차연'(La Differance)이었다. 새 조어인 '차연'의 의미는 어느 경우든 '분명한 구별은 불가능'하며, '어떤 중심'도 '어떤 원인'도 없는 '존재의 흔적'일 뿐이다.

데리다는 이분법의 극복 문제를 소쉬르의 언어구조 '차연'과 비트겐슈타인의 언어기능의 비이분법성에서 찾았다. 그의 주저 『논리철학논

19) 소쉬르, 『일반언어학 강의』(Cours de linguistique generale, 1916)/독일어판 『일반적인 언어학의 기반』 G/rundlage der allgemeinen Sprachwissenschaft, 1967,134쪽).

고』(1984)에서 언어적 표시의 대상을 '의미 있게 말할 수 있는 것'과 '말할 수 없는 것'으로 구분하면서 비이분법성을 주장했다.

"철학은 사유할 수 있는 것과 사유할 수 없는 것을 구분해야 한다. 사유 불가능한 것을 사유 가능한 것을 통해 내적으로 구분해야 한다."[20]

데리다는 소쉬르와 비트겐슈타인의 사상을 참작하여 이분법적 대칭 관계의 해체이론을 "원리의 주장은 이것인가 또는 저것인가를 확정하는 데 있다. 백 또는 흑, 남자 또는 여자, 분명하게 남성적인가 또는 여성적인가, 이성적인가 또는 동성적인가, 방해되지 않는가 또는 방해되는가…… 이런 구분은 대립쌍의 카테고리가 다른 편을 압도하기 때문에 비대칭적인 관계를 구체화한 것이다"라고 전개한다.

이분법적 대칭 관계의 해체작업은 대립적인 짝패의 설정 간에 내재하는 구조와 규칙을 깨뜨리는 것이다. 대립물의 한쪽 우위에 의해 가능한 일방적인 종합구조와 변증법적 종합도 해체하는 것이다. 이러한 해체작업은 "2항 관계로 묶여 있는 연결고리를 잘라내는 운동", "로고스 중심적이고 음성 중심적인 모든 종류의 구조들을 분절 해체", "짝패가 사실은 이음매가 어긋나 있다는 것을 밝혀 바로 간격 내기", "잘리고 상처 나서 피 흘리는 할례의 상처 같은 해체" 등으로, 그리고 이러한 해체론은 '할례받은 인식론'으로 표현되기도 한다.

데리다는 대립항의 관계를 해체하면 '징후독해'(symptomatic reading)라는 새로운 인식의 지평이 열린다고 보았다. 징후독해는 이미 '말해진 것'을 재해석하는 해석학적 방법이 아니라, '말해지지 않은 것'에서 은밀하게 숨겨져 있던 것이 노출되어 사실이나 진리로 믿었던

20) 비트겐슈타인, 『논리철학논고』, 33쪽.

것이 완전하지 않은 것임을 폭로한다는 의미의 흔적, 또는 징후의 '대리보충'(Supplement)을 찾아낼 수 있게 된다는 것이다.

한 가지 예로 삶과 죽음의 이분법을 해체하면 유령이라는 징후독해가 가능해진다. 이 유령은 살아 있는 것도 죽은 것도 아니며, 현존하는 것도 부재하는 것도 아니다. 더 구체적으로 보면 유령은 살아 있어도 실재로 존재하지 않는 것이나 다름없는 사람들, 인권이나 시민권을 박탈당한 약자들이다.

또 하나 다른 예로는 완료된 체계를 갖춘 '자크 데리다', 그로 인한 '데리다 상품', 이러한 철학 체계로서의 데리다와 상품화된 데리다를 해체하면 이에 구속되지 않은 데리다 자신의 모습이 보인다.

데리다의 '징후독해' 이론은 니올로기 이론(Neologie, 신조어 만들기)으로 진전되었다.

니올로기는 새로운 개념의 창출은 같지만 같지 않은 역설적인 결합의 구성이 된다. 몇 가지 중요한 예로는 '구성과 파괴에서 해체', '삶과 죽음에서 귀신', '과거와 현재에서 미래(전 미래)', '구분과 구분된 것에서 애매한 구분'(Differennce/differer + different differance), '로고스와 카오스 기록' 등이다.

데리다는 이분법을 해체하고 그 대안으로 니올로기를 도입했다. 니올로기는 모든 이분법적 구성은 우발성(Kontingenz)이기 때문에 니올로기가 성립 가능하며. 우발성은 필연적이기 때문에 이분법은 무한히 '지연'될 수밖에 없다고 본다.

데리다는 이렇게 하여 서양철학과 문화의 이분법성을 해체했다고 간주하는 것이다. 그래서 얻어낸 것은 이미 존재하는 텍스트 체계의 내적인 모순성을 찾아내는 것, 낡은 질서원칙을 지양하는 것, 새로운 개념의 창출을 통해 전통적인 사유와 언어습관을 파괴한다는 것이다.

이분법을 극복하기 위해 도입한 니올로기는 오히려 자가당착에 빠지고 있다. 니올로기의 성립은 우발성의 절대화를 전제할 때만 가능하다. 우발성의 성격은 항상 그렇고 또한 항상 다를 수 있으며, 또 달리 만들 수 있는 상황이다. 달리 말하면 필연성과 불가능성을 부정하는 것이다. 바로 해체론은 이 절대화를 스스로 부정하고 있다.

결국 데리다의 해체론이 자가당착에 빠질 수밖에 없는 운명은 이분법 발생의 근원을 찾지 않고, 언어 구성상의 이분법성에만 주목한 결과라 할 수 있다. 비트겐슈타인도 '말하는 것'과 '말해지는 대상'이라는 이분법을 언어의 구성상에서만 찾았다.

비트겐슈타인이나 데리다는 이분법의 근원을 언어의 구성에서가 아니라, 언어는 이성의 사유수단이며 언어의 이분법성은 운명적인 기본성격이라는 혜안을 갖지 못한 것이 이들의 숙명적인 한계였다. 이것이 비트겐슈타인이 철학을 포기한 원인일 수 있다.

제4부
문학에서의 역설 현상

계몽기 시작 이후 18세기와 19세기는 이성과 합리주의가 모든 학문을 주도하는 '결정적 위대'가 군림했던 시기였다. 그런가 하면 그 당시 합리주의가 가장 활발하게 논의되던 독일에서는 그와 비례해서 반합리주의적인 '폭풍과 충동'(Sturm und Drang) 운동이 활발했으며, 동유럽 지역에서 등장했던 반이성적인 뱀파이어(Vampir) 전설이 전 유럽권에 파동처럼 유행하던 시기였다.

이때처럼 유럽 문학계에서 서양철학의 근본 문제에 해당하는 이성과 비이성, 합리성과 비합리성의 갈등을 문학적으로 묘사한 작품들이 많이 생산된 적은 없었을 것이다.

대표적인 3대 문학작품으로 괴테의 『파우스트』, 셸리의 『프랑켄슈타인 또는 근대 프로메테우스』, 스티븐슨의 『지킬 박사와 하이드 씨』를 꼽을 수 있다.

이들은 동시대의 작품이며, 이 작품들은 오늘날에도 유럽을 비롯해 세계적으로 문학계, 연극, 영화 등으로 끊임없이 많은 관심을 받고 있다. 이 작품 이후에 이만한 수준의 작품이 다시 등장하지 못한 사연이 궁금하지 않을 수 없다.

1장

파우스트

1절 시대적 배경과 작품 성립

1. 시대적 배경

파우스트(Faust)는 독일 작가 괴테(1749~1833)의 대표적인 작품으로 18세기 후반에 시작하여 서거 얼마 전까지 거의 60년에 걸쳐 완성되었다.

18세기 중반은 계몽기 시기에 발전한 이성이 철학과 문학을 비롯한 모든 학문의 '결정적인 대기'(die bestimmende Größe)였다. 그러나 이에 대한 반발로 1765년 에서 1785년 사이에 '폭풍과 충동'(Sturm und drang)의 철학적, 문예적 운동이 세차게 전개되었다.

2. 파우스트 작품 완성 과정

16세기 생존했던 마법사, 점술사, 또는 반학자라고도 알려진 독일인 파우스트에 대한 책이 1587년 프랑크푸르트에서 출판되었다. 파우스트는 동시대의 대표적 지식인으로 알려진 의사, 점성술가 겸 철학자 파라켈수스(Paracelsus)와 같이 사람들의 관심이 큰 인물이었다.

이 출판을 통해 널리 알려진 파우스트는 독일과 영국에서 문학작품의 인기 있는 소재가 되었다. 그중 영국의 극작가인 크리스토퍼 말로(Christopher Marlowe, 1514~1593)의 「요한 파우스트의 역사」(Historia von Johann Fausten, ca. 1480~1538)라는 인형극은 독일에서도 인기가 있었다. 이 작품이 독일에서 공연되었을 때 어린 시절의 괴테는 큰 감명을 받았으며, 이것이 괴테가 파우스트를 집필하는 계기가 되었다고 한다.

괴테의 『파우스트』는 전설적 인물인 파우스트를 소재로 하여 괴테 자신의 전 생애 인생 경험과 학문적 탐구를 드라마 형식으로 60여 년간에 걸쳐 집대성한 불후의 명작이다.

괴테는 프랑크푸르트 시절에 구상한 것을 1775년 바이마르(Weimar)로 이사한 다음 초안을 주위 사람에게 읽어 보도록 하였다. 초고인 '원 파우스트'(Urfaust)는 1887년 『원래 형태 괴테의 파우스트』(Goethes Faust in ursprünglicher Gestalt)라는 제목으로 에리히 슈미트(Erich Schmidt)가 출판했다. 이 원고를 보충하여 1790년 『프래그먼트』(Fragment)로 다시 출판되었다.

괴테는 『프래그먼트』를 1797~1806년 사이에 보완해 한 인간의 비극적 양상을 줄거리로 하는 『파우스트, 제1편』(Faust, I.Teil)과 파우스트 작품 전체의 서막에 해당하는 「천상의 서곡」(Prolog im Himmel)을 첨가하여 1808년에 출판하였다. 그 이후 괴테는 1831년 사이에 고대 그리스로부터의 학문 세계와 사회의 비극적 양상을 줄거리로 한 『파우스트, 제2편』(Faust, II.Teil)을 1831년에 출판하면서 파우스트 작품을 매듭지었다.

3. 새로운 안목

괴테의 파우스트 작품 흐름은 파우스트와 메피스토펠레스의 대립된 성격에서 기인한 갈등과 모순의 충돌을 주축으로 하고 있다. 그러나 대립된 성격의 본질보다는 성격의 차이에서 벌어지는 현상과 비극적 결과만을 주목한다. 비극의 해결은 신의 도움 없이는 불가능한 것으로 구성되어 있다. 그렇다면 니체가 선언한 대로 신이 죽어 존재하지 않는다면 인간의 비극은 영원히 계속되는 것인가?

파우스트와 메피스토펠레스 간의 이질적 존재자의 갈등이 아니라 서양철학과 문화의 기반인 이성과 비이성 또는 합리와 비합리의 이분법적 갈등이라는 차원의 새로운 고찰은 파우스트에게 현대적 의미를 부여해야 할 것 같다. 그러면 파우스트 비극은 비극으로 끝나는 것이 아니라 이성과 비이성의 갈등에서 초래된 역설의 적나라한 현상이며, 인간으로 하여금 역설의 해결 방안을 추구하는 격려의 의미로 해석될 수 있을 것이다.

2절 파우스트의 비극

작품 파우스트는 「천상의 서곡」, '제1부분'과 '제2부분'으로 구성되어 있으며 '제1부분'에서는 제1비극을, '제2부분'에서는 제2비극을 묘사하고 있다.

1. 파우스트와 메피스토펠레스(메피스토)

「천상의 서곡」에서 신과 마귀 메피스토의 대화를 통해 인간을 정의한다.

인간은 '세계의 작은 신'이며, '신이 준 이성(하늘의 빛)'을 사용한다. 이어서 신은 메피스토에게 묻는다, 파우스트란 사람을 아느냐고.

메피스토는 "저 박사?"를, 그러자 신은 그(파우스트)는 "나의 종이야"라고 대답한다. 파우스트는 한 인간이면서 철학, 법학, 의학, 심지어 신학까지도 공부한 최고의 학자이다. 그러나 그는 어떤 박사, 어떤 스승(마기스터-Magister), 어떤 작가, 어떤 성직자보다 더 학문적 좌절 상태에 빠져 있다. 비록 학문의 성공을 위해 마귀의 힘까지 빌려 봤지만.

"우리는 아무것도 알 수 없다는 것을 알 수 있는지" 보라고 외치고 있다.

파우스트를 비롯해 모든 학자는 이성을 수단으로 삼아 학문한 사람들이다. 좌절 끝에 자살의 문턱에 온 파우스트에게 마귀 메피스토는 도움을 줘 재생의 길을 가게 하려 한다.

2. 메피스토의 간단한 소개

"항상 악을 원하고 항상 선을 행하는 저 힘의 일부분"(파우스트 원문 1335).

"너희의 죄, 파괴, 간단히 말해 악이라 부르는 그 모든 것들, 내 원래의 요소인걸"(파우스트 원문 1340).

메피스토는 미래를 보는 능력 등에서 신의 능력에 미치지 못하지만 출중한 마술을 발휘해 경우에 따라서는 신과 맞붙을 수 있는 마귀이다. 신과 상의해 이성 일변도인 파우스트에게 비이성적 감성을 부여한다. 그리고 이성과 비이성이 갈등하는 새 인생을 부여한다. 메피스토는 파우스트가 이 새 인생을 잘 헤쳐가도록 협조하는 과정을 통해 자기 자신의 능력을 시험하는 길에 들어선다.

가. 제1비극

파우스트는 지금까지 이성 일변도의 학자 생활에서 메피스토가 유혹

한 자연적 인간의 감정을 배합한 새로운 인생으로 메피스토와 계약을 맺는다. 계약의 골자는 이성과 감정이 배합된 인생에 실패하면 자기의 영혼을 메피스토에게 바친다는 것이다.

파우스트는 "순수한 책 지식 위에 쌓은 낙관적이며 발전을 믿는 학자 타입"의 이성 위주의 바그너와 다르다, 요한복음의 로고스 해석에서도 "태초에 말씀이 있었다"가 아니라, "태초에 행동이 있었다"라고 자기의 견해를 학생들에게 강조한다. 파우스트는 이성과 감정을 성공적으로 배합할 수 있을 것으로 암시받는다.

"두 영혼이 살고 있다. 내 가슴속에서, 하나는 다른 하나와 분리되기를 원한다: 정신 하나는 사랑의 정욕 속에서 움켜쥐고 있는 기관의 세계에 자기를 붙잡아두고, 다른 하나는 그 먼지로부터 높은 조상의 광야로 향한다"(파우스트 원문 1110).

이러한 파우스트에 대해 메피스토는 감정 일변도로 인생을 꾸려가도록 더욱 강요한다.

"다만 이성과 학문을 경멸하라"(파우스트 원문 1851).

"신과 같은 모습이 되려는 네 노력은 분명히 실패할 것이다"(파우스트 원문 614). 라고 경고한다.

메피스토는 더 나아가 파우스트를 마녀 부엌으로 데려가 마법의 물약을 마시게 하여 젊은 청년으로 변화시키고 여자를 좋아하게 만들어 버린다. 그런 다음 '순진한 젊은 처녀' 그레트헨(Gretchen)과 사귀게 한다. 파우스트는 그레트헨과 애정이 깊어 갈수록 이성을 잃게 된다. 그녀에게 목걸이를 선물하려고 교회에 들어가 도둑질을 한다. 파우스트와 그레트헨 간의 비도덕적 애정 관계를 반대하는 그레트헨의 오빠

바렌틴을 살해까지 한다. 회의에 빠진 그레트헨은 파우스트와의 사이에 난 사생아를 죽인 죄로 사형을 언도 받는다. 파우스트는 그레트헨에게 행복은커녕 영혼을 깊숙이 파멸/몰락시키고 만다.

그녀를 감옥으로부터 탈출시키려 해도 자기의 이성적 능력은 여의치 않다. 그레트헨은 사랑과 두려움 사이에서 흔들리고, 더욱 깊이 심적인 몰락으로 빠져들어 간다.

파우스트는 이성과 감정의 배합을 성공시키지 못해 비극으로 끝나고 만 것이다.

나. 제2비극

괴테는 '제1부분' 인간적 차원에서 이성의 한계, 제1비극을 묘사한 다음, '제2부분'에서는 개별적 인간의 차원을 넘어 근대와 그리스 고전문화와의 계승 결합 관계 그리고 사회적, 정치적 차원에서 이성의 좌절, 제2비극을 묘사한다.

1805년 「제1부분」을 발표한 20년 후 그동안 수집한 자료와 체험을 바탕으로 「제2부분」을 1825년에서 1831년까지 6년여 간에 걸쳐 집필하였다. 5막으로 구성된 원고는 1832년 서거한 몇 개월 후에 출간되었다.

괴테는 유럽의 근대와 그 근원인 그리스 학문과 예술의 결합 관계를 파우스트와 그리스 예술문화의 상징인 헤레나와의 연인 관계로 압축하고 있다.

파우스트는 소개받은 두 여인, 헤레나와 파리스 중에서 조야(粗野)한 파리스, 즉 '설익은 근대'를 택하지 않았다. 근대 이성 중심 학문적 성과의 상징인 동료 바그너의 인공적 인간, '호문쿨루스' 안내를 받아 애인 헤레나와 같이 고대 그리스문화로 시간 여행을 한다. 호문쿨루스는 세계의 시원을 탐구하는 학자 아낙사고라스와 타레스에게 안내하지만 파우스트는 별 관심이 없다. 그는 "마음의 아름다움의 이상"(파우스트 6064)인 젊은 시절 애인 그레트헨과 현재 애인 헤레나로 압축된 고대 그리스 미의 예술에 더 심취한다.

파우스트는 애정, 감정의 예술 세계에 경도하면서 이성 위주 학문 세계의 일변도를 극복해보고자 한 것이다. 파우스트와 헤레나 사이에서 태어난 아들 오이포리온은 지상의 메인 삶에 만족할 수 없었다. 하늘을 날고 싶어하다 떨어져 죽는다. 그가 죽기 전 깊은 곳에서 한마디를 한다.

"어머니, 저를 이 음산한 곳에 혼자 있게 하지 말아요"(파우스트 원문 9905~9906).

근대와 고전, 이성과 감정의 이상적 결합은 또 실패한 것이다.

파우스트는 개인적인 영역이 아니라 사회적인 영역에서 이성의 힘을 발휘해 보고자 한다. 그는 대가의 꿈, 애정행각을 버리고 국가적인 통치 영역에서 새로운 길을 찾아 나선다.

"항상 힘써서 노력한 자, 그를 우리는 구원할 수 있다"(파우스트 11936).

파우스트는 황제 간 영토싸움에 가담한다. 싸움에서 승리하도록 도와준 황제로부터 일부 영토를 부여받도록 메피스토의 도움으로 계약을 맺는다. 또한 자기의 재능과 메피스토 도움을 받아 금을 화폐로 전환하여 국고를 건전하게 했으며 그는 많은 사람이 거주할 수 있는 부지를 확장하기 위해 개간을 시작했다. 이런 큰 공사를 위해 그곳에서 오랫동안 뿌리내리고 살던 노부부의 집에 불을 질러 없애고 그들을 죽음에 이르게도 한다. 그사이 파우스트는 100살이 되고 눈이 멀었다. 그는 자기를 죽음으로 인도하려는 도깨비의 소리(Lemuren)를 땅을 개간하면서 나던 소리로 착각하는 지경에 이르고 만다.

파우스트는 큰 이상을 기획하고 실현하고자 노력하였으나, 그 성과로 혜택을 입어야 할 대상을 오히려 희생시켰을 뿐만 아니라 자기의 큰 꿈도 현실화하지 못했다.

신비로운 합창

모든 것은 하나의 비유에 불과하다.
불충분한 것, 여기에 이벤트가 될 것이다.
설명할 수 없는 것, 여기서 끝났다.
영원한 여인이 우리를 끌어당기네(파우스트 12105~12110).

3절 신에게로 도피

괴테는 『파우스트』에서 인간의 이성과 비이성/감성의 갈등을 제기하고 이를 해결하고자 했으나 미완의 상태에 머물고 말았다고 할 수 있다.

파괴자와 거짓말쟁이 상징인 메피스토는 경사스러움과 행운의 상징인 파우스트를 그가 과연 행운아인지를 인간적 차원과 사회적 차원에서 이분법적 도전이라는 시험대에 올려세웠다.

인간적 차원의 제1차 시험은 이성과 감정의 갈등 문제였다. 메피스토는 자기와 파우스트와의 관계를 통해 인간의 이분법적 갈등 문제를 제시했다. 자기는 "항상 악을 행하고자 하는데 항상 선을 만들어 내는 힘의 한 부분"이라는 것이다. 이런 자신과 달리 파우스트는 "악의 힘을 빌려 놓고 그 결과에 대해서는 책임질 수 없는 그런 인간의 전형"이라는 것이다.

메피스토는 이성을 무기로 살아온 파우스트가 학자로서 실패해 자살을 시도하자 파우스트에게 감정과 이성을 어떻게 조화시키는지를 시험한 것이다. 그러나 파우스트는 그레트헨의 애정에 사로잡혀 이성의 활동이 마비된 결과 애정의 산물인 어린 자식의 살해를 막지 못하는 역설적 비극을 초래한다.

이성 중심의 계몽사상과 감정 위주의 '폭풍과 충동'과의 조화를 이룰 수 없다는 괴테의 의도일 것이다.

인간적 차원의 제2차 시험은 인간의 이성과 감정 문제에 대한 근대와 고대 그리스 간의 시대적 연관 문제였다. 이성 중심의 파우스트와 감정 중심의 헤레나 간의 산물인 오이포리온의 조사(徂謝)는 근대와 고전의 결합이 실패했음을 암시하고자 한 것이다.

파우스트는 자신과 같은 이성 중심의 학자 바그너, 그의 인공적 산물로서의 제자인 호문쿨루스, 이성주의자인 아낙사고라스와 타레스에는 별 관심이 없고, 이에 대립적인 감정 중심의 원형인 헤레나와 동체가 된 것이다.

그러나 파우스트가 이들과 함께 변증법론자인 헤라크레이트를 만났다면, "정열이 넘치고 무한한 자유만을 추구"하는 주관적 위험을 변증법적으로 조절할 줄 아는 또 하나의 '오이포리온'을 탄생시켰을 수도 있었을 것이다.

파우스트는 인간적 차원에서 이성과 감정 간의 대립과 갈등을 극복하려는 노력에서 실패한 다음, 공동체적 영역에서의 대립과 갈등을 해결해 보고자 뛰어들었다.

파우스트의 이성은 공동체를 잘 살게 하려는 이성적 큰 그림에 치우쳐, 공동체의 개별적 구성원의 심정에 대해서는 이해하지 못하고 완력-폭력, 전쟁, 탐욕, 약탈 등에도 아랑곳하지 않았다. 그 결과 자신의 무덤을 파는 소리를 간척공사의 소리로 착각하는 역설에 빠지게 된 것이다.

괴테는 파우스트가 직면한 이러한 역설의 출구를 결국 신을 통해 구제해 보려고 했다.

"신의 심판이여! 당신에게 나를 맡기노라. 천상에서 소리: 구제되었노라. 메피스토와 파우스트는 도망친다"(파우스트 원문 4605-4610).

파우스트는 어디론가 도망치고 말았는데 『파우스트』 작품은 지난 200년 가까이 세계적 판도에서 수많은 사람의 관심이 끊이지 않고 있다. 문학작품으로, 연극으로, 영화로, 음악으로 각색되어 계속 되살아나는 판이다. 2009년에는 하르트만의 연출로 비엔나 부르크테아터에서, 2011년에는 스테만의 연출로 살즈불크 축제에서 공연되었다.

파우스트의 끊이지 않는 인기는 공감을 많이 얻는다는 증좌이기도 하지만, 다른 한편 서양철학이 안고 있는 근본적인 '이분법적 역설' 문제의 해결 요구가 잠재하는 것으로 볼 수 있다.

파우스트 작품에 대한 수많은 해석이 심리분석학적, 포스트구조학적, 문학예술학적으로 시도되고 있으나, '이성과 비이성(감정) 간의 역설 문제로 파악하고자 한 시도는 아직까지 왜 나타나지 않고 있는지 궁금한 일이다.

2장

프랑켄슈타인 또는 근대 프로메테우스

1절 시대적 배경과 작품 성립

1. 시대적 배경

프랑켄슈타인 작품은 1818년에 완성되었다. 그 당시 19세기 초를 전후하여 이탈리아, 영국, 프랑스, 독일 등 서유럽 지역의 자연과학 발전이 활발한 시기였다. 자연과학 발전은 합리성의 주도권을 사회적으로 더욱 확대했다. 이에 대한 반발로 학문 분야에서는 자연철학, 문학예술 분야에서는 낭만주의가 대립하고 있었다.

이성에 의한 기계론적 자연관에 대립하여 자연을 비롯해 세계를 유기적으로 이해하려는 자연관을 프랑스 루소와 독일의 쉘링, 훔볼트 등이 전개했다. 이들의 사상은 유럽의 철학계와 문학예술계에도 영향력이 적지 않았다.

루소는 철학자이며 교육자, 정치이론가, 작곡가이기도 하였다. 그는 자연과 사회, 자연과 문화, 의지와 이성의 이분법에서 자연과 의지를 더 중요시했으며 동시대의 뚜르고와 콘돌체의 이성 일변도를 비판했다. 이와 관련한 주요 저작으로는 『학문예술론』(1749), 『인간 불평등의 기원』(1755), 『사회계약, 또는 정치 권력의 원리』(1762) 등이다.

쉘링의 전반기 학문은 칸트의 이성철학 영향을 강하게 받았으며, 이성을 위주로 한 동시대의 철학자 피히테와 친했다. 그러나 후반기에는 '계시의 철학'(Philosophie der Offenbarung, 1841/42) 또는 '신화의 철학'(Philosophie der Mythologie, 1842) 등의 강의에서 학문 중심이 이성에서 엑스타세 또는 자연과 정신의 문제로 전환되었다고 밝힌다. 이에 따라 이성주의자인 피히테와 헤겔과의 친밀관계도 단절된다.

이와 관련된 그의 주요 저작은 다음과 같다.

- 자연철학에 대한 사상(1797)
- 세계영혼에 대하여(1798)
- 자연철학의 참된 개념과 문제를 해결할 정당한 방법에 대하여(1801)
- 인간 자유의 본질에 대한 철학적 연구(1809)
- 신화의 철학, 대학강의(1842)

계몽 시기 이성 중심에 반발하여 문학예술계에서는 18세기 후반부터 낭만주의가 새롭게 등장하였다. 낭만주의 특징은 작품의 기조가 이성적이기보다는 감정적, 정열적이었으며, 작품의 주제는 무시무시하고 환상적이며 모험적인 것이었다. 전설, 신화, 설화, 동화 등에서 작품 소재를 찾았다.

특히 18세기에는 동유럽에서 시작해 유럽 전반에서 뱀파이어와 관련된 다양한 민속설화가 철학, 신학계는 물론 문학작품의 인기 있는 소재가 되었다. 특히 1733년 하렌버그(Johann Christoph Harenberg,

1696~1774)의 『뱀파이어에 관한 이성적 그리고 기독교적 사상』의 출간은 뱀파이어에 대한 관심을 크게 확산시키는 계기가 되었다

이러한 시대적 분위기와 맞물려 독일에서는 '질풍과 노도' 문예 운동이 활발해지고, 기타 영국, 프랑스, 러시아 등에서는 낭만주의 문학예술이 큰 흐름을 탔다. 지금도 많이 회자되는 낭만주의 작가들이 이때 탄생하였다.

독일에서는 이미 언급된 '질풍과 노도'의 헤르더, 쉴러, 괴테 이외에도 쉘링, 슐레겔, 노발리스, 브렌타노, 그림 형제, 뮬러 등이고, 영국에서는 워즈워스, 콜리지, 키츠, 스코트 등, 프랑스에서는 앤 쿠이즈 저메인 드 슈타엘, 찰스 노디에, 빅토르 위고 등, 러시아에서는 바실리 주코프스키, 푸시킨, 니콜라이 고골 등이다.

작품 구성과 관련한 또 하나 시대적 특징은 작가의 조국인 영국과 영어권인 미국에서 발전한 자연과학이다. 작품 내용 구성에 필요한 자연과학적 성과를 쉽게 접할 수 있었다.

자연과학자이며 철학자 아이작 뉴턴의 만유인력, 고전 기계론의 초석, 수학원리, 물리학자 제임스 와트의 증기기계, 미국의 물리학자이며 정치가이기도 한 프랭클린의 전류이론과 피뢰침의 발명이다.

작가가 여행했던 이탈리아에서는 해부학자 갈바니(Luigi Galvani, 1737~1798)의 전기생리학(전류를 통한 근육실험)의 갈빈주의다. 볼타(Alessandro Volta, 1745~1798)의 화학전지 발명으로 또 하나 간과할 수 없는 시대적 배경은 유럽 전반에 폭풍을 일으킨 1789년 프랑스 시민혁명의 여러 가지 일화들이 주는 정신적 충격이었다.

그 하나의 예로 프랑켄슈타인 성격 창조에 영향을 준 시민혁명의 주

도자 로베스피에르(Maximilien de Robespierre, 1758~1794, '자코뱅 그룹'의 일원)의 행적이다. 그는 권력을 장악하자 수십만의 반혁명 분자들을 무자비하게 체포하고 처형했다. 그 처형은 차후 자기 자신에게 돌아오게 되는 역설 같은 내용은 낭만주의 문학의 흥미 있는 소재가 되었다.

2. 작가 메리 셸리

작가 메리 셸리는 영국 런던에서 태어났으며, 부모는 모두 학자였다. 셸리는 정규학교의 교육을 받지 않았으나 정치 철학자인 아버지 윌리엄 고드윈(William Godwin)과 그의 친지 학자들로부터 정치, 철학, 자연과학, 문학 분야의 소양을 쌓았다. 어머니 메리 울스턴크래프트는 철학자이자 여성주의자이기도 했다. 셸리를 출산하고 11일 후에 세상을 떴다.

메리는 아버지의 정치성향을 따르는 애인 셸리와 프랑스, 이탈리아, 스위스, 독일 등 여행을 많이 했다. 메리가 프랑켄슈타인 작품을 구상하게 된 계기는 1816년 여름 스위스 제네바호수 근처에서 수개월 동안 휴가를 보낼 때였다.

의사 로드 바이런(Lord Byron)의 '디오다티' 빌라에서 바이런 경, 메리 셸리, 물리학자 존 윌리엄 폴리도리(John William Polidori)는 밤낮없이 대화를 나누었다. 프랑스혁명 이후의 정치적인 상황, 의학적 생물학적, 물리학적인 분야, 그리고 그 당시 많은 사람의 관심을 끌었던 뱀파이어, 독일의 귀신 이야기, 프랑스어로 번역된 독일어 서적 판타스마고리아나(Fantasmagoriana)를 참고하여 대화를 했다. 이런 대화 중에 바이런은 각자 '귀신 이야기'에 대한 소설을 누가 잘 썼는지 내기를 하자고 제안했다. 이때가 1816년이었다.

이 제의에 따라 메리는 '프랑켄슈타인'을 소재로 한 『프랑켄슈타인』 작품을 내놓았으며, 바이런 경은 뱀파이어를 소재로 한 『노벨의 단편』을, 물리학자 폴리도리는 『뱀파이어』 작품을 내놓았다.

바이런 경의 처음 작품인 『노벨의 단편』은 미완성이었으나, 수년 후 1819년에 『매장: 단편』(The Burial: A Fragment)으로 출판되었다.

메리가 『프랑켄슈타인』 작품을 처음 쓰기 시작한 나이는 19세였으며, 같은 해 1816년 영국으로 돌아와 셸리와 결혼했다. 이때부터 남편의 성을 따라 셸리가 되었다. 스위스에서의 미완성 작품은 1818년 런던에서 『프랑켄슈타인 또는 근대 프로메테우스』 (Frankenstein, or The moderne Prometheus)로 출판되었으며, 제2판은 1823년 프랑스에서 출판되었다.

메리 셸리가 프랑켄슈타인 작품을 구상할 때 직간접으로 영향을 준 중요한 작품들은 낭만주의 문학작품에 속하는 괴테의 『"원(조)파우스트』(Urfaust), 오비드의 『프로메테우스 신화』(Prometheus Myth from Ovid), 존 밀턴의 실낙원(John Milton´s Paradise Lost), 태일러의 『콜리지의 고대 상선의 무빙』(Samuel Tayloer, Coleridge´s The Rime of the Ancient Mariner) 등이다.

2절 작품의 전개

1. 주인공 프랑켄슈타인의 내력

프랑켄슈타인은 독일 사람의 이름이다. 이 이름은 독일 역사에서 13세기 중엽에 처음 등장한다. 프랑켄슈타인 성곽 축조자, 콘라드 폰 프랑켄슈타인 (Konrad I. Von Frankenstein, 1245~1292)으로 알려진 인물이었다.

그다음으로 요하네스 폰 프랑켄슈타인(Johannes von Frankenstein, 1300)이라는 승려 겸 시인이 있었다. 그 이후는 아페쓰코 폰 프랑켄슈타인이라는 추기경(Apetzko von Frankenstein, 1345~1352)이 프랑켄슈타인이라는 이름을 가진 역사적 인물로 알려지고 있다.

그러나 셸리는 자기 작품의 주인공 프랑켄슈타인은 이러한 역사적 인물과는 전혀 상관이 없고, 애인과 함께 독일 지역을 여행하며 오덴발트에 소재한 프랑켄슈타인 성곽에 들렸을 때 들은 이야기라고 했다.

이런 견해를 독일의 학자 라두 플로레스쿠(Radu Florescu)와 월터

쉴레(Walter Scheele) 가 내놓고 있다. 1814년 메리와 그의 애인이 오덴발트(독일 중부지방)에 있는 프랑켄슈타인 성곽을 구경했을 때 들은 신학자, 연금술사, 해부학자이며 의사인 콘라드 디펠(Johann Konrad Dippel, 1673~1734)을 메리가 자기 작품의 주인공으로 삼았을 것이라는 것이다.

그리고 주인공 빅터 프랑켄슈타인의 이름 빅터에 주목할 필요가 있다. 빅터는 메리의 남편 퍼시 셸리(Percy Shelley)의 별명이기 때문이다. 그녀의 남편은 런던의 이튼 칼리지와 옥스퍼드 학생 시절 전기와 전자기, 화학적 반응 등 실험에 많은 경력을 쌓았던 인물이다.

작품의 주인공 빅터 프랑켄슈타인은 바로 작가의 남편과 동일한 인물을 모델로 한 피조물이라 볼 수 있다. 괴물 또는 악마 등으로 묘사되고, 별명으로는 '당신의 아담', '실낙원의 추락한 천사', '근대의 프로메테우스'라고 불리게 된 것이다.

2. 괴인, 프랑켄슈타인의 모습

작품의 주인공 빅터 프랑켄슈타인은 지식 욕구가 유난히 강한 청년이었다. 그는 지식 욕구를 채우기 위해 독일의 동남 쪽에 위치한 도시 잉골슈타트 대학(현재 뮌헨 루드비히막시밀리안 종합대학교 전신)에서 자연과학 계통 학문을 연구했다.

빅터 프랑켄슈타인은 그 당시 이름 있는 학자들인 아그파, 마그누스, 파라셀수스의 지식은 낡았으며 오도(誤導)하고 있다고 비판하면서, 자기의 모든 과학적 지식을 동원하여 키가 크고 건장한 인간의 제작에 수개월 동안 집착하였다.

그는 우선 시체를 하나 구한 다음 여러 가지 재료와 기구를 장만했다. 시체에 전기충격을 가해 재활시키고, 비생물적 재료로 얼굴과 신체 부위의 근육과 피부를 재생했다. 그 결과 키는 2미터 44센티미터의 힘이 센 거인이 만들어졌다. 눈과 피부 색깔은 노랗고 근육 조직과 핏줄은 그대로 드러나 괴물과 같은 인상이었다. 빅터가 실험실 문을 열었을 때 살아 움직이는 작품의 괴상한 모습을 보고 스스로 질겁할 정도였다고 한다.

이 괴인은 자기의 특징적인 행적을 다음과 같이 보여준다.

3. 프랑켄슈타인의 행적

가. 정체성의 상실

프랑켄슈타인 괴인이 탄생했을 때는 힘이 세고 외모가 괴물같이 생겼지만 험악하지는 않았다. 그러나 이 괴인이 자기를 만들어낸 빅터의 아버지 집 근방에 나타나자 사람들이 소리를 지르고 놀라 도망가는 것이었다. 엉겁결에 도와달라 소리 지르는 빅터의 동생 빌헬름을 감쪽같이 살해하고 만다. 살해 혐의자로 빅터 집안의 하녀, 모리츠(Justine Moritz)가 혐의를 받아 사형당하는 비극이 발생한다.

괴인은 자기의 정체성을 찾으려고 한 농부의 가정에 들어가 말과 글을 배우고자 한다. 여기에서도 괴인의 정체를 알아챈 가족이(맹인 아버지를 제외하고) 모두 도망치고 만다. 괴인은 보통사람으로서의 정체성을 얻어 보려고 빅터를 만난다.

빅터에게 빌헬름을 살해한 사실을 고백하면서, 자기와 짝이 될 수 있는 여인을 만들어 달라고 협박한다. 그러면서 애인과 함께 먼 남미로 갈 것이며 다시는 나타나지 않겠다고 약속도 한다. 빅터는 괴인 프랑켄슈타인이 애인과 더불어 살게 되면 '정체성을 회복'할 것이며, 지금과 같은 험악한 행동은 하지 않을 것이라고 생각하면서 그의 소원을 들어주기로 승낙한다.

나. 무자비한 복수

빅터는 약속을 지키기 위하여 스코틀랜드의 오크니(Okkneys)라는 조그마한 섬에 작업장을 차린다. 친구 헨리와 함께 남자 괴인과 비슷한 여성 괴인을 만들어 완성 단계에 이르렀지만 이즈음 빅터는 큰 고민에 빠진다.

남녀 괴물은 자손을 계속 출생할 것이다. 몇 세대가 지나면 숫자는 늘어날 것이고 일반 사람들과의 관계에서 충돌은 불가피하다. 이런 고민 끝에 빅터는 프랑켄슈타인 앞에서 완성 단계인 여성 괴인을 산산조각 내고 만다.

이에 대한 분노로 프랑켄슈타인은 빅터의 친구인 헨리를 살해한다. 그리고 제네바로 돌아간 빅터를 찾아 빅터의 신혼 첫날밤에 그의 신부 엘리자베스도 살해하고 만다.

빅터는 자책감과 심장이 터질듯한 고통을 안고 피스톨과 단도로 무장하고 도망친 프랑켄슈타인을 추적한다. 그의 흔적을 찾아 북극 얼음

판를 헤매던 빅터는 지치고 병에 걸려 얼음 위에 쓰러진다. 그때 북극 탐험을 하던 선장 로버트 월튼(Robert Walton)이 그를 구조해 배에서 치료했으나 빅토는 며칠 후 죽고 만다.

어둠 속에 갇혀 있는 배에 나타난 프랑켄슈타인은 선장 월튼으로부터 빅토가 사망했다는 소식을 듣고 선장과 작별한 후 얼음덩어리에 몸을 싣고 어둠 속으로 사라진다.

북극 탐험의 배는 선상 반란을 이겨내면서, 빅토의 비극적인 이야기와 야심을 버리라는 교훈을 품고 고향으로의 항해를 마감한다. 이러한 인간의 비극에 대한 이야기는 세상에 많이 퍼졌으나, 비극의 근원은 좀처럼 찾아지지 않고 어느 얼음판의 어둠 속에 파묻혀 있는 것이다. 그래서인가 21세기의 '인간로봇'은 '현대판 프랑켄슈타인'으로 재활하지 않을까, 하는 우려도 생겼다.

로봇도 '프랑켄슈타인 괴인'과 같이 이성의 산물인 비생명체 물질의 조합으로 창작된 것이다. 그러나 로봇은 프랑켄슈타인 괴인과 달리 지식 욕구에서가 아니라 사람의 이용수단으로 제작된 된다는 점에서는 다른 지점이 있다. 인간로봇의 역설은 인류의 재난으로 둔갑할 수 있다는 점에서 현대판 프랑켄슈타인에 대한 관심이 커지는 것이라고 생각한다.

로봇은 이성의 산물이기 때문에 이성적인 것이 아닌 세계와 부딪치면 예측할 수 없는 반작용이라는 역설 현상도 가능하게 된다. 로봇이 원자탄 선제공격에 나섰다가 예측 불가능한 요인에 의해 불발되어 오히려 선제타격을 받게 되는 경우를 상정해 볼 수 있다.

'근대의 프로메테우스'로서의 프랑켄슈타인은 자기 창조자와 주위 사람들과의 관계에서 비극적이었지만, 21세기 '프랑켄슈타인 로봇'은 전 인류의 비극을 초래할 수 있다는 가능성에서 '이성의 부메랑'에 주목하지 않을 수 없다.

3절 이성의 부메랑

1. 프랑켄슈타인과 프로메테우스

작가는 작품의 이름을 '프랑켄슈타인, 또는 근대의 프로메테우스'라고 했다. 작품의 내용상으로는 프랑켄슈타인 괴인을 만들어 낸 빅토 자신이 근대의 프로메테우스를 대역한 것이다. 작품의 암시적 흐름은 빅토의 이성이 만들어낸 산물인 프랑켄슈타인이 그 주인인 이성을 살해하는 '이성의 부메랑'을 묘사하고 있는 것이다.

원래 프로메테우스 신화는 고대 그리스에서 철학 시대 이전에 세계와 인간을 이해하고자 한 여러 가지 신화 중의 하나이다. 프로메테우스 신화는 기원전 700년, 시인 헤시오드가 역사상 제일 먼저 정리했다고 전해진다.

프로메테우스의 내용은 진흙으로 사람을 창조하며, 최고의 신 제우스와의 싸움, 제우스로부터 불을 탈취, 이로 인해 바위에 묶여 독수리에게 간을 쪼아 먹히는 고통을 매일같이 겪도록 벌을 받는 비극, 헤라클리투스에 의한 구제 등이다.

그 뒤 기원 전후 디오도로스(Diodorus), 헤로도루스(Herodorus), 사포(Sapho), 이솝(Aesop), 데모테스(Demotes, 기원전 430), 바로(Marcus Terentius Varro, 기원전 70~60), 오비드(Ovid, 기원전 10) 등 여러 가지 번안이 알려지고 있다. 여러 번안의 공통 내용은 인간의 탄생과 '인간 비극'의 시원에 대한 문제 설정이다. 상이점은 인간의 창조와 비극 중 어디에 더 무게를 두고 그 설명의 방법과 수단에서 문학예술적이냐 철학적이냐에 있다.

계몽기 시기 이후에도 이성은 학문과 문학예술계에서도 왕자의 지위를 차지했다. 이성은 과학과 기술의 지속적인 발전, 자연정복에서 불가능이란 없었다. 이러한 이성의 성격에 알맞은 상징이 프로메테우스였다. 프랑켄슈타인은 계몽기적 이성을 발휘하는 '근대적 프로메테우스'가 되었을 것이다.

작가 메리 셸리는 '근대적 프로메테우스'에서 이성의 일면성만 강조하고 있다. 그 결과 프로메테우스 비극의 현상에만 주목하고 그 비극의 원인에 대해서는 밝히지 못하고 있다.

원래 프로메테우스는 미리 생각하고 앞을 내다보는 존재였으며, 행동을 먼저 하고 나중에 생각하는 동생 에피메테우스와 대립, 프로메테우스의 티탄 가문과 제우스 가문과의 대립, 제우스 신과 인간 간의 대립이 사유와 행동의 기반이었다.

셸리는 계몽기 시기 이성 일변의 학자들의 한계를 극복하고자 빅토를 통해 새로운 인간을 창조한 것이다. 그러나 이성에만 치우치고 이성의 대립물인 감정, 애정 문제에는 관심이 없었다. 빅토는 미리 생각하고 계획하는 준비가 없는 상태에서 자기 애인의 창조를 요구하자 곤경에 처하고 만다.

만들어 주면 수많은 악마의 탄생, 만들어 주지 않으면 자신을 희생해야 하는 이성의 부메랑이라는 역설에 빠지고 만 것이다.

작가는 프랑켄슈타인 괴인의 행적을 통해서 '이성의 부메랑'을 이미 오래전 인간들에게 암시했다고 할 수 있다. 그때로부터 200년이 지난 현재에도 여전히 이성의 부메랑은 계속되고 있다.

3장

지킬 박사와 하이드 씨

1절 시대적 배경과 작품 성립

1. 빅토리아 시대

단편소설 「지킬 박사와 하이드 씨」는 영국의 빅토리아 시대(1837~1901) 전반에서 후기(1870~1901)에 접어든 시기에 저술되었다. 원래는 1876년 『지킬 박사와 하이드 씨의 이상한 사건』으로 출판되었다.

영국의 빅토리아 시대는 광공업, 기계, 방직업, 철도의 발전에 기반한 산업혁명의 초기(1843~1850) 이후, 중기(1850~1870)에는 철강과 기계공업, 철로의 확장, 증기선, 무기 등의 증진에 힘입어 번창한 '황금의 시대'였다.

국내적으로는 경제, 정치, 사회적으로는 역사상 가장 번영했으며, 대외적으로는 세계의 수많은 나라를 점령하여 무제한 수탈할 수 있는 강력한 제국주의적 팽창을 감행했다. 이 무렵 영국 제국주의는 이미 지배한 북미주와 오스트레일리아 대양주에 만족하지 않고 아시아, 아프리카로까지 식민지 지배 지역을 확장해 갔다.

그러나 빅토리아 후기에는 산업 시설의 노후, 자본 집중의 지연으로 새로운 산업발전의 정체, 그사이 철광업 이외에도 화학공업과 전기기술 산업까지 발전시킨 독일과 미국에 의해 산업 경쟁에서 밀리기 시작한 때였다. 쇠퇴기에 접어들자 그동안 번영에 가려 있던 사회적, 인간적 갈등 문제들이 여기저기서 부각되었다.

빅토리아 시대 번영의 그늘에 수차례에 걸친 크고 작은 경제침체(1857, 1866, 1873~1896), 아일랜드 기근(1845~1849)과 농촌의 피폐 등으로 축적된 사회적 갈등이 표출되기 시작한 것이다.

1845~1849년의 기근은 아일랜드(1801년 영국에 병합)가 가장 타격이 컸다. 100만 명의 아사, 200만 명은 미국, 캐나다 등으로 이민을 택했다. 그 당시 웨일스(영국의 일부), 스코틀랜드, 영국을 포함한 대영제국의 전체 인구는 거의 배(19세기 초반 2천400만에서 4천백만)로 성장했으나 아일랜드는 오히려 감소하였다.

사회적으로는 3분의 2의 하층계층과 기타 상층계층 간의 갈등이 심화했다. 이러한 현상의 사회적 반영으로 수만 명의 군중시위, 폭동과 수백 명의 사상자를 낸 '피의 일요일'(1887년 11월 13일)과 같은 사건의 외면화였다. 1881년 마르크스와 엥겔스의 런던 방문에서 영향을 받은 사회주의자들에 의해 주도되었다고 한다.

또한 사회정치 이론적 반영은 자유방임(Laissez-faire)의 개인주의와 공리주의(벤탐Jeremy Bentham, 1748~18329) 이론 간의 대립으로 나타났다.

문학예술적으로는 지오지아 시대의 합리주의를 지양하려는 낭만주의와 자연주의, 사실주의와 사회적, 인간적 갈등을 줄거리로 하는 데카당파적(fin de siecle) 또는 '고딕픽션' 파로 분류되어 시대적 흐름이 세차게 반영되었다.

가. 작가 스티븐슨

작가 스티븐슨(1850~1894)은 스코틀랜드 에든버러 출생으로, 소설가, 시인이며 여행작가이기도 했다. 그는 토목 계통의 기술자 가정의 전통을 이어 엔지니어 공부를 시작했으나, 취미에 맞지 않아 곧 중단했다.

그 후 에든버러대학교에서 법학을 전공하여 변호사가 되었다. 그러나 그 당시 영국 사회에서 좋은 직업에 속하는 변호사 직업을 포기하고 20대 중반에 전업 작가로 활동하기 시작했다. 프랑스, 미국 등으로 여행을 즐겼으며, 인생 말년(1889/1894)에는 사모아섬에 정착했다.

스티븐슨은 유년 시절부터 자주 병에 시달려 결국 44세의 짧은 인생이었지만 많은 작품을 남겼다.

작품의 종류로는 모험 문학, 역사소설, 여행기, 시, 수필 등 다양했다. 『지킬 박사와 하이드 씨』를 비롯해 『보물섬』, 『키드냅』, 그 후편 『카트리오나』, 『서사시의 아동정원』, 『검은 화살』 등은 세계적으로 많이 알려진 작품들이다.

『지킬 박사와 하이드 씨』의 작품 내용은 빅토리아 시대 사회적, 정치적, 인간적 이분법적 갈등이 주된 내용이다. 그 외 이와 관련된 책자들과 친지들 간의 담화, 자신의 체험 등도 작품에 반영되었다.

스티븐슨 작품에 반영된 이분법적 갈등의 주요 요인은 다음과 같다.

• 빅토리아 시대의 공적 영역과 사적 영역의 대립, 런던시의 가난한

지역인 소호(Soho)와 부자들 지역인 캐번디시 스퀘어(Cavendish Square)

- 스코틀랜드 민족주의와 브리톤과의 갈등
- 이중인격자의 출현, 예술 목공사 브로디는 낮에는 이름 있는 목공사, 밤에는 온갖 범죄행위, 체포를 피해 암스테르담으로 도피했으나 체포되어 영국으로 호송된 후 사형(1788)된 사실
- 외과의사이며 해부학자가 낮에는 명성 있는 의사이나, 밤에는 시체 장사하는 모리배로 변신한다는 이야기
- 에든버러에 자리 잡은 프랑스어 선생이 자기 부인을 아편으로 살해, 그 죄로 사형(1878년) 당한 이야기
- 이중인격의 갈등을 해소해 보려는 기적 음료 개발과 이 약품에 대한 사회적 관심

나. 작품의 성립

스티븐슨은 『지킬 박사와 하이드 씨』를 쓰기 전에 그의 친구 헨리와 공동으로 제작한 연극 「디콘 브로디」(Drama Deacon Brodie, 1880)에서 선과 악의 인물인 브로디의 이중생활을 묘사한 경험이 있었다. 브로디의 선과 악의 이중생활이 지킬 박사와 하이드 씨의 이중 인격체로 각색되었다는 것이다.

스티븐슨은 「마크하임」(Markheim,1884)의 단편을 저술했다. 그 이후 새로운 작품 구상에 골몰하다 잠이 들었는데 꿈에서 새로운 작품의 몇 가지 장면이 떠올랐다는 것이다(그의 수필 「꿈에 관한 장」, 1888). 이와 관련해서는 그의 부인 패니 스티븐슨이 더 자세히 전하고 있다.

"어느 이른 아침에…… 루이스의 공포에 질린 소리에 나는 잠을 깼다. 그가 악몽 속에 있다고 생각하고 그를 깨웠다. 그러자 당신은 왜 나를 깨웠느냐며 노엽게 말했다. 아주 미묘한 악귀 이야기를 꿈꾸는 참이었다고. 그가 처음 변신하는 장면에서 내가 그를 깨웠던 것이다."[1)]

스티븐슨은 브로디와 같은 평범한 시민이 아니라 고급 지식과 기술을 가진 지식인 지킬을 주인공으로 택했다. 이중인격의 문제를 선악의 도덕윤리적 차원을 넘어서려는 의도로 보인다.

과학 지식을 가진 지킬은 자기의 이중 인격체를 분리할 수 있는 매개물로 세리움이라는 약물을 만들어낸다. 이 약물을 마시면 지킬은 하이드로 변신하였다가, 하이드에서 다시 지킬로 변신한다. 한 사람의 이중 인격체인 지킬과 하이드는 상호 변신하면서 숱한 '괴상한 사건'을 일으킨다.

이 작품에서 스티븐슨 자신은 표현하고 있지 않지만, 선과 악이라는 도덕 차원을 넘어서, 그 근원이 되는 이성의 이중성 문제가 꿈이 아닌 현실 문제라는 감이 있었던 것 같다. 이 작품의 전 과정을 이해하기 편리하게 지킬과 하이드의 '괴상한 사건'의 전개 내용을 몇 단계로 요약해 보고자 한다.

첫째 단계는 지킬은 하이드로 변신하여, 처음 의도한 대로 즐거운 생활을 맛본다. 지식인의 건조한 생활을 그린 낮과 환락적인 생활을 그린 밤의 배합이 잘 된 단계이다.

두 번째 단계는 즐거운 생활을 맛본 충동의 생활은 더욱 환락에 도취되면서 이성을 압도하게 된다.

---

1) 전기 작가, 밸푸어의 『스티븐슨의 일생』, 뉴욕 1912, 15~16쪽.

그다음 단계는 빗나간 이중생활을 은폐하려고 무리수를 둔다. 은폐하기 위해 약물을 더 자주 사용하다 보니 약물의 효과는 약화되고, 점점 약물에 의존한 인간은 자기 자신 전체를 상실하게 된다.

필요에 따라 하이드로 변신했다가 또 정상적인 의사로 변신하기도 한다. 지킬은 이런 이중의 모습과 행동을 어떻게든 은폐하려고 한다. 그러나 살인과 같은 비이성적이고 비윤리적인 행동은 가장 가까운 친지들의 추적을 당하게 되고, 차츰 탄로가 날 위기에 몰린다.

지킬은 탄로의 위기에 몰릴수록 무리한 행동을 더 심화시킨다. 여기에 약물의 효과도 점점 약화되어 변신의 적기까지 놓치고 죽음에 이르게 된다. 죽음 앞에 선 지킬은 자기의 이중적 생활 행적을 고백하고 만다.

2. 작품의 전개

가. 지킬과 하이드

빅토리아 시대는 자기의 직업에 충실하며 합리적인 윤리 도덕을 실행하는 것이 보편적 요구였다. 자유방임하거나 감정에 치우친 생활은 죄악으로 여겼다.

스티븐슨은 이러한 인간의 이중성을 이중적 성격을 가진 인간으로 고찰했으며, 약물을 복용하여 지킬적 성격과 하이드적 성격으로 분리했다. 이 양자가 상호 변신하면서 행해지는 '괴상한 사건들'을 통해 이분법성의 역설로 보여준다.

지킬 박사는 빅토리아의 시대적 요구에 잘 맞는 전형적인 인사에 속했다. 키가 크고 오십 대 중년의 호감을 주는 인상이며, 의사와 학자로서 성공적인 활동과 도덕성은 사회적으로도 평판이 좋았다.

그와 대조적인 하이드 씨는 젊고 키가 작다. 용모는 기형적이며 혐오감과 불쾌감을 주는 인상이다. 행동은 충동적이며 사악한 길로 쉽게 빠지는 성향을 가졌다. 하이드는 지킬이 쓴 것을 가필하기도 하고, 귀중한 편지를 불태우기도 하고, 나중에는 지킬 아버지의 초상화를 없애버리기도 한다. 하이드는 점점 지킬의 통제를 벗어나 지킬을 제압하는 지경에 이른다.

지킬의 활동 무대는 런던의 잘 사는 사람들의 지역인 캐번디시 스퀘어였으며, 하이드가 살인을 감행했던 곳은 가난한 사람들의 지역인 소호였다. 지킬과 하이드의 사회적 지위와 인간적 본성의 대립적 관계는 보완이나 조화가 불가능했다. 두 이질적인 인격체 간의 갈등은 심화하여 파경으로 치닫을 뿐이었다.

나. 친구 '가브리엘 존 어터슨'(Gabriel John Utterson)의 추적

지킬에게는 변호사인 친한 친구 가브리엘 존 어터슨이 있었다. 변호사는 그의 변호 대리인이기도 했다. 지킬은 변호사 존 어터슨에게 자기가 죽게 되면 전 재산을 하이드에게 주도록 의뢰했다. 하이드가 자신의 은인이라고 했다. 존 어터슨은 지킬과 하이드가 특별한 관계라고 짐작했다.

지킬과 하이드는 서로 변신하는 과정에서 여러 가지 사건을 일으킨다. 여성을 짓밟아 팽개치는 사건, 유명 인사의 살인 사건, 친한 친구의 돌연사 등 지킬과 관련된 것으로 단서는 있으나 혐의는 좀처럼 풀리지 않았다. 지킬의 1인 2역과 그의 은폐 솜씨 때문이었다.

존 어터슨은 친구를 위해 사건의 진원을 밝히려고 여러 가지 노력을 기울인다. 이때 지킬은 하이드의 즐거운 생활에 점점 심취되어 하이드로의 변신을 자주한다. 비정상적이며 악한 행동을 더 많이 하게 된다. 여기에 변신용 약(세리움)의 효과는 점점 떨어져 의도하는 대로 변신이 되지 않기도 하고, 때로는 아예 작동하지 않는 경우도 생긴다.

어느 날 존 어터슨의 조카 리처드 엔필드(Richard Enfield)는 존 어터슨에게 이상한 사건을 목격했다면서 이야기를 꺼낸다. 산보를 하는 도중에 하이드란 사람이 젊은 여성을 짓밟고 내동댕이치는 것을 목격했는데 하이드가 100파운드를 배상하는 것으로, 사건을 매듭지었다는 것이다. 그러면서 10파운드는 현금으로, 90파운드는 수표로 지불했다고 했다. 수표의 서명이 지킬의 것으로 의심을 받게 되었다. 지킬은 명망 있는 인사로 그의 서명체는 많이 알려진 터였기 때문이다.

이 이야기를 들은 존 어터슨은 하이드가 지킬의 수표를 훔친 것으로 의심했다. 그러다 일 년 후 국회의원인 댄버스 케어 경(Sir Danvers Carew)의 살해사건이 발생한다. 국회의원은 존 어터슨의 법률 의뢰인이다. 살해 현장에서 반 토막 난 지팡이가 발견되었다. 존 어터슨이 지킬에게 선물한 지팡이었다. 존 어터슨은 다른 반 토막도 지킬의 집 앞에서 찾았다.

이 사건 이후 추적이 심해지자 지킬은 자기의 실험실에 처박혀 두문불출한다. 그러나 하이드가 유명인사를 살해한 후 추적이 심해지면서 변신이 급해지자 지킬은 학교 친구이자 동료인 래니언 박사에게 도움을 요청하게 된다.

래니언은 오랫동안 소식이 끊긴 지킬의 연구실을 불시에 방문한다. 그때 그는 실험실에서 희한한 일(변신)을 목격한다. 정신적 충격이 너무 컸던 래니언은 며칠 후 사망했다. 그는 사망하기 전 존 어터슨에게 편지 한 통을 남겼다. 지킬이 죽기 전에는 편지를 열어보지 말라는 당부와 함께.

하이드와 관련된 사건이 갈수록 얽혀지자 존 어터슨은 지킬과도 친구 간인 풀과 함께 숨어 사는 지킬을 불시에 찾아간다. 문을 열어주지 않아 밖에서 서성거리고만 있던 실험실 직원들과 힘을 합쳐 문을 부수고 실험실을 쳐들어 갔다. 하이드는 지킬의 옷을 입은 채 죽어 바닥에 누워 있고 지킬은 보이지 않았다.

존 어터슨은 래니언의 편지를 읽고 하이드가 지킬로 변신된다는 사실을 알게 되었다.

그 후 발견된 지킬의 편지에는 그동안 지킬과 관련된 괴상한 사건의 자초지종이 서술되어 있었다.

다. 지킬의 고백

지킬은 틀에 박힌 일상생활을 충동적이며 자유분방한 하이드를 통해 보완하고자 했다. 그러나 지킬과 하이드 간의 간극이 커지면서 주변 사람들의 추적으로 이중생활의 실체가 밝혀진다.

지킬은 이중생활이 실패하자 실험실에서 생을 스스로 마감한다. 그는 자살하기 전 친구 존 어터슨에게 편지를 하나 남긴다. 이중생활의 취지, 이중인격으로 전환의 수단, 이중생활의 충돌과 좌절 등을 죽음 앞에서 솔직하게 고백한 것이다.

이중생활의 취지는 인간 본성의 이중적 성격을 완전히 분리해 보자는 것이었다. 선한 인격, 긍정적이고 이성적인 성격만으로 형성된 인간을 창출할 수 있을 것으로 기대했다. 그러나 악이나 부정적인 요인의 분리는 불가능하며, 제거하려 할수록 부정적인 요인은 더 부정적으로 되어 갔다. 이것을 통제하고 전환해야 할 이성과 이성의 산물인 약품은 자기의 기능을 상실하고 말았다.

"나 지킬 박사는 죽을 일만 남아 있다. 이제 나는 하이드에게 무슨 일이 일어날 것인가는 상상만 할 수 있을 뿐이다"라고 그는 말할 것이다. 그가 불행한 지킬의 생을 종착역으로 데려가고 있다고. 그러나 우리는 지킬이 자기 자신과 하이드를 죽였는지, 아니면 하이드가 어떤 알려지지 않은 이유로 자살했는지는 결코 알지 못할 것이다.

3. 스티븐슨의 좌절

스티븐슨은 지킬이 죽음 앞에 쓴 편지를 통해 이중인격의 좌절을 묘사하고 있다. 그러나 그는 이 좌절의 근원과 그 출로에 대해서는 침묵했다. 그럼에도 불구하고, 작품이 탄생한 지 100년이 지났는데도 이 '괴상한 사건들' 은 세상 사람들의 관심을 끌고 있다.

가. 130여 년의 흥행 / 문제성 지속

1886년 1월 영국에서 처음 출판된 스티븐슨의 『지킬 박사와 하이드 씨』는 세계 여러 나라에서 번역되어 출판되었다. 『더 타임스』가 이 책을 소개하자 6개월 만에 4만 부가 팔렸다. 1901년 미국에서 다시 출판되자 25만 부가 팔렸다고 한다. 이후 프랑스, 독일, 이탈리아, 스패인, 일본, 한국 등 수많은 나라에서 번역 출판되었다.

책자 출판 이외에도 근대 공포문학의 모범으로 소설, 영화, 무대연극, 텔레비전과 라디오 드라마, 만화, 뮤지컬, 유튜브 비디오 등 오늘날에도 새롭게 각색되어 등장하고 있다.

『지킬 박사와 하이드 씨』를 직접 영화화하거나 이를 소재로 각색하여 만든 영화는 1908년 감독 터너(Otis Turner)의 『지킬 박사와 하이드 씨』로부터 시작하여, 2008년 감독 파오로 발즈만(Paolo Barzman)의 『지킬과 하이드』에 이르기까지 세계 여러 나라에서 100편이 넘게 제작되었다.

20세기에만 제작되어 흥행한 영화와 뮤지컬 작품은 다음과 같다.

영화로는 「닥터 제킬레 르 펨메스」, 「프랑코-알레만과 현실파르 발레리안 보로프치크」, 「아베크 우도 키어」(1981), 「의사 Jekyllet M. 하이드」, 「브리태니코-프랑코-아메리카」, 「게르하르트 키코네」, 「아베크 앤서니 퍼킨스」, 「나이트마어」, 빅토리아 호러 탄생(TV 시리즈, 지킬, 하이드) (1996),

뮤지컬로는 벤니 구드만(Benny Goodman) 밴드의 「닥터 헤클과 지브」(1933), 세르게 가이스부르크(Serge Gaisbourg)의 샹송 「닥터 제킬레 무슈 하이드」(1968), 프랭크 와일드혼과 레슬리 브라이커스(Frank Wildhorn und Leslie Brikusse)의 「지킬과 하이드」 (1990), 로큰롤(Rock´n Roll)의 「지킬 박사와 하이드 씨」(2003) 등이다.

100년이 넘는 기간에 『지킬 박사와 하이드 씨』를 소재로 한 수많은 소설, 연극, 뮤지컬, 만화 등의 작품 들은 여러 가지지만 선과 악의 투쟁이라는 이분법성의 틀을 기반으로 한다는 것은 공통적이다.

여기서 주목되는 것은 선과 악의 이분법적 대립을 격화시키는데 주력하고 있을 뿐, 이분법적 대립의 근원이나 그 해결의 추구에 대한 문학적 예술적 상상력은 전혀 찾아볼 수 없다는 것이다.

나. 지속적 관심의 역설

『지킬 박사와 하이드 씨』는 1996년도 영국의 텔레비전 시리즈의 상영과 평가처럼 '19세기 빅토리아 시대의 근본적 이분법'을 잘 묘사했다고 인정할 만한 문학작품이다.

"지킬 박사와 하이드 씨 작품은 19세기 근본적 이분법의 통찰력 있는 서술로서 빅토리아 시대 최선의 안내서의 하나다. 이 시대 사회적 위선의 풍조처럼, 외적으로는 존경성, 내적으로는 욕구라는."[2)]

『지킬 박사와 하이드 씨』라는 문학작품에 대한 시대적 반영을 철학적으로 문제 제기한다면, 왜 영국 빅토리아 시대를 배경으로 한 작품이 한 세기가 훨씬 지난 현재에도 지속적으로 세계적인 관심이 크냐는 것이다. 그 중요한 근거는 빅토리아 시대의 사회적 이분법적 대립의 갈등이 세계적으로 현재 진행형이라는 사실의 반영 아니겠는가?

인간 본성의 이중성이라는 학문적 과제는 종래의 학문적 차원에서도 이성과 감정적 충동이라는 인간 본성의 대립성뿐 아니라, 인성의 자연성과 사회성, 자연성과 문화성, 그 외도 인간의 정신과 육체의 대

2) 나이트메어, 빅토리아 호러, TV 시리즈, 지킬과 하이드, 1996.

립성을 종합적으로 고찰하면 좀 더 바람직한 학문적 연구성과를 거둘 수 있을 것이다. 그렇다 하더라도 130여 년 전에 제기된 이분법성의 역설이라는 근본 문제는 여전히 해결을 요구하는 미완의 숙제로 남아 있다고 경종을 울리는 것이라고 할 수 있을 것이다.

맺음글

서양철학은 21세기인 오늘날에도 세계 철학계에서 배타적으로 군림하고 있다. 화려한 언어와 다양한 이론 전개로 세계의 철학 학자뿐 아니라 지성인들을 사로잡으면서 현혹해 왔다.

그러나 이성의 이분법적 사유에 기반한 서양철학은 역설의 늪에 빠져 있다는 것을 간파할 수 있게 되었다. 그 결과 유럽과 미국철학은 물론 전 세계적으로 철학의 종언이라는 종소리가 들리는 것 같다.

서양철학의 한계를 언어학적 입장에서 극복하고자 시도했으나 실패하자 철학을 포기하고 정원사로 변신한 비트겐슈타인처럼, 맥없는 철학의 방관자가 될 것인가?

포스트모던의 해체이론처럼 인간 사유의 주체이며 철학의 기반인 이성을 살해하고 철학의 장의사로 되고 말 것인가?

대부분 철학자들처럼 서양철학의 한계를 감지하지 못한 채 재래철학을 해석이나 소개하면서 효험 있다는 약을 파는 약장수로 만족할 것인가?

사람은 살기 위해서 태어난 것이다. 또한 사람은 가장 창조적인 존재이다. 그리고 많은 문제의 근원이 되기도 하는 이성과 언어 없이는 살아갈 수 없는 숙명을 가졌다.

이러한 조건에서 새로운 철학은 어떻게 기능할 것인가?

이성은 사유의 주체일 뿐 아니라 감정과 의지, 행동 등을 포괄하는 의식의 주체가 된다고도 할 수 있다. 이러한 이성이 언어를 수단으로 하지 않는 인지의 가능성을 찾는 것이다.

이성은 언어적 사유가 아닌 돈오, 통찰 등으로 창조 활동의 근거가 되는 황금의 단추, 맥, 중심고리, 도축 등을 찾아내는 것이다. 언어는 이렇게 찾아낸 것을 확정하고 전달하는 수단임에는 여전히 유효하다.

지금 이 원고의 끝맺음과 출판까지도 영향을 주는 세기적인 코로나 전염병이 2019년 2월에 창궐하기 시작해 2023년에도 여전히 세계 여러 지역에서 극성을 부리고 있다.

2022년 2월 24일에 시작한 러시아와 우크라이나 전쟁, 미국, 유럽, 동아시아를 망라한 세계적 경제위기, 여기에 중국과 대만 간의 긴장과 한반도에서 남북 충돌의 고조까지 얽혀 지금 세계는 원자 대전을 예견하는 '아마겟돈 최후'를 회자하는 상황에 처해 있다.

이러한 상황은 이분법적 서양철학, 이에 기반한 세계의 학문, 정치, 경제와 문화의 역설 현상과 무관하다 할 수 없다. 이제 이 역설의 근거를 밝힌 데 근거해서 그 해결의 길을 찾아 나설 수 있게 되었다. 하나의 희망적인 길은 한반도의 전통적인 천지인(天地人) 사상과 불연기연론(不然其然論), 주체철학의 중심이익론(中心二翼論) 등에서 찾을 수 있을 것 같다.

추천사

김성수 박사님은 내 외형의 친구이시다. 어린 시절에 높고 멀리에서만 존재하셨던 형님이 그 오랜 세월을 뛰어넘어 『서양철학의 역설』을 발간하셨다. 나의 철학과는 다르지만 형님께서 일생 동안 추적해 오신 서양철학사에 대한 깊은 탐구가 지적 고통과 번민의 기록이 감동적이지 않을 수 없다. 모든 사람이 세계를 해석한다는 의미에서 말할 때 철학자라면 또한 모든 사람은 형님처럼 자신의 일생을 이처럼 내보일 수 있어야 하지 않을까?

— **정대현** 이화여자대학교 철학과 교수

'역설'은 철학의 눈과 같다. 그런데 인간이 자기 눈을 볼 수 없듯이 지금까지 철학은 역설 자체를 간과하고 말았다. 이러한 자기 눈을 자기가 보려고 노력하는 자들이 철학 하는 자들이다. 문명의 여명기부터 동양과 서양의 철학은 이 역설에 눈뜨기 시작했다.

엘레아학파의 파르메니데스는 소위 '제3의 인간 역설'을 본 순간 이 역설을 위험시하여 제거의 대상으로 보았고, 그 이후 서양에서는 철저하게 역설 제거와 박멸로 점철되었다. 그러나 동양에서는 서양과는 정반대로 역설을 즐기고 그것을 병법과 한의학 등에 활용해 왔다.

김성수 박사의 이번 저작은 서양철학의 눈동자 자체를 바라보게 한다. 철학에서 역설을 본다는 것은 눈으로 사물을 보는 것이 아니고, 바로 그 눈 자체를 보게 하는 것이다. 많은 철학 저작물 가운데 이런 시도를 이렇게 철두철미하게 문명사의 시각에서(제1부), 철학의 제분야에서(제2부와 제3부) 그리고 문학작품 세계에서(제4부) 역설 자체를 조명한 예는 드물다. 물론 책의 일부에서 동양철학에 나타난 역설을 거론하기는 하지만 서양철학사에 나타난 역설이 대종이다. 앞으로 동서철학을 비교하는 시각에서 역설연구가 나올 것을 기대한다. 지금까지의 철학은 눈 자체를 보지 않았기 때문에 동서철학이 다른 줄은 알았지만, 앞으로 역설의 시각에서 보면 동서철학은 같은 주제 즉 역설에 눈동자의 초점이 맞추어진다는 사실을 알게 될 것이다. 그런 점에서 저자의 이번 저작은 동서철학의 지평융합에도 공헌할 것이다. 다만 역설을 해의하는 방법에서 동서양은 갈라졌을 뿐이라는 데서 지평선은 만나게 될 것이다. 김성수 박사는 오랫동안 우리 사회와 역사 그리고 통일에 깊은 관심을 가지고 현장에서 투쟁해 왔다. 제1부에서 서양철학의 역설 해의법이 이분법과 이원론을 초래하였다고 서양 문명사를 날카롭게 비판하고 있다. 우리의 분단 역시 서양 이분법의 결과라는 것이기 때문에 통일 역시 이분법과 이원론 극복에 있다고 이 책의 제1부는 말하고 있는 것이다.

— **김상일** 클레어몬트대학교 교수 / 코리아프로젝트 디렉터

파란만장한 반세기를 독일에서 살아오신 김성수 박사님이 오랜 각고의 노력으로 집필한 역작 『서양철학의 역설』이 우여곡절 끝에 출간하

게 됨을 진심으로 축하한다. 존경하는 김성수 박사를 모시고 김상일 박사와 일 년 전 도봉산 자락의 아름다운 카페에서 원고를 테이블에 올려놓고 논의하던 기억이 지금도 생생하다. 당시 이 책의 원고를 살펴보니 서양철학과 학문 일반의 역설 현상을 심도 있게 다루면서 동시에 철학적인 근원을 파헤치며 한계를 극복하고자 시도했던 흔적이 역력해 보였다. 아울러 유럽의 학문 전반과 유럽 철학의 역설 현상에 대한 분석도 철저하게 다룬 것으로 보였다.

우리가 사는 이 세상은 모든 영역에서 역설이 존재한다. 그렇다면 서양철학의 역설은 곧 무엇을 말하는가? 오랜 세월을 이성의 이분법적 사유에 기반해 명맥을 유지하던 서양철학은 마침내 역설의 늪에 빠져 헤어날 수 없다는 것을 저자는 간파했고, 이에 조금도 지체하지 않고 비판과 분석, 그리고 대안을 제시한 것이다. 여기엔 비단 서구철학뿐 아니라 미국 철학도 예외가 아니었다. 그리스에서 출발한 이데아사상이 중세에 와서 신과 결합해 진행되다가 마침내 신을 벗어나 인간의 이성을 중시하는 흐름으로 바뀌다가 그 후에는 이성 외에 또 다른 주체를 찾아다니는 흐름으로 진행되고 있다. 이러한 전환기에 새로운 철학이 가능한가에 대한 고민은 저자가 던진 질문과 화두를 붙들고 우리 모두가 씨름해야 할 일이라고 여겨진다.

저자는 이 책의 결말에 "이성은 사유의 주체일 뿐 아니라 감정과 의지, 행동 등을 포괄하는 의식의 주체가 된다"고 강조했다. 이러한 이성이 언어를 수단으로 하지 않는 인지의 가능성을 찾을 때 독자들을 자주-주권-주체라는 인간 존엄의 최고봉으로 더욱 확고하게 인도하리라 생각한다.

철학은 언제나 살아 움직이는 동사(動詞)가 되어 그 시대의 동력이 되어야 한다고 생각한다. 그래서 철학이 가는 곳엔 언제나 풍요와 윤택이 있고 역동적이었다. 페르시아 전쟁이 끝난 후 철학의 중심지가 이오니아에서 아테네로 옮겨지면서 활발한 무역으로 경제적 풍요와 함께 철학과 종교, 문화들의 가치관들도 덩달아 흥왕했고 전제 군주적 지배형태가 민주주의 정치형태로 바뀌었다.

마치 그리스 신화의 시대가 끝나고 철학의 시대가 시작된 기원전 7~6세기처럼, 이제 이 책이 세상에 드러나는 2023년도는 바야흐로 서양철학 시대가 마무리되고 주체적 철학이 전 세계의 새로운 철학 사조로 자리매김하는 시발점이 되는데 김성수 박사님이 큰 역할을 해주시기를 고대한다.

— **최재영** NK VISION 2020 대표 / 손정도목사기념학술원장

이 책의 중심은 역설 개념에 있다. 칸트가 순수이성비판에서 이성의 딜레마를 밝히고 헤겔이 정신현상학에서 정신이 자기모순을 통해 전개된다고 제시한 이래, 많은 철학자가 역설에 관한 관심을 두었다. 최근 러셀과 비트겐슈타인은 철학에서의 역설을 의미론적인 차원에서 해결하기 위해 고투하였다.

이 책 역시 철학에 등장하는 역설에 관심을 두면서 이를 극복하려 시도한다. 선생님은 이런 역설이 비단 철학에서뿐만 아니라 괴테의 『파우스트』, 메리 셸리의 『프랑켄슈타인』, 스티븐슨의 『지킬 박사와 하이드 씨』와 같은 문학작품을 통해서 보듯이 서양 문화 곳곳에 역설이

광범위하게 뿌리내리고 있다는 것을 밝힌다.

저자는 다양한 역설이 서양적 사유의 근본인 이원론적 사유에 뿌리를 둔 것이라 보면서 이원론적 사유의 극복을 위한 사유의 여정을 떠난다. 이것은 독일에서 오래 거주하면서 겪은 서양 문화에 대한 저자의 체험이 바탕이 되었다고 보겠다. 이원론을 극복하려는 저자의 고투는 동학사상의 고투를 연상시킨다. 동학사상 역시 서학의 이원론적 사유를 불연기연(不然期然)이라는 개념을 통해 극복하려 한 바 있기 때문이다. 역설을 극복하기 위한 저자의 고투는 남북의 대결을 사상적으로 극복하기 위한 고투이기도 할 것이다.

— **이병창** 동아대학교 교수

최근 인문사회과학에서는 철학적 논의가 활발하다. 인류학의 경우 문화에 따라 대상을 다르게 보는 것에서 대상이라는 존재 자체에 질문을 던지는 '존재론적 전회'로 시작하여 '원주민적 비판'으로 확산된 철학적 논의는 서양철학의 존재론과 인식론에 대한 한계와 문제를 '미개'하거나 단순한 것으로 여겨졌던 원주민의 지식과 관점에서 다루고 있다. 이 같은 시점에서 『서양철학의 역설』의 출판은 철학을 공부하는 독자뿐만 아니라 인문사회과학을 공부하는 독자들에게도 환영받을 것으로 기대한다.

『서양철학의 역설』은 서양철학의 근본적인 특징과 한계인 역설 문제를 동양철학과 서양철학의 경계선에서 서서 연구한 김성수 박사님의 결과물이다.

제2부에서 다루고 있는 서양철학의 3대 부분인 존재론, 인식론, 그리고 윤리학은 인류학의 존재론적 전회와 원주민적 비판을 이해하는데 큰 도움이 될 것이다. 특히 윤리학, 심리학, 사회적 인간학을 같이 다루고 있는 3장 인간학에서는 이분법적 사유에 기반한 유럽의 자연과학과 사회과학이 가지고 있는 필연적 역설 현상을 조목(條目)하고 있어 레비-스트로스의 구조주의와 원주민 연구를 기반으로 하고 있는 원주민적 비판에 대한 철학적 이해에 도움이 될 수 있을 것으로 기대하며 관심 있는 분들께 적극 추천한다.

— **박준규** 한양대학교 문화인류학과 교수

참고문헌

유럽 및 미국

- Adorner, Theodor W., Negative Dialektik, Suhrkamp. Frankfurt/M. 1966.
- Apel, Karl-Otto, Transformation der Philosophie, Bd. I u. II, Suhrkamp Verl. 1973.
- Aquin, Thomas von, Summe der Theologie von David Berger, Wissenschaftliche Buchgesellschaft, Darmstadt 2004.
- Arens, Hans, Sprachwissenschaft Bd.1, Athenäum Fischer Taschenbuch Verl. 1974.
- Aristoteles, von Ingemar Düring, Heidelberg 1966 und von John Lloyd Ackrill, De Gruyter Berlin 1985.
- Augustinus, Confessiones, (Bekenntnisse, München) 1983.
- Augustinus, De Trinitate (dt. Über die Dreifaltigkeit, Johann Kreuzer/hrsg.) Meiner Hamburg 2003.
- Aster, Ernst von, Geschichte der Philosophie, Kröner Verl. Stuttgart 1963.
- Bacon, Francis, The Mayjor Works, Oxford University Press 2002.
- Bateson, Gregory, Ökologie des Geistes, Suhrkamp Frankfurt/M. 1981.
- Bateson, Gregory, Geist und Natur, Suhrkamp Frankfurt/M. 1982.
- Berkley, George, Treatise concerning the Principles of Human Knowledge, Part1, 1710.
- Bloch, Ernst, Das Prinzip Hoffnung, Suhrkamp Frankfurt/M., Bd. 1.2.3., 1968.

- Bohleber, Werner und Drews, Sibylle (Hg.), Die Gegenwart der Psychoanalyse– die Psychoanalyse der Gegenwart, Klett–Cotta, Stuttgart 2001.
- Carnap, Rudolf, Logische Syntax der Sprache, Wien 1934.
- Carnap, Rudolf, Überwindunf der Metaphysik durch logische Analyse der Sprache, In:Erkenntnis 1931/32.
- Capra, Fritjof, The Tao of Physics, Berkeley 1975.
- Capra, Fritijof, Wendezeit, (The Turning Point), dtv. 1982 u. 1985.
- Callinicos, Alex, Against Postmodernism, Polity Press, Oxford UK 1989.
- Comte, Auguste, Cours de philosophie positive (deutsch, die Soziologie), Leipzig 1933.
- Derrida, Jacques, Die Schrift und die Differenz, Suhrkamp Frankfurt/M. 1976.
- Derrida, Jacque, Die Stimme und das Phänomen, Suhrkamp Frankfurt/M. 1979.
- Derrida und Adorno, Hg. Eva L.–Waniek/Erik M. Vogt, Verl. Turia+Kant, Wien 2008.
- Descartes, Rene, Inquisite veritatis per lumen naturale 1631.
- Descartes, Rene, Discours de a methode pour bien conduire sa raison et chercher la veritedans les sciences, Ian Maire, Leiden 1637.
- Descarte, Rene, Principia philosophiae, Elsevie, Amsterdam 1644.
- dtv, Zur Philosophie der idealen Sprache, München 1972.
- ders., Urwille und Welterlösung, C.Bertelsmann, Gütersloh 1958.
- Eccles, John Carew, Mind and B rain, NY Pavagon Hous 1985.
- Eccles, J. C., The Brain and the Unity of Conscious Experience, Cambridge Uni. Press 1965.
- Esfeld, Michael, Holismus, Suhrkamp Frankfurt/M. 2002.
- Frege, F. Ludwig Gottlob, Logische Untersuchungen, Vandenhoeck & Ruprecht 1966.

• Frege, F. Ludwig Gottlob, Über Begriff und Gegenstand(Concept and Object) 1892.

• Freud, Sigmund, Gesammelte Schriften 12 Bde.(Hrsg. Anna Freud), Psychoanalytischer Verl. Leipzig 1924~1934.

• Frankfurt am Maim 2003.

• Gadamer, Hans—Georg, Wahrheit und Methode, Tübingen 1965.

• Goethe, Johann Wolfgang, Faust, Verl. C.H. Beck, München 1986.

• Gehlen, Arnold, Der Mensch, seine Natur und seine Stellung in der Welt, Junker und Dünnhaupt Berlin 1940.

• Giddens, Anthony, Konsequenzen der Moderne, Shrkamp Frankfurt/M. 1996.

• Gmünder, Urlich, Kritische Theorie, Sammlung Metzler Bd. 220, Stuttgart 1985.

• Gurdjieff, George Ivanovich, Life is Real Only Then, when I Am All and Everything, 1974.

• Habermas, Jürgen, Erkenntnis und Interesse, Suhrkamp Frankfurt/M. 1968.

• Habermas, J., Theorie des kommunikativen Handelns, Suhrkamp Frankfurt/M. 1981.

• Habermas, J., Der philosophische Diskus der Moderne, Suhrkamp Frankfurt/M. 1985.

• Hartmann, Nicolai, Grundzüge eienr Metaphysik der Erkenntnis, Vereinig. Wissenschaftlicher Verleger, Berlin 1921.

• Hartmann, N., Neue Wege der Ontologie, Kohlhammer, Stuttgart 1942.

• Hartmann, N., Ontologie 4 Bände, Walter de Gruyter, Berlin 1935~1950.

• Hegel, G.W.F., Phänomenologie des Geistes, Hamburg/Meiner 1952.

• Heidegger, Martin, Sein und Zeit(1927), Max Niemeyer Tübingen 1953.

- Heidegger, Martin, Die Grundbegriff der Metaphysik(1929/1930), Klostermann.
- Heidegger, Martin, Holzwege(1935–1946), Klostermann Frankfurt am Main 2003.
- Heiss, Robert, Wesen und Formen der Dialektik, Kiepenheuer & Witsch, Köln/ Berlin 1959.
- Herder, J.G., Sämliche Werke, Berlin 1877.
- Horkheimer, Max, Kritische Theorie I. u.II.
- Hügli, Anton/Lübke, Poul (Hg), Philosophie im 20. Jahrhundert, Bd. 1 u.2, Rohwolt Verl. 1992.
- Hume, David, A Treatise of Human Nature (Eine Untersuchung über den menschlichen Verstand), Felix Meiner Verl. 1964.
- Hume, David, An Enquiry concerning Human Understanding 1748.
- I Ging, Eugen Diederichs Verlag, Düsseldorf–Köln 1970.
- James, William, The Principles of Psychology, Newyork/London 1890.
- James, William, The Meaning of truth, a Sequel to ´Pragmatism´, Newyork/London 1909.
- Kant, I., Kritik der reinen Vernunft, Suhrkamp Frankfurt/M. 1968.
- Kelvin, Lord William Thomson, Treatise on Natural Philosophy, 1879.
- Khurana, Thomas, Menke, Christoph (Hg), Paradoxien der Autonomie, August Verl. Berlin 2011.
- Kimmerle, Heinz, Jaques Derrida, Junius Verl. Hamburg 2000.
- Koestler, Arthur, Das Gespenst in der Mschine, München 1968.
- Koestler, Arthur, The Lotus and the Robot, Stuttgart/Wien 1961.
- Lange, Friedrich Albert, Geschichte des Materialismus, Bd. 1.2, Suhrkamp Frankfurt/M. 1974.
- Leibniz, G.W., Werke, Darmstadt 1959.
- Leider, Kurt, Deutsche Mystiker, Lübecker–Akademie–Ausgabe 2000.

- Lenin, W.I., Marx—Engels—Marxismus, Dietz Verl. Berlin 1971.
- Lenin, W.I., Philosophische Hefte, Diert Verl. 1971.
- Lewis, Clarence Irving, Mind and the Worldorder(1929), Dover Reprint 1956.
- Lewis, Clarence Irving, An Analysis of Knowledge and Valuation (1946).
- Lin Yutang, Laotse, Fischer Verl. 1955.
- Locke, John, An Essay concerning Human Understanding, 1690.
- Löwith, Karl, Von Hegel zu Nietzsche, Kohlhammer, Stuttgart 1950/1964.
- Lütgehaus, Ludger, Nichts, Hafmans Verl. Zürich 2005.
- Luhmann, Niklas, Soziale Systeme, Frankfurt/M. 1984.
- Luhmann, Niklas, Gesellschaftstruktur und Semantik, 4 Bde. (1980~1995).
- Marcuse, Herbert, Ideen zu einer kritischen Theorie der Gesellschaft, Suhrkamp Frankfurt/M. 1969.
- Marcuse, Herbert, Vernunft und Revolution, Darmstadt/Luchterhand 1972.
- Martens, E./Schnädelbach, H.(Hg.), Philosophie Ein Grundkurs Bd. 1—2.
- Marx/Engels Werke, DietzVerl. Berlin 1973.
- Masek, Michaela, Geschichte der antikn PhilosophieUTB 3426, 2011 Wolfgang.
- Mauthner, Fritz, Die Sprache, Frankfurt, Rütten & Loening 1907.
- Mauthner, Fritz, Beiträge zu einer Kritik der Sprache, 3Bde (1901~1903), Stuttgart J.G. Cotta.
- Mead, George Herbert, Mind, Self, and Society, Chicago 1934.
- Mead, G. H., Mivements of Thought in the Nineteenth Centry, Chicago 1936.

- Metzinger, Thomas(Hrsg.), Bewußtsein, F. Schningh 1996.
- Miller, James, Daoism, Oneworld Oxford England 2003.
- Miller, J., States of Mind, New York 1983.
- Montenbruck, Axel, Weltliche Zivilreligion, Idee und Diskussion (2016), Online FU Berlin.
- Nascimento, Amos/Witte, Kirsten (Hrsg.), Grenzen der Moderne, Iko—Verl. Frankfurt am Main, 1997.
- Nietzsche, Friedlich, Nietzsche Werke, 1967, 1981 Carl Hanser Verl. München Wien.
- Parsons, Talcott, Social Structure and Personality, The Free Press, London 1970.
- Peirce, Charles Sanders, Semiotics and Significs, Bloomington/London 1977.
- Peirce, Charles Sanders, The Logic of Interdisciplinarity, Akademik Verl. Berlin 2009.
- Penrose, Roger, Shadows of the Mind, Oxford Uni.Press 1989.
- Penrose, Roger, The Road to Reality, Jonathan Cape London 2004.
- Platon, Sämtliche Werke, Reinbek/Hamburg 1957.
- Plotin, Plotin und der Neoplatonismus von Jean Halfwassen, Beck München 2004.
- Pöggeler, Otto, Der Denk Martin Heidegger, Neske Verl. 1963.
- Popper, Karl, The Logic of Scientific Discovery(1934), as Logik der Forschung(1959).
- Popper, Karl, Knowledge and the Mind—Body Problem 1994.
- Poser, Hans(Hrsg.), Wandel des Vernunftbegriffs, Verl Karl Alber Freiburg/München 1981.
- Putnam, H., Reason, Truth, and History, Cambridge 1981.
- Quine, Willard v. O., Grundzüge der Logik, Suhrkamp 1969.

- Riegler, Alexander und Weber, Stefan, Die Dritte Philosophie, Velbrück Wissenschaft 2010.
- Roesler, Stefan Münker/Alexander, Poststrukturalismus, Metzler Verl, Stuttgart/ Weimar 2000.
- Rousseau, J.J., Schriften, München 1978.
- Rubinstein, Sergej. L., Sein und Bewußtsein, s´Gravenhage 1971.
- Russel, Bertrand, The Problems of Philosphy, Williams & Norgate, London 1912.
- ders. The Analysis of Mind, George Allen & Unwin, London 1921.
- Ryle, Gilbert, The Concept of Mind (Der Begriff des Geistes), 1969.
- Sainsbury, R.M., Paradoxien, Reclam, 1993.
- Sallis, John, Die Krise der Vernunft(Orig, The Gathering of Reason), Felix Meiner Verl. Hamburg 1983.
- Saussure, de Ferdnand, Cours de linguistique generale(1916), Lausanne—Paris:Payot.
- Savigny Eike von, Analytische Philosophie, Karl Alber Verl. Freiburg/ München 1970.
- Schaff, Adam, Sprache und Erkenntnis, Europa Verl. 1965.
- Schopenhauer, Arthur, Sämtliche Werke, Stuttgart/Frankfurt 1960.
- Steenblock, Volker, Die großen Themen der Philosophie, Primus Verl. 2003.
- Stegmüller, Hauptströmungen der GegenwartsPhilosophie, Kröner Stuttgart 1965.
- Störig, Hans Joachim, Kleine Weltgeschichte der Phiolosophie, Fischer Verl. 1992.
- Tarski, Alfred, Der Wahrheitsbegriff in den formalisierten Sprachen, poln. 1933, dt. 1935/36.
- Weber, Max, Wirtschaft und Gesellschaft, Kiepenheuer & Witsch, Köln—Berlin 1936.

- Wehler, Hans–Ulrich (Hrsg.), Soziologie und Psychoanalyse, Kohlhammer 1972.
- Welsch, Wolfgang, Vernunft, Suhrkamp Frankfurt/M. 1996.
- Wittgenstein, Ludwig, Tractatus logico–philosophicus, Suhrkamp Frankfurt/M. 1948.
- Wittgenstein, Ludwig, Philosophische Untersuchungen, Suhrkamp Frankfurt/M. 2001.
- Wehr, Gerhard, Meister Eckhart, Anaconda Verl. 2006.
- Whorf, Benjamin Lee, Sprache–, Denken–Wirklichkeit, Rohwohlts1984.
- Wilber, Ken, The Spectrum of Consciousness, 1977.
- Wilbe, Ken, Sex, Ecology, Spirituality, 1995.
- Wilber, Ken, A Theory of Everything, 2000.
- Wilson, Edward Osborne, Sociobiology, The New Synthesis 1925, Harvard Uni. Press.
- Wilson, E.O., Genes, Mind and Culture, The Coevolutionary Process 1981, Harvard Uni. Press.
- Wilson, E.O., Consilience: The Unity of Knowledge, 1998 Knopf.
- Zeller, Edu, Grunriß der Grschichte der griechischen Philosophie, Leipzig 1920ard.

독일 신문 잡지

- Frankfurter Allgemeine Zeitung(일간지), Frankfurt.
- Frankfurt Rundschau(일간지), Frankfurt.
- Süddeutsche Zeitung(일간지), München.
- Die Zeit(주간신문), Hamburg.
- Der Spiegel(주간 잡지), Hamburg.

사전

- Hügli, A. Und P. Lübcke(Hg.), Philosophielexik, Reinbek/Hamburg 1991.
- Le Dictionnaire de Academie francaise.
- Metzler—Philosophen—Lexikon, Stuttgart 1989.
- Oxford Dictionary of Philosophy.
- Philosophiesches Wörterbuch, WEB Verl. Leipzig 1964.
- Standford Encyclopedia of Philosophy.
- Wikipedia(internet).

동양

- 구본명, 중국사상의 원류체계, 대왕사 1982.
- 김용옥, 노자와 21세기, 서울 2000.
- 김일성, 김일성 저작집, 조선로동당 출판사 1979.
- 김일성, 세기와 더불어, 조선로동당출판사 1995.
- 김정일, 주체사상에 대하여, 조선로동당 출판사 1882.
- 노자, 중화민국, 대북시 50년.
- 우야철인, 지나철학사 강화, 도쿄 대정 14.
- 장일순, 노자이야기 상 하, 서울 1995.
- 장자, 중화민국, 대북시 49.
- 한국도교사상연구회 편, 한국도교와 도가사상, 서울 1991.